别慌

SALVATION LAY WITHIN

叶志刚

著

清华大学出版社
北京

内容简介

本书以教育日记的形式，讲述了一名行为失常的少年，在老师们的引领下，立志为社会服务，投身养老事业，实现人生价值，收获爱情的传奇故事。书中所记录的老师们始终把人生观、价值观的培养放在首位，全心全意陪伴孩子与命运抗争、带领孩子从混沌走向光明。附录部分更以很大的篇幅展示了老师在教育创新之路上顽强而艰辛的探索历程，是极为珍贵的原始记录资料。本书语言精练而深刻，故事情节感人至深，适合教育工作者和所有爱孩子、倾情于教育的人士阅读。

版权所有，侵权必究。举报：010-62782989，beiqinquan@tup.tsinghua.edu.cn。

图书在版编目（CIP）数据

别慌 / 叶志刚著. — 北京：清华大学出版社，2021.8（2023.5 重印）
ISBN 978-7-302-58742-2

Ⅰ. ①别… Ⅱ. ①叶… Ⅲ. ①特殊教育—教学研究 Ⅳ. ① G76

中国版本图书馆 CIP 数据核字（2021）第 159101 号

责任编辑：杨爱臣
封面设计：肖　鹏
责任校对：王荣静
责任印制：沈　露

出版发行：清华大学出版社
　　　　网　　　址：http://www.tup.com.cn, http://www.wqbook.com
　　　　地　　　址：北京清华大学学研大厦A座　　邮　编：100084
　　　　社 总 机：010-83470000　　邮　购：010-62786544
　　　　投稿与读者服务：010-62776969，c-service@tup.tsinghua.edu.cn
　　　　质量反馈：010-62772015，zhiliang@tup.tsinghua.edu.cn
印 装 者：北京雅昌艺术印刷有限公司
经　　销：全国新华书店
开　　本：145mm×210mm　　印　张：18.875　　字　数：315千字
版　　次：2021年10月第1版　　印　次：2023年5月第2次印刷
定　　价：168.00元

产品编号：087328-01

前　言

我是一名一线教师。在挑战教育极限的漫长岁月中，我形成了一系列坚如磐石的教育信念。

"人该怎么教育"与"人是什么"这个问题有着紧密的联系，一个老师对教育方法的选择是以他对人性的理解为基础的。

人最本质的特点是"可塑性"。其他动物在本质上都已固定，它们只是执着于自己的本性。人却不然，他有向一切方向发展的可能，他可以改变自己，塑造自己。

那人最内在的需求又是什么呢？

是人生目标。

教育的目的就是帮助人找到他的人生目标。

李漱清老师的伟大不体现在讲授四书五经上，他把一本书《论中国有被列强瓜分之危险》递给14岁的毛泽东，书中开篇第一句话是："呜呼！中国其将亡矣！"这句话毛泽东记了一辈子。

高盘之老师的成功不体现在地理公开课上。延安时期，外国记者问周恩来："您是如何走上革命道路的？"周恩来答："少年时在沈阳读书，得高盘之老师教诲，为我走上革命道路奠定了基础。"

席聘三老师的能力不体现在八股文写作上，他不但启发学生朱德的爱国思想，还劝说朱德家人送他去上新学堂，更令人感动的是，他还为朱德筹款，供朱德读书时使用。

这3位老师都是在帮助学生寻找人生目标。

那是不是什么样的学生都能找到自己的人生目标呢？

并不是。一个人要想找到自己的人生目标，就需要具备一个前提，那就是他必须做一个真实的人。

可想做一个真实的人谈何容易。时代的风尚，大众的舆论，不仅会反对你，而且会同化你。有几个人能任人评说而不改初衷呢？

怯懦者必然虚伪，因为他缺乏真实的勇气。虚伪的人是人类的最大危害。因为他们的存在是既以牺牲自己，又以牺牲未来为代价的。

苏联教育家马卡连柯写下了他的发现。

"事实上，我们没有教育学生。我们的学生有守纪律的纪律，但没有斗争的纪律，我们要等到学生犯错的时候才开始教育他，我们注意不到那些没有犯错的学生。他们表面上看起来都很正常，但究竟会发展成什么样的人，我们既不知道也不善于发现。我们的老师没有去注意一些最普遍的性格，比如老实人、守财奴、滑头鬼、萎靡的人、粗枝大叶的人、献殷勤的人、爱占便宜的人、自私的人、爱幻想的人和书呆子。有时我们也能注意到他们的存在，但是第一，他们对于我们并没有什么妨碍，第二，反正我们也不知道该拿他们怎么办，而实际上后来成为害群之马的正是具有上述这些性格的学生，而不是那些调皮捣蛋的学生。"

老师要为国家的命运负责。

也许真如马卡连柯老师所说，我们没有教育学生。

我们忙着上课，忙着批改作业，忙着写教案，忙着说教，但我们没有忙着帮助学生找到他自己的人生目标，我们没有忙着帮助他们做真实的人，我们没有忙着打击真正的敌人，打击人性中的虚伪。

看看我们的周围，那些每天都去上学的孩子们，他们中有多少人知道为什么要学习？那些知道为什么学习的孩子里有几个人全力以赴？

走在自己选定之路上的人必定是奋力前进的。相反，拖拖拉拉、磨磨蹭蹭不正说明内心并不情愿，不正是缺少人生目标的表现吗？

年复一年，对教育目的的误解、对人生目标的忽视，对虚伪个性的纵容，一代代青少年从我们身旁走过，他们长大成人，他们变成了父母，这种损失——人的损失是无法估量的。

马卡连柯老师去世时只有51岁，他在去世前3天对台下的同志们说道："最近5年他们给我送来一些学生，这些学生都是顽固的捣乱分子。他们的父亲有汽车、勋章、留声机和金钱，请试着去教育这样的孩子，这要困难得多。"

教育问题同发动机、芯片等"卡脖子"科技问题一样，本质上是设计能力问题。

想提升这种能力，需要的是极端。

别 慌

人在极端的环境下会加深对事物的认知,认知的深度与极端的程度成正比。

一天,本书的主人公友庆出现在我面前,我断定:他就是极端,真正的极端。

看到他我就不禁思考:"他有意志吗?""到底什么是人?""人最本质的特征是什么?""人行走在地球上究竟在寻求着什么?""教育的目的到底是什么?""怎样走进人的心里?""人生目标对他也有意义吗?""谁都能找到人生目标吗?""爱情的本质是什么?""会有人爱上他吗?"

带着疑惑和创造,我走进了孤独。

是的,他是珠穆朗玛峰,是对高手的终极考验。如果你看了那山峰一眼,转身离去,之后的每一秒你都会禁不住想:山脚下的真理在山顶还管用吗?

是的,他身处地心,在那里,一切物质的形态都将被重新估定。

人的末路,教育的开始。

1872 天,427 位老师*,618 套方案,27000 多公里跋山涉水。

友庆找到了目标、能力、自信、工作、爱情……也许它们是同一种东西——他自己。

一直以来,我的学生们都属于不可描述之存在。他们被视为异类,弗洛伊德走过来,点上一根雪茄,说他们得了各种症。

我不这么理解。

---

* 其中包含若干个叶志刚老师发掘的教育团队。

地平线之上，一种东西立在每个人面前，它叫正常。大多数人服从了正常。可他，对正常心生怀疑，停了下来。他太与众不同了，而与众不同就是过错。他太不可理解了，而不可理解就是荒谬。他比同龄人更多地冒险、反抗和向正常挑战。他经历了最大的艰辛，遭受了最多的屈辱。我本不想为他的行为辩护，可他宁死也不做自己不认可的事，这就叫真诚，这就叫勇敢，这就是未来的主人。

我知道，他只是需要一个目标，一个像样的目标。

那些终生未能找到自己人生目标的人，他们或者从事着不合志趣的职业，或者一边徒劳地炫耀自己，一边依赖他人过寄生生活。这是身为人的悲哀。

他们终其一生都无法认识自己、相信自己和热爱自己，他们的心中充满怨恨，即使是去行善，他们的怨恨也会在每一件善行中显现出来，这是因为自爱者才能爱人，富裕者才能馈赠。

一位家长初见我时曾哀叹："原以为我的财富可以让儿子有千百条路可以走，可到头来我才发现，不解决人生目标问题，无路可走。"

无路可走的家长，我能帮助你们绝处逢生。

放眼全球，教育的革命已经开始。

老师的任务不再仅仅是传授知识，而是帮助学生找到自己的人生目标。

老师的工作方式不再仅仅是守在教室里，越来越多的老师和学生一起踏上凶吉未卜的探索之路。

好老师的标准不再是职称和证书，而是简简单单8个字："孩子爱戴，家长支持"。

教育类的书籍也不再为人生之谜提供万应不变的现成答案，而是记载着那些人生探索者的真诚和勇气，反映出探索途中的曲折和悲欢。

那些了不起的教育奇迹，都是家长仰仗青年在建立信誉和创造财富的过程中以无比的雄心和精力创造出来的。

所以行动起来，青年们，忠于你自己。在这个"现代性"弥漫的后工业时代，消费变成符号，算法控制人心，广告制造幻觉。这世界不需要再多一家教育机构，不需要再多一个虚荣心十足的凡夫俗子，这世界需要再多一个能帮孩子找到自己人生目标的老师，需要再多一个能推动社会进步的公民。而你的幸福也不在别的地方，幸福就在你的家乡，去帮助身边的父老乡亲，帮助他们的孩子成为他自己。

行动起来，青年们，相信你自己，不要再试图向别人证明自己从事着正当的工作，不要再把头埋进教科书的沙碛中。去引领那些别人教育不了的孩子，超越家长的期待，提升你的教育设计能力，让万物围绕着你的蓝图旋转，是你的创造决定了你的价值。

行动起来，青年们，回到教育的根基，成为能帮孩子找到人生目标的老师。在"怎样走进孩子的心里"和"如何帮他找到自己的人生目标"这两个领域大胆创新。

行动起来，家长们，不要再被教育机构的名字和规模所迷惑，任何教育机构的真正原动力都是一线教师的热情与技巧。

行动起来，家长们，找到那个青年。此刻你手中拿着的，不是书籍，而是号角。把它送到周围人的手中，大声告诉他们你需要书中这样的青年做你孩子的老师，你需要书中这样的青年帮助你的孩子找到自己的人生目标。

目　录

第一部

1 偶像的黄昏 // 002

2 还我今生 // 004

3 可悲啊　连你也在名利旁沉落
　连你也是个被超越者 // 007

4 重估不可治愈 // 010

5 从无能到平庸 // 023

6 华尔道夫风雨夜 // 032

7 人是会死的　太阳是会冷却的 // 042

8 地平线之上　有三种力量能征服人心 // 053

9 如果降低立足点　你将补足所有的悲惨 // 077

10 瓦砾铺垒天涯路　仗剑不惧走偏锋 // 099

11 给年轻人机会 // 117

12 人间有四个字　能度一切苦厄 // 156

第二部

附录 1　你必须拼尽全力　才能看上去毫不费力 // 182

附录 2　训练很重要　但那只是故事的一半 // 231

附录 3　要有所成就　你必须冒险　这是志存高远的代价 // 313

附录 4　真正的帮助　是唤起他的自尊自强之心 // 323

附录 5　务必提升你的立足点　提升了立足点

　　　　你就提升了一切 // 337

附录 6　完美的结局　取决于故事什么时候结束 // 367

附录 7　天才就是坚持不懈的意思 // 391

附录 8　不停制造来之不易的成功 // 437

附录 9　得之太易　必不珍惜 // 463

附录 10　除了儿童　其他人请用婚姻质量说话 // 565

第 一 部

1
偶像的黄昏

秋,残秋。
古寺,斜阳,病榻前。
一位老人,一个青年。
钟声咽,人离别。

"动身吧。"
"可敌人到底是谁?"
"它不是人。"
"那是什么?"
"是一种感觉。"
"是孤独?"
"孤独是一种自足。"
"是痛苦吗?"
"没有痛苦就没有幸福。"
"到底是什么感觉?"
"恐慌!"

"慌什么？"

"拥有的被夺走，没有的得不到。"

"没人能解脱吗？"

"有。"

"谁？"

"那些一心一意的人。"

"一心一意的人？"

"正是。"

"这些人什么样？"

"我给你讲一个他们的故事，你一定没有听说过，这个故事，得从那天晚上说起。"

2
还我今生

友庆妈推门进屋的时候,友庆爸已经做好了四个菜。

"今天怎么回来得这么早?"

"做了几个你爱吃的菜,一起聊聊。"

友庆爸把椅子摆正,倒了两杯酒,杯中酒,红似血。

"来,咱们把最后这点儿酒干了。"

"不是说要聊聊吗?"

"咱们离婚吧……"

友庆妈眼前一片模糊,一旁五岁的友庆面带微笑,突然喊了声:"康熙!"

———

贾老师①:"这是怎么回事?"

---

① 贾老师,哈佛大学教育学和心理学博士,叶志刚老师的第一助手,人称"青年才俊"。

一个月前,友庆妈带着感冒的友庆来到儿童医院,她不知道,前方,有命运在冷笑。

呼吸科大夫建议她带孩子去旁边的心理门诊,半小时后,友庆妈冲出医院。

一个月后,友庆全家坐在了北京大学第六医院的教授面前。

从医院出来,友庆妈默默拉着儿子的手,回了家。

从此,友庆到底怎么了,成了一个谜。

回到家,看着友庆,想到此后的人生,友庆妈叹道:

"怨谁呢?"

"怨我。"友庆爸一字一顿。

最后的晚餐,杯子碰在一起,是心碎的声音。友庆爸说:"咱们离婚吧,你趁年轻再成个家,孩子我一个人带。"

心碎了,就知道心是什么,友庆妈抱着丈夫失声痛哭。

第二天,两人十指相扣。

第二年,友庆上学了。他读的是最好的学校里最好的班,老师把该知道的都教给他。每天早上友庆都正常上学,中午正常去大妈家吃饭和午睡,晚上正常放学,晚饭后友庆妈正常辅导友庆写作业,友庆爸在一旁正常看书,周末有家教正常来家里一对一补习。

十年,一晃就是十年,友庆爸妈拼尽全力,维系着正常。

十年,友庆妈内心千疮百孔,她感到无力。她不是弱者,她的悲剧在于她的反抗。她的失败,不是理性主义者的失败,因为她的依据不是思考,而是情感,可只要超出直觉以外,她就失了头绪。她总在夜里问自己：为什么我会生出这样的孩子？为什么是我？

十年，友庆爸成了工作狂。爱，因为血浓于水；恨，因为骄傲，因为无法托付那高贵的自觉。一切期望失去它们的凭借，历历在目的是退化和冥顽不灵。

在爱与恨这两种过犹不及之间，是妥协、闲适和不即不离。

大自然是严厉的。教室里、操场上、卫生间，友庆饱受凌辱，他不躲，而是回到座位上，面带微笑，保持着自己作为人的尊严和安宁。

学校的教育终归是失败了。唯一的收获是认识一些字，还是自学。

在九年义务教育的第九年，前方已无路可走，友庆妈通过熟人找到了正在南京秦淮河畔垂钓的"指路界"权威蒋校长。

蒋校长身经百战，具有感应冰层下潜藏危险的直觉，总能提出中肯的建议。在友庆妈粉饰了一番太平后，蒋校长认真地说："看来只有叶志刚搞得定了。"

贾老师："友庆妈为什么要粉饰太平？"

叶老师："社会以成败论英雄，成功往往给一个行为抹上存心善良的绚丽光彩，失败则给可敬的举动投下内疚的阴影，家家有本难念的经。"

贾老师："您当年靠谱吗？"

3
可悲啊　连你也在名利旁沉落
连你也是个被超越者

想当年，很靠谱。

他21岁登上教育舞台，出道即是巅峰。十年磨一剑，潜心育人。

用功久，自有勇，养一身浩然正气。

可最难耐的，是寂寞。

腓特烈大帝说："头衔是傻瓜脑袋顶上的装饰品，伟人不需要什么，名字就够了。"

当时的他不理解这句话。为了头衔，他跑到北京，成了北京大学经济学院青年商界领袖班的班主任。

他从前的学生心底都有一团被压抑的火，即使在作恶，他也把他们当荒野的风景来欣赏。

可眼前的学生，像是一群羔羊，需要他帮忙穿街过巷。

他只觉得他们卑微。

他感到，在学生中，比独自一人更加孤独。

这生活，如同你现在经历和曾经经历的，你必将再一次并无数次地经历它，其中没有任何新的东西，而是每一次身不由己，每一声言不由衷，都一再对你重现，而且一切都按照相同的顺序。

日子一天天过去，几件事是有结果的？

一切皆虚空，一切皆相同，一切皆曾经有过。

他的精神，出现了危机。

他们说他太挑剔了，他的身边已不乏友谊和事业。

但都不是他要的那种，他的精神饥肠辘辘。

他们说他太不成熟了。

可他们所谓的成熟，不过是被习俗磨去了棱角，变得世故而已。

那不是成熟，而是精神的早衰和个性的夭亡。

真正的成熟，应当是独特个性的形成和真实自我的发现。

那他为什么不离开呢？

因为最难抛的，是荣华。

他在心里深深地感叹！

可悲啊，连你，也在名利旁沉落，连你，也是个被超越者。

囚徒一旦把牢狱看成是他自己制造的，他就有勇气把它拆除。

只等一个时机。

贾老师:"关于金钱您有什么要叮嘱我的吗?"

叶老师:"从别人手中接过的钱必须包含对你能力和品德的赞美、包含对你工作价值的肯定、包含对你创新的激赏。

这三点缺一不可。

对我而言,即使只缺少其中的一种要素,金钱都会带来沉重的心理负担,这种心理负担的本质是羞耻,我会为了逃避这种心理负担而毫不犹豫地摧毁已经取得的任何成功。"

贾老师:"您到底想培养什么样的人?"

叶老师:"我想要培养的是'能够推动社会前进的人'。

他必定比其他人更多地冒险、革新、反抗和向命运挑战。他是伟大的自我试验者、永不驯服者、永向未来者。"

贾老师:"您在北大等的那个时机最后来了吗?"

叶老师:"来了。"

4
重估不可治愈

一天,蒋校长来电约我在眉州东坡酒楼和一个三口之家一起吃饭。

从此,我的人生分为两个阶段,遇见友庆之前,遇见友庆之后。

三年后,友庆妈回忆了当时的情景。

友庆妈:"吃完饭回家的路上,友庆爸说,你是个干事业的人,想把孩子托付给你。"

叶老师:"友庆爸怎么这么肯定?"

友庆妈:"他说你一直在观察友庆,几乎没怎么吃饭,这样的人就是做实事的人。"

叶老师:"您当时怎么想?"

友庆妈:"友庆爸说要把孩子托付给你,我吓了一跳,因为当时咱们还不了解啊,就是第一次见面,决定这么重大的事儿。"

叶老师:"那最后是谁做的决定?"

友庆妈:"友庆爸说他相信你,事儿就定了,我都不太理解,当时哪儿想得到有今天啊,干大事儿还得靠男人,叶老师你说友庆爸是怎么想的？"

叶老师："人是很难被真正了解的，而相信的本质是愿意相信。"

贾老师："人为什么是很难被了解的？"

叶老师："人性复杂如迷宫。友庆妈称之为了解的东西，其实是熟悉，人们总是错把熟悉当作了解，而熟悉的东西恰恰又是最难了解的。"

贾老师："那天您在观察哪些方面？"

叶老师："我在看自己是不是真心喜欢这个孩子。"

贾老师："喜欢吗？"

叶老师："不烦，但谈不上喜欢。"

贾老师："是否喜欢这个孩子真的那么重要吗？"

叶老师："务必只培育你真心喜欢的孩子。即使是常规的文化课补习，师生之间如果不能互相接纳，结果都不尽如人意。律师可能要为一个他明知有罪的杀人犯辩护，外科医生也可以为他不喜欢的人做手术。但是，一个老师的教育想要有效，孩子必须对这位教师本人有某种吸引力。"

贾老师："您的喜欢是直觉上的喜欢吗？"

叶老师："是看他身上是否有我最看重的一个东西。"

贾老师："友庆妈不是介绍得很全面吗？"

叶老师："我从不让别人的观念和意见插在我和学生之间，

我永远保持看事物新鲜的第一眼。"

贾老师:"那接下来怎么办?"

我的教育永远是从调查开始的。

我立即动身奔赴友庆家。

一进门,我惊讶地发现,友庆竟然在补课。

他一边痴笑,一边用手不停地拔胳臂上的汗毛,嘴里胡言乱语,家教在一旁窘迫地应对着。

不一会儿,友庆突然站起,拔腿就走,直奔卫生间。

路过我身边的时候,他看了我一眼。

我心里一动,决定进一步调查。

———————

贾老师:"是什么让您心里一动?"

叶老师:"他的眼神中,有心理活动。"

我让友庆爸安排我去学校看看友庆上学时的状态。

第二天,学校的校长把我介绍给友庆的班主任,我紧步上前,弯腰伸手,"您好,莫老师,我是友庆的舅舅。"

莫老师一听友庆的名字,猛地把已伸出一半的手往回一抽,说:"我怀孕了,不方便握手。"

"跟我握手不流产。"

"那我也不握!你径直走,最里面那间屋子,到那儿去等吧,我没工夫。"

我寻迹前往,发现是个水房,潮气扑鼻,正迷茫,音乐响,几千名学生闻风而动,周一,升旗仪式。

我站在楼上,把目光投向操场,所有人都在向国旗行注目礼,茫茫人海,哪里去寻友庆的身影?

压根儿不用找。

一个顽童,与众不同,面朝太阳,双手合十,谜一般的笑,口中念念有词,一道金光洒于身后。

我在这空前的崩溃中看到了空前的自由,在这从未有过的黑暗中看到了从未有过的希望。就在那一刻,我认定,友庆就是我的学生。

————

贾老师:"为什么一下就认定了呢?"

叶老师:"贾老师,你可以教给学生一切,可这世上只有一种东西是教不出来的。"

贾老师:"哪种东西?"

叶老师:"这种东西的名字叫'血性'。"

贾老师:"为什么?"

叶老师:"因为'血性'是天生的。"

什么是"血性"?就是一个人敢为了他所珍视的事物,和

| 别 慌 |

全世界对抗。

他是独一无二的人，无可比拟的人，自我超越的人。

站在楼上，我审视着远处的友庆，他是一件原创之作，更纯粹，更执着于爱。这是友庆的本性，而正是本性将他吞噬，他本该成为的样子，将永远成为一个幻影，除非我将锁打开。

对友庆这样的小蒲公英来说，我就是北风。

———————

贾老师："'血性'的本质是什么？"

叶老师："勇气。"

贾老师："这就是您最看重的那个东西吗？"

叶老师："正是。"

贾老师："遇到自己喜欢的学生心里会想什么？"

叶老师："想他的未来。"

回京后，我期待着友庆的到来，可半个月过去了，友庆家音信全无，我心怀悲伤，饮食俱废，蒋校长热心地帮我打听了一下，原来友庆竟然在准备中考。

"他还有考一下的必要吗？"我问蒋校长。

"哈哈哈，再等半个月吧。"

三年后的一天，友庆妈在电话里问我：

"叶老师，您猜当年友庆中考多少分？"

"多少？"

"七科一共 20 分。"

"您有什么感想?"

"我的儿子在学校白白浪费了九年。唉,九年啊。"

终于,他来了。晚上,16 岁的友庆光着脚丫,跷着二郎腿,坐在马桶盖上写了下面的日记:

> 昨天晚上爸爸带我去洗澡。我穿上红拖鞋就与父亲来到更衣室,我脱下了裤子就戴上了手表去洗澡,洗澡前,我上去称体重,我的体重是 100 公斤,父亲的体重是 600 斤。我来到浴室洗澡,我打开水龙头,我先冲了冲头,头不痒。还冲了冲屁股,感觉屁股很充实。
>
> 尔后,我拿着毛巾来到了小床上,我放平了以后,叔叔很快过来给我搓背。我下了小床就到大水桶里泡一泡,这时候,很多男人拿着比较冷的镯子来到大水桶洗澡。我一边洗澡一边看新闻,出乎意料,澡堂的水挺黑,我洗的。
>
> 尔后,我就到池子里刷牙。我挤上了蓝色的高露洁药膏刷牙,我感觉牙齿变白了。我今天又拿刮胡刀刮胡子,父亲严厉地批评了我。
>
> 尔后,我拿着棉球放到耳朵里,棉球上有一些耳屎,我听不见康熙的声音了,我把两个棉球扔进垃圾桶里,就回家了。
>
> 今天早上,我同爹娘坐着车来到车站等火车。进了站,安检员拿探测仪给我量了量身高,转过身,安检员用探测仪量了量背,地铁上人挺多,把我们挤在一起,热热闹闹的,多麻烦啊!
>
> 尔后,我去小便,小便过程中,我把门别上,怕被别人看见。我小完便以后,妈妈小了。我在一边看着,没乱跑。
>
> 我去北京,感觉挺高兴。地铁上有许多人正在看电视,我

> 闭上了眼睛啥都没看，我害怕时间的标志。地铁外边有3个广告牌，是"中国石油""特斯拉汽车""松下电器"，广告牌挺有意思，给我留下了深刻的印象。
>
> 有一位流浪汉躺在地上。他家穷，没地方住，我要向他学习。
>
> 我们到了万泉新新家园，我专心地听大人说话，我没插嘴，我挺谦虚。
>
> 叶叔家的房子可大了，比咱家的房子还大。康熙！
>
> 尔后，我过去吃饭。我喝了一碗稀饭，稀饭比豆浆还好喝。感觉稀饭挺有营养。
>
> 尔后，我刷了刷银碗，我打开了水龙头用流动的水冲了冲碗上的脏东西，碗就变得非常干净。

没想到家里还有银碗这么贵重的餐具。看到这儿我赶紧去找，没找到。

任何人如果发现自己16岁的儿子写出上面这种日记都会追问：

谁能告诉我，这孩子怎么了？

谁能做出最客观、最权威的判断？

我能相信谁？

按着这个思路，我走进了十年前友庆妈穿过的那扇门，找到了北京大学第六医院的权威，51分钟后，结论如下，共三点：

> 第一，友庆有以下9个心理行为特征：
>
> 1. 别人对他讲话时，他总像听不见。
> 2. 说话婴儿腔。
> 3. 经常一个人在发呆。
> 4. 经常自言自语、重复人名，并且喜欢背广告词。

5. 对曾经受过惩罚的行为还会再做。

6. 不服从或勉强服从，心存不满。

7. 无法维持友谊。

8. 到新的陌生环境容易迷失方向。

9. 总想某些事情，无法摆脱。

第二，注意力有问题。

注意力方面，可以用药，调整目标，不能压力太大，容易引发合并症。友庆已16岁，年龄比较大，恢复到正常水平难度极大。

第三，友庆的韦氏IQ小于46，已无必要用药。

一旁的患儿家长赶紧过来安慰我：

"大兄弟别难过，像你这种情况是不可治愈的，这是科学。咱们的孩子都完了。"

―――――――

贾老师："当您听到'这是不可治愈的，这是科学。咱们的孩子都完了'这句话时，您是怎么想的？"

叶老师：不可治愈这四个字就意味着悲剧的命运吗？什么叫不可治愈？不可治愈又怎样？就不能生活了么？就无法工作了吗？就找不到爱情了吗？就不能生儿育女了吗？他的人生就没有价值了吗？

让我来重估不可治愈。

当时的我站在北医六院一楼的大厅，看着身旁面带傻笑、

北 大 六 院
儿童心理测验报告单

姓名 _____ 性别 男 年龄 16 岁 3 月 ___ 日 病历号 _____

测验项目	测验得分		测验结果
绘人测验	得分		智商
比奈测验	得分		智商
瑞文测验	正确数　　　%		智商
图片词汇	得分		智商
✓ 韦氏测验	语言智商 49	操作智商 <46	韦氏智商 <46
DDST	社会　　　精细动作　　　语言　　　大运动		

ABC	因子分	感觉	交往	躯体	语言	自理	总分

ADQ	因子分	独立		认知		社会自制		适应商数
		粗分	T分	粗分	T分	粗分	T分	

其他：

　　　韦氏IQ: <46
　　　MR: (中)

被试合作程度 ___合作___　　　报告者 _____ 2019 年 7 月 4 日

喃喃自语的友庆，怎么也想不到我们将一起经历多么精彩的人生。"

贾老师："如果现在我也遇到了一个这样的孩子，您想对我说些什么？"

叶老师："如果年轻人输了，我们就都输了。贾老师，带着你的爱和你的创造走进你的孤独吧，之后幸福定会随你而行。"

第18天

从北医六院回到家，已是晚上。总结过去18天的观察，我有了自己的判断：

友庆的失败是最彻底的失败：因为他不能从失败中吸取任何教训。

友庆没有意志，习惯就是他的意志。但他没有普通人最大的弱点：无长性。

是习惯害了他。

马上开始行动。大部分有深远影响的训练都始于这天晚上。

当晚启动基本功训练。人生在世，基本功要扎实。主要的基本功包括：睡觉、吃饭、洗漱和排泄。

当晚启动注意力训练。第439天的时候，友庆已经能够保持注意力高度集中半个小时了。

当晚启动形体训练：每天靠墙站立30分钟。坚持了5年，他变成了一个挺拔的男人。

当晚启动体能训练：俯卧撑和跑步。坚持了5年。友庆的肉体和精神是一起发育的。到了第549天，友庆已能做20个标准俯卧撑了。

当晚启动能力训练：打扫卧室和洗手间，当我的跟班，采购和买单，倒垃圾，取快递，接待来宾，睡前打水烫脚，按摩，检查门锁，睡前关闭燃气阀门和家里所有电灯，等等。

当晚启动夜间调查。一定要和学生住在一起，你在夜晚的收获会大于白天。连续3年的夜间调查，让我有了意想不到的发现。

我的能力既体现在我创造的东西上，也体现在我毁灭的东西上。当晚友庆最喜欢的"文房四宝"（分别是小白帽、手电筒、印有十大元帅的扇子和儿童电子琴）被扫荡一空，他治鼻炎的药瓶药罐灰飞烟灭，简单的行囊被扔到九霄云外，从此以新面目示人，再后来，友庆的小手表也找不到了。

也正是从这一天的晚上开始，我用武力捍卫纪律，这方面我是孤独的，但我是对的。

如果你没法进入他的世界，别慌，那就干脆把他投入你的世界，建立简单的规则，让这无情物在规则下进化。较量的、消耗的，是心力，最后胜利的，是信仰。

我的世界简单到只有一条规则：

对了，奖励。错了，惩罚。

在这个世界里，我所有的行动都基于四项原则：

一、同一切不正确的思想和行为做坚持不懈的斗争。

二、不断制造来之不易的成功。

三、成为榜样。

四、用两种东西改变人：劳动和评价。

友庆从此开始了围着我旋转的生活，我为友庆的生活提供了一个目标，一种意义，我赏罚分明，一切善恶都在我这里得到报应。

5
从无能到平庸

友庆当时最让人头疼的问题是那9个心理行为特征中的第一点：

别人对他讲话时，他总像听不见。

这可怎么办？一开始我以为是态度问题，人家可能不想理你，可态度端正后，涛声依旧，那就一定是注意力的问题，可等注意力集中了才发现，不是人家没听见，是真心听不懂，干脆无感。看来如果智力不提升，友庆想要和普通孩子一样依旧无望。

第69天

我决定对友庆进行智力训练。

我关掉手机，让家人们出去度假，20平方米的书房就像一个当代孤独实验室，尘世的气味被隔绝在外。在这里，一切不健全都因缺乏参照物而变得无可指责。

我和友庆都穿着新买的背心和短裤，同窗般坐于桌前，四目相对，这时我才发现，还没有教材呢。

看着友庆的脸，我想起了一个小品。

赵本山："你这样，我给出个三岁小孩儿的脑筋急转弯儿。"
范伟："你别整三岁的，有能耐你整四岁的。"

我掏出手机，购买了下面五套儿童读物。

《宝宝趣味找不同 3~6 岁》，新世纪出版社。
《宝宝趣味走迷宫 3~6 岁》，新世纪出版社。
《头脑潜能开发 5~6 岁》，新世纪出版社。
《左脑开发 5~6 岁》，新世纪出版社。
《全脑思维升级训练 5~6 岁》，中国人口出版社。

三天后，教材到了，我们正式开始智力训练。

———————

贾老师："叶老师，这也太离奇了。"
叶老师："我用我的方法育人，但我从所有人那里学到了东西。

事后回想当年的自己，沃尔特·昂斯沃斯在他的著作《珠穆朗玛峰》中的一段话一语中的：

> 没有经验的一大好处，就是可以不受传统或先例的束缚。对新手而言，一切似乎都很简单，他将选择最直接的办法去解决面临的困难。当然，这通常也将他挡在了成功的门外，有时

还会酿成悲剧……然而，正是由于不受任何的限制，坚定的信念才驱使他们走了很远、很远。

可当时的我哪能想到，在前方迎候我们的是怎样的艰难。"

一道10以内的运算题，友庆做了整整1天，到了晚上，我的思维一片空白。在智力训练的每一分钟，我都在煎熬，我的大脑和身体都在受到损害。

一道学龄前儿童的"数独"练习题，我们用了整整2天的时间。

整整2天，我们坐在桌前。我感觉自己迫切需要得到动物研究常用的两个工具：无线电项圈和镇静剂标枪。

一道用来增进亲子关系的数字规律游戏题又让我们静止了3天。记得这道题做出来以后，我和友庆妈在电话里有过下面的对话：

"友庆妈，终于做出来了，这题做了3天。"

"叶老师太厉害了！"

"这没什么，蜜蜂能够理解0的概念，恒河猴能数到4，友庆做这题不成问题。"

"……（电话那边沉默）"

"友庆妈您还在吗?"

"在……是全靠他自己悟出来的吗?"

"是。"

"叶老师我想问您,如果3天还是做不出来怎么办?"

"那就再来3天。"

"如果还是不行呢?"

"如果还是不行,那就再来3天,直到做出来为止。"

"您怎么就断定他一定能做出来呢?"

"相信的本质是愿意相信。"

突然,友庆妈在电话里哭了起来。

一道用来增强幼儿园小朋友自信的数字规律题把我们钉在书桌前整整5天。

> 周围的空气越来越稀薄,必须记住一点,在海拔8848米的地方不可能有清醒的意识。
> ——乔恩·克拉考尔*

很简单的几个图,请你总结出图形的规律,这道题友庆不多不少,做了7天!在这7天里,我感觉有重物压在我的胸口。接下来的"走迷宫",又搭进去7天……

---

* 《进入空气稀薄地带》,浙江人民出版社2013年版。

> 我处于极度的痛苦中,在我一生中从未有过如此的疲惫。喉咙感到烧灼,完全感觉不到呼吸……我几乎进行不下去了。没有绝望,没有幸福,没有焦虑。我还没有失去对感情的控制,事实上已不再有感情了。我拥有的只剩下意志。
>
> ——莱因霍尔德·梅斯纳尔《透明的地平线》

第 101 天

北医六院智力测试结果:IQ58。

友庆妈给我的妻子发来邮件:

郝老师:

……这个结果让我们很激动,也很震撼,千言万语不知该从何说起。叶老师真是高人,他的教育会让一个孩子发生这样惊人的变化,是我始料未及的,感恩上苍,感恩你们,友庆有救了……

有救了?说这话为时尚早。

"找不同""看图说对错""给图片排序编故事"……16岁的友庆被一道道学龄前儿童的游戏题……难住了。

> 夕阳西下,孤独感油然而生,此时的我好像已将生死置之度外。我知道,自己必须全力以赴,完成使命。但有时我也很好奇,这样的艰苦跋涉是否只是为了印证这样一个事实:我能找到自己丢失的某样东西。
>
> ——托马斯·霍恩宾《珠穆朗玛峰:西山脊》

终于在那一刻,友庆退缩了。

北大六院
儿童心理测验报告单

姓名 ___ 性别 男 年龄 16 岁 6 月 ___ 日 病历号 ___

测验项目	测验得分				测验结果	
绘人测验	得分				智商	
比奈测验	得分				智商	
瑞文测验	正确数	8	%		智商	70
图片词汇	得分				智商	
韦氏测验	语言智商	71	操作智商	52	韦氏智商	58
DDST	社会	精细动作		语言	大运动	
ABC	因子分	感觉	交往	躯体	语言	自理	总分
ADQ	因子分	独立 粗分/T分	认知 粗分/T分	社会自制 粗分/T分	适应商数	

其他:

瑞文IQ: 70

韦氏IQ: 58

MR（轻）

被试合作程度 合作   报告者 ___   2014年 1月 24日

第117天晚上，友庆屡次不认真、装傻。第118天，友庆随意说出"我找到了！"且态度强硬。

但我坚决捍卫纪律。恐怖的日子，郝老师心情极度忧郁。

越往后，越需要友庆在理解规则的基础上答题，当数学与文学交织在一起，训练进入绝境。

> 越向上攀登，目标对我而言似乎就越无足轻重，而我对自己也变得越漠然。我的注意力越来越涣散、记忆力衰退，精神的疲惫远远胜于身体的疲劳。一个人静静地坐着是何等惬意。即使此刻被夺去生命，也令人非常愉悦。
> ——莱因霍尔德·梅斯纳尔《透明的地平线》

第156天

北医六院智力测试结果：IQ108。

友庆妈发来信息：

> 叶老师，我不知该如何表达内心的感激之情，大恩不言谢，一切都在心里。这些年因为友庆不知心碎过多少次，遭过多少白眼，可是内心一直没有放弃，冥冥之中总感觉这孩子一定会好起来，所以最终遇到了你。我想你一定能行，友庆一定有救。

北 大 六 院
儿 童 心 理 测 验 报 告 单

姓名_____ 性别_____ 年龄_____岁_____月_____日 病历号_____

测验项目	测验得分						测验结果	
绘人测验	得分						智商	
比奈测验	得分						智商	
✓ 瑞文测验	正确数	63%					智商	108
图片词汇	得分						智商	
韦氏测验	语言智商			操作智商			韦氏智商	
DDST	社会		精细动作		语言		大运动	
ABC	因子分	感觉	交往	躯体	语言	自理	总分	
ADQ	因子分	独立		认知		社会自制	适应商数	
		粗分	T分	粗分	T分	粗分	T分	

其他：

瑞文 2c：108

被试合作程度____合作____   报告者_____   2014年 11月 7日

艰苦卓绝的训练细节见附录1：你必须拼尽全力，才能看上去毫不费力

――――――

贾老师："太厉害了。友庆智商达到108以后，还做智力训练吗？"

叶老师："不做了。"

贾老师："为什么不继续做训练了？"

叶老师："单是聪明还不够，还应有足够的智慧以避免过分聪明。据我的观察，一旦超过正常值，智商越高，领导力越低。"

贾老师："友庆还有领导力？"

叶老师："是的，之后发生的一系列事情，印证了这一点。但都在那个不幸的夜晚之后。"

贾老师："不幸的夜晚？"

叶老师："对，史称'华尔道夫风雨夜'。"

6
华尔道夫风雨夜

恢复智商本应激起一阵强烈的自鸣得意。毕竟，在与重重困难抗争之后，我和友庆终于创造了奇迹。但友庆接下来的表演，将我的自我陶醉消灭得无影无踪。

在得知儿子智力恢复正常的第二天，友庆妈火速抵京，我的安排如下：

中午大家一起在北京 apm 的东来顺餐厅吃涮羊肉，我准备在热气腾腾的氛围里向家长展示我的成就，然后入住华尔道夫酒店，在孔雀廊和引荐人蒋校长一起聆听友庆妈对我们的赞美。

当年的我不知道的是，友庆像硬币：有两面。

第 157 天

在和友庆妈对视了 5 秒钟后，友庆开始傻笑、小丑般胡说八道、众目睽睽下认认真真地挖鼻屎、拔汗毛，行动如神龟般迟缓，还要来一瓶白酒助兴。

一旁的友庆妈面如赤兔，急切地想从儿子身上找到进步的迹象。

蒸汽升腾，火锅旁的友庆斜睨我，眼神中有话："我娘在此，你奈我何？"

餐后，孔雀廊，见到蒋校长，友庆变本加厉，"康熙""07"，不绝于耳，四邻为之侧目。友庆妈面如灰土，蒋公满腹狐疑，终于，友庆妈站起，丢下一句：

"妈很失望。"

转身离去。

当时的友庆妈不知道的是，仅仅一句失望是远远不够的。

我将友庆妈送出，回来时，友庆身旁的蒋校长已如坐针毡。

天色不早，我建议一起吃个晚饭。

路上，友庆愈加离经叛道。

一进电梯，他就将一位娇小的女士挤在壁板上，这位女士难发一言，双肩直抖，当她挣扎着走出电梯时，突然回身：

"别以为我不知道你是谁！你怎么堕落成这个样子了，太过分了你！"我和蒋校长各自向两边横跨一步，以示与此"禽兽"划清界限。

电梯门终于关上了，友庆脸上带着恶魔的痴笑，笑这个被他愚弄的世界。

进入饭店，友庆落座，喃喃自语，他叨叨不为别的，只是为了嘴上有点事干。蒋校长已不愿再看友庆第二眼，我一心不二用，闷头吃眼前饭。

临走，蒋校长扔下一句："那行，友庆，跟叶老师好好学。"

"蒋伯伯再见。"友庆奶声回应。

"好好好……"蒋校长意味深长地看了我一眼,扭头便走。

事已至此,实际上,我还是能做点儿什么的。

回到华尔道夫的房间,我脱下皮鞋,摆正,解下腰带,卷好,挂好衬衫,夹好西裤,音响里放上莫扎特的《晚风轻拂树林》,右手缠上毛巾。

"友庆,你来看这是什么。"

人们唯一能记住的,是结局。

"叶叔,我改。"友庆像一条被冲上岸的鱼,大口大口喘着粗气。

死去活来,必有后台。

当晚,后台来短信:

> 叶老师,千万别难过,你已经创造了奇迹,友庆也很不容易,你的情绪对他至关重要。魔障厉害,只能一点一点地瓦解,不可能一下崩溃,已经松动了,要乐观。
>
> 当着孩子的面,我说失望,是想给孩子念念紧箍咒,其实心里蛮乐观,尤其是看了你的工作日记,看到孩子具体做出的努力和进步。

看着短信我问友庆:

"赖谁呢?"

"赖我。"

"你的问题出在哪儿?"

"欠揍。"

"这事儿肯定赖我。"

"什么事儿都不赖您。"

"赖谁？"

"赖我。"

"下一步怎么办？"

"把事认真做好。"

贾老师："为什么友庆和他妈妈对视了5秒钟就开始回到从前的状态了呢？"

叶老师："因为友庆妈对儿子的底线是：无论你什么样妈都爱你，也就是无原则。而人是有必要强大，才会变得强大。所以友庆一见到妈妈就回到从前的样子。

所以你看到友庆在我身边的表现和在友庆妈身边是有巨大差异的，每次友庆从老家回到我身旁，都会低迷很久，也是因为这个原因。

可你别忘了，友庆妈是了不起的母亲，她在一点点觉醒。她从一开始的'无论你什么样爸爸妈妈都爱你'，到'很失望'，再到'觉得被友庆欺负了'，再到后来的'我觉得友庆欠揍'，再到最后'如果再这样就别回这个家'，她逐渐在斗争中成熟起来，而友庆也随着母亲的成长而加速成熟，最终在母亲面前克服了那些缺点。

从这天起，友庆每天睡前都会对我说：'叶叔晚安……什么事都不赖您。'"

贾老师："这话很重要吗？"

叶老师："很重要，还记得我总结友庆的9个心理行为特征的第6点吗？

不服从或勉强服从，心存不满。

他们是地球之友，认为亲友就应该是一种看不见你缺点的人，所以他们对批评者的不满是天生的，这是他们的共性。

让他们自己大声地把责任厘定好，发表声明不落埋怨。"

贾老师："友庆可真是的。"

叶老师："不单单是友庆，贾老师，请记住，人，永远是有必要强大，才会变得强大。让我们用智慧来制造这种必要，制造来之不易的成功。"

贾老师："非针锋相对不可吗？"

叶老师："有一种古老的谬见，认为完全依赖奖励的方法在治疗特殊儿童方面比其他任何疗法都有效。是的，这么做事你也许不犯错，而像我这样针锋相对的人可能走错路，但是我是真诚的，我对待人生的态度是正确的；那些完全依赖奖励的人也许不犯错误，但是他们对待人生的态度本身也许就是一个错误。"

贾老师："友庆妈说的魔障是什么意思？"

叶老师："友庆妈认为是恶魔在阻碍友庆的成长，四年后，友庆妈封我为'降魔斗士'。"

贾老师："哈哈！对这种有信仰的家长您怎么看？"

叶老师："一个人不信点儿什么，就会什么都信。"

贾老师："您信什么？"

叶老师："我相信自己。相信你自己是最牢固的镣铐，最严酷的鞭打，也是最坚硬的翅膀。"

"华尔道夫风雨夜"三周后，友庆给爸妈致信：

> 爸，我在北京过得挺好，叶叔为我付出了很多努力，但是我见了妈还是叨叨人名，这些人都是我的敌人，我想让这些人成为我的朋友，而且还引起了别人的反感，别人就不和我做朋友了，所以以后我不要叨叨人名了，我要赢得妈妈对我的尊重，谢谢妈妈。
>
> 爸，您在斯坦福大学待了11天了，您学习认真吗？
>
> 妈，我要改，我要好好地改正，要努力地进步，我要好好地改正，要努力地进步。

友庆妈回信：

> 孩子，记住，你是你自己生命的主人，不要一犯错误就感觉对不起爸爸妈妈，爸爸妈妈爱你，希望你做最好的你自己，无论你怎样，爸爸妈妈都爱你。无论怎样，你都是爸爸妈妈最爱的好孩子。

———

贾老师："友庆妈还真是无条件的爱。"

叶老师："爱孩子是连母鸡都会的事，而把孩子教育好则是一种正确处理爱的艺术。的确是这份爱让友庆心底有爱，但友庆利用了这份爱，无条件取代了必要，而人是有必要强大，才会变得强大。

不单单是友庆，古老的人性和兽性，乃至整个史前时代，都在现代人的身上继续创作着、推论着。我们依然在由猿到人的进化之路上缓缓爬行。任性比任何利益都更令人愉快。"

贾老师："智力训练之后，您接下来有什么打算？"

叶老师："以下几种能力我最看重：

计划能力：为了达到目标或者完成任务而构建步骤方案的能力。

组织能力：有秩序、有条理地安排放置物品的能力。

时间管理：估计自己还有多少时间，如何分配这些时间，以及如何在有限的时间内按时完成任务的能力，也包括对时间重要性的理解。

工作记忆：在完成复杂任务时能够记住信息的能力，也包括利用以前的经验来完成目前的工作或者对未来的问题制订解决方案。

反省认知：以鸟瞰的方式了解自己所处状况的能力，也是一种自我观察解决问题的能力。这包括自我监督和自我评价。

反应抑制：行动之前先思考的能力，使我们能够抑制住冲动的言行，而用一段时间考察当前形势，并且对自己的言行会产生什么影响作出判断。

感情自我调节：为了完成复杂任务或者控制指导行为而管理自己情绪的能力。

任务启动：自觉开始完成任务的能力，不会在时间上过分地拖延。

适应能力：在面对挫折、阻碍、错误或者新信息的时候修改计划的能力，包括对环境变迁的适应能力。

有目的的坚持：坚持完成任务或者达到目标而不被其他事情分散注意力的能力。"

贾老师："我的天，这么多能力需要训练。"

叶老师："以上几种能力有一个统称：执行力。友庆喜欢发呆和幻想，所以提升执行力是关键。"

贾老师："得训练到什么时候？感觉工作量会很大。"

叶老师："不会，不要被绊倒在这些心理学词句的化石上，提升友庆的执行力只用一种简单的方法就够了。"

贾老师："哪种方法？"

叶老师："擦地。"

贾老师："擦个地这么神奇吗？"

叶老师："要一块地砖接着一块地砖，从东南角的第一块擦到西北角的最后一块，这训练了计划能力。

擦地的时候，花盆、椅子、熨烫机、吸尘器需要挪走，等擦完以后再放回原处，洗完抹布以后，抹布和肥皂也要放回原处，这训练了组织能力。

400平方米的地面，规定时间内必须擦完，这训练了时间管理能力。

昨天擦地的时候存在哪些不足，应该如何改进，今天要避免昨天的失误，这训练了工作记忆能力。

每天擦完地以后，自己先检查一下地面，看看自己干的怎么样，回忆一下在擦地过程中是不是发呆和幻想了，评价一下自己劳动的效果，这训练了反省认知能力。

每次不是拿起抹布就擦，而是在开始擦地之前先考虑要避免哪些失误，控制哪些不良习惯，争取把地擦好，这训练了反应抑制能力。

中途出现纰漏，遇到批评，不要有情绪，而是积极改正，继续努力朝着目标迈进，无论如何都要在150分钟内完成任务，这训练了感情自我调节能力。

每天到了指定时间，自觉开始擦地，不拖延，到什么时间就开始做什么事，这是训练了任务启动能力。

面对突发事件，比如突然门铃响起，快递来了，在签收包裹后继续迅速返回擦地工作中，甚至提升效率，把失去的时间补回来，这训练了适应能力。

在擦地的时候，别人说闲话不予理睬，长辈给水果，要留到擦完地再吃，除了把事情做好，好到他所能够做到的最好程度，别的什么也不想，这训练了有目的的坚持力。

这些训练统称为执行力训练。"

贾老师："您这么设计，背后有何考量呢？"

叶老师："人通过劳动建构自己、恢复自己。友庆的上肢成了征服环境的工具，他的信心建立于此，他用双手把自己从幻想和废话中解救出来。

而且人从来不是生来就有价值的，而总是以对别人有何价值而存在的。周围的人因友庆的存在而生活在整洁的环境中，这就给友庆的人生提供了一种意义。

扫地时不停地下蹲和弯腰，这是克服傲慢、放下自我的最佳方法。每天和尘垢接触，慢慢觉得美和丑，干净和肮脏，自我和他人的分别就消失了，友庆心底的光就会放射出来。"

7
人是会死的　太阳是会冷却的

无论训练什么，我们都要先问一个问题：

训练友庆最终的目的是什么？

一定是让他融入社会。

可人们的错觉往往在于相信仅仅通过在室内的教学就能把儿童培养成人。

社会才是真正的学校。对友庆的教育不能封闭在室内，而是要带领他在社会中磨炼。

于是我带领这位智商 108 的懵懂少年进行了长期的社会实践，我称之为"社会育人"，一共进行了 649 天，分 5 个阶段。（见附录 2 至附录 6）

日复一日，在接触社会的过程中，我不断用来之不易的成功，阻止友庆回到日常生活的舒适地带，让他别无选择，只能在困境中煎熬，唯一的出路，就是不断冲向未知。

人，只有有必要强大，才会变得强大。

他无处容身。

太煎熬。友庆的问题在于他的每一天都是崭新的。我的快乐连根生在我的失望里。我寻求，友庆无动于衷。我找到，他遗失。就在胜利的时候，我失败。刚建立起一点信心，我幻灭。我求进步，可刚有一点点进步，一觉醒来，友庆又回到原点。

唯一的亮点就是他偶尔那灵光一闪，其余的时间则是一片黑暗。

怨谁呢？

如果任何人有错，任何人也都和友庆一样无辜。

但我有预感，在这胶着中，正孕育着一个重大教育时机。

而机会，终于在那个清晨，来了。

第 409 天

每天我都到友庆的卧室叫他起床，他都会回应："早上好，叶叔。"

今早，友庆没有回应我，眼睛失神。

我的脑海中，一个灵感犹如电光突然闪亮。

我赶紧闪出房间，内心的喜悦和巨大的紧张，只有通过深呼吸才能得到舒缓。我定下一条纪律：从这一刻起，如果友庆不开口，我就不说话，不再叫他吃饭，不再提醒他喝水，家里清场，手机关闭，快递转送其他地址，屋里只剩我们俩。

友庆起床后呆呆地走到一把椅子旁，一坐就是一整天，21点的钟声响起，呵欠连天，起身回房休息，晚上熟眠。

我把他坐的那把椅子摆到门厅，便于暗中观察。

第410天

　　早上没有人叫他起床，他自己走出卧室，发现了椅子，就坐在上面，直到21点的钟声响起，呵欠连天，起身回房休息，晚上偶尔翻身。

第411天

友庆又在那把椅子上坐了一整天。

已经3天了,我俩滴水未喝,粒米未进,天气炎热,友庆把椅子都坐臭了。(这把椅子作为一级藏品被我收藏)

晚上,我给一位医生打了个电话。

"人如果不吃不喝,极限是几天?"

"叶老师,您在挑战极限吗?天气热,不吃还好说,不喝水容易中暑,一旦中了暑,后果难料。"

我饥渴难耐,忧心忡忡,做出了一个重大决定:

明天早上正式向友庆投降。

可要是他先崩溃了呢?暗中观察,发现友庆在床上辗转反侧,后背的皮都快磨破了,于是我连夜做了4张图片。

第412天早上

我悄悄来到友庆卧室门外,侧耳倾听,里面静悄悄的,刚要推门,门竟然开了,友庆手扶门框,面无血色,嘴唇干裂。他虚弱无力地对我说:

"叶叔……咱们……咱们把桌子上的点心……吃一吃吧……"说完用蜷曲的手指指向餐桌。

我兴奋得眼花缭乱。

"吃饭?不急。先来看几张图片。"

友庆带着馊臭味儿,随我来到电脑桌前。

"你几天没吃饭了?"

"三天了。"

"你知道人不吃不喝的极限是多长时间吗？"

"不知道。"

"三天半。也就是说中午 12 点的钟声一响，你'咣当'一声就倒地而死了，这可是科学。你已经三天不吃不喝了，对吧？"

"对，我不想……"

"别着急，还有几个小时，稍等一会儿哈，我现在让你看看你死后会发生什么。"

"我不想死……"友庆摇了一下头。

"别着急，来看这第一张图片，这是你死后，尸体被装进尸袋，然后被救护车拉走。"

"我不想死。"友庆边看边摇头。

"这是第二张图片，你被扔进了停尸房的冰柜里，冻得邦邦硬。"我用中指的关节敲了敲桌子，友庆倒吸一口凉气，拼命摇头。

"这是第三张图片，你爸妈从老家来送你最后一程，在你的尸体旁哭泣，看，你的左脚大拇指上还挂着一个尸牌，上面写着你的名字。"

"爸妈来送我……"友庆动情地小声嘀咕。

"你爸妈肯定会怪我对你照顾不周，但怨我吗？桌上有吃的，你不吃。壶里有水，你不喝。你是自杀，怨得了我吗？"

"不能赖您！"友庆有点激动了。

"你的出生是一个需要你爸妈用一生的时间来纠正的错误。

大伙儿早就想摆脱你了，可我们都是好人，不忍心杀害你，无奈只好本着人道主义精神照顾你，现在可好了，你自杀了，哈哈，是自杀，谢天谢地，我们得救了。

你爸妈40多岁，年富力强，事业有成，过了一年多，又生了一个大胖小子，全家人这个乐啊，真高兴。看这第四张图，这是在你姥姥家，给小宝宝过满月。"

"……"友庆惊呆了。

"更绝的是，小宝宝还起名叫友庆，弹你的钢琴，睡你的床，穿你的西装，他在你爸妈、姥姥和全家的关爱下茁壮成长。

哦对了，他可不是个傻瓜，他聪明极了，还在你之前的学校上学，学习非常好，你原来的班主任莫老师可喜欢他了，他在学校交到了很多朋友，每天中午都去你大妈家吃饭午睡，晚上写完作业一家人其乐融融地看书弹琴。

叶叔也得救了，虽然你死后我会有短暂的难过，但你是自杀，怨不得我，终于又可以教育正常的孩子了，再也不教傻瓜了，从此叶叔过上了幸福的生活。

而你呢，你白死了，没有人记得你，因为有一个叫友庆的小朋友正快乐地活着，你就像一个病句，被所有人悄悄地涂掉了。"

"……"友庆不发一言，握紧双拳。

"别着急，就剩几个小时了，再见，友庆，去死吧。"

"我不想死！"友庆突然暴怒，将电脑键盘一把推在地上，跌跌撞撞跑向餐桌，拼命把面包往嘴里塞。

成功了。

我觉得血一下子涌到头上，于是赶快躺下来。

平静了一会儿，我走到餐桌旁，友庆抬头看着我，眼中带泪，我问友庆：

"想活还是想死？"

"想活着。"

"友庆，活着是你的选择，但人生的意义不在于活着，而在于活得自信，活得高贵，活得有气魄。

我们不要消极地活着，而是要积极主动地做事，成为强者。

怎么做呢？要从早到晚做，除了把事情做好，做到最好，别的什么都不去想，明白了吗？"

"明白了。"

"把这话背下来。"

"……背下来了。"

"背。"

"要从早到晚做，除了把事情做好，做到最好，别的什么都不去想。"友庆的嗓音干涩，听上去那么悲惨，他全神贯注地看着我，一滴泪挂在眼角。

"我再教你一句话，也把它背下来。"

"好！"

"背。"

"最美好的都属于我辈和我自己，不给我们，我们就自己夺取：最精美的食物，最纯净的天空，最刚强的思想，最美丽的女子。"

友庆的声音颤抖了,流露出长期埋在心里的痛苦和渴望,这是从未向任何人流露过的感情。背到这里,友庆嚎啕大哭起来。

我直了直腰,由于太兴奋和劳累,我满头大汗。我站到体重秤上,发现自己瘦了8斤,镜子里的家伙已经脱了相,回忆这几天的经历,我突然想起一句话:

如果你还没有准备付出代价,就请不要说什么自由。

———

贾老师:"您教育时机把握得太好了,可怎样发现时机?"

叶老师:"靠直觉。"

贾老师:"如何培养直觉?"

叶老师:"直觉源于沉溺。

和你的学生生活在一起,醒着的时候尽量不离开学生,日复一日,学生的呼吸和行为方式慢慢会在你的脑海中留下印记,直到形成教育直觉。

直觉来自长期孕育之苦恼,存在之奥义只向苦苦求索的眼睛偶尔袒露。"

贾老师:"我们所说的时机到底是什么?"

叶老师:"是异常。当异常状况发生时,充分把这种异常变为对教育有益的东西。

一切秘密就在于把握重大教育时机。"

贾老师:"为什么友庆不说话你就不说话?"

叶老师:"生命存在的前提,就是一切生命都拼命求生存。如果不与人类沟通就得死都没法刺激他去改变自己,那没别的东西可以了。如果'不与人类沟通就得死'都没法刺激他去改变自己,那就该饲养他,而不是教育他。"

贾老师:"为什么要把友庆往死路上逼?"

叶老师:"死是最高的认识。友庆以及一切人类悲剧的根源在于,他们像永远不会死一样活着。

死是最极端。一个人在极端的环境中,会加速对自我的认识。这种认识的深度与极端的程度成正比。

友庆表面上是能力问题,可能力问题的本质是态度问题,是对死亡的态度,这决定了他以什么样的态度活着。

作为老师,第一要务,就是让学生明白:人是会死的,太阳是要冷却的。"

这就是发生在第 409~412 天的故事,在那几天,故事的两位主人公饥渴交加,神思恍惚,所以我称之为"云上的日子"。

"云上的日子"是友庆崛起的原点,为友庆的灵魂打上了深深的烙印,迸射出的能量终生不尽。

"云上的日子"释放出友庆天性中的两个特质:主动和坚持。而汉语中恰好有一个成语与之对应:

自强不息。

自强不息的精神是一切美德的前提。有了这种精神,在接下来"社会育人"的 649 个日夜里,在社会中,友庆取得了巨大的进步。友庆妈总结道：

现在友庆愿意学习新东西了。"我先示范了一次，友庆自己来，结果按错了键，主动重来，这次会了。"（第470天）

他还主动做家务。"吃过饭，友庆主动收拾碗筷、刷碗、擦桌子。"（第471天）

他的思维能力提升了。"他甚至会与我们开玩笑了。"（第475天）

孩子重亲情了。"友庆主动给爸妈打洗脚水，还帮我搓脚……想让爸爸留在家里……友庆吃东西时总是先问爸妈是否要吃……"（第477天）

敢于挑战自己了。"第一次独自乘坐高铁从辽宁盘锦回山西太原看望父母。"（第531天）

讲公德了。"……公交车上主动给别人让座。"（第534天）

在第659天，友庆妈在日志中写道："我和他爸爸都觉得友庆已经成为对家人有益的人。"

友庆爸妈也变了，他们不再是那对除了无条件地爱友庆，其余桩桩件件事情都茫然无措的友庆爸友庆妈了，他们和友庆共同成长，最终，成了自己命运的主人。

600多个日夜，寒来暑往。当年懵懂孱弱的少年已经变成英俊健壮的小伙子了。

第640天

友庆在18岁生日这天给父母发微信：

叶叔告诉我,我的生日是娘的苦日,感谢爸妈这十八年的养育之恩,我要跟着叶叔继续认真努力,做个成熟的男人。

友庆妈泪洒前襟。
　　多美好的瞬间。人们厌恶世事无常,我们都希望生命中的美好能持续下去,持续下去,一直到底,直到生命的最后一刻,其实,相比世事无常,人们更厌恶它的措手不及,它的从天而降。

8
地平线之上　有三种力量能征服人心

第 806 天

友庆妈突然来电话通知我：友庆该回家了。

友庆爸随后来信：

> 叶老师、郝老师，这两年你们在友庆身上倾注了诸多心血，使孩子有了如此巨大的变化，孩子将终生受益，我和友庆妈也将永存感激，相信友庆将会永远视你们为亲人。

第 807 天上午 9 点整

最后的时刻到了。

友庆在火车站的进站口对我说：

"叶叔再见。"说完就拖着行李箱向里面走，突然，他转回身，伸出右手，一把抓住了我的左手，看着我的眼睛，郑重地说：

"叶叔，让我握一握您的手吧！"

两个男人默默地、紧紧地拥抱在一起，就像人们在战斗前、临死前拥抱那样。这一拥抱压住了他们想要说的话、眼泪和感情……

第 808 天

面对友庆,我问心无愧。

第 809 天

面对友庆爸妈,我问心无愧。

第 810 天

我的理智说:"别骗自己了,如果友庆爸的来信说明你做对了一件事,那友庆的突然离开显然说明你做错了另一件事。"

我的骄傲说:"可……那又怎样。"

第 811 天

你知道那种感觉吗?明明他们还在,可以打电话,可以发微信,但你的手,会删掉打出来的一切,因为缺乏一个理由,一个体面的理由。

第 812 天

算了。这人间,相遇总是猝不及防,离别多是蓄谋已久,没有结局的故事太多,就这样吧。

第 813 天

一个声音:友庆爸妈是傻瓜。

另一个声音:他们怎么会是傻瓜呢?

第 814 天

我给友庆写了首诗。

第 815 天

别去打扰他们,别满腔热血地说完只剩尴尬。

第 816 天

白天我可以放下所有人,晚上不行。

躺在床上,一个来不及实现的教育蓝图,挥之不去,我感到一种遗憾像不断膨胀的气泡从内心深处的某个地方沿着脊柱往上涌。

第 817 天

人总是在灾难降临后才变得严谨庄重。

凌晨,我一跃而起,坐在案前,在回忆里检索和友庆爸妈在一起的每一个细节,扫描着友庆爸妈写的每一篇日志。

心中只有一个疑问:他们的什么需求被忽视了?

没有答案。

我沉思至黎明,换了一个问题:他们说的哪句话最令我抵触?

很快,我想起了这句话:

后面的日子叶老师能否考虑让他继续学琴?(附录 2:训练很重要,但那只是故事的一半)

第 818 天

在友庆离开 11 天后,我拿起了电话。

"友庆妈,说话方便吗?"

"方便,叶老师。这两天总想给您打电话,聊……"

"我觉得友庆是个天才。"我打断了友庆妈。

对面沉默了。

"我也觉得友庆是个天才。不过叶老师,您觉得他哪方面是天才?"友庆妈激动了。

"您觉得呢?"

"我觉得友庆在弹钢琴上是个天才。"友庆妈是认真的,她真的认为自己的儿子是钢琴天才,因为友庆在电视上听到自己爱听的歌,就在琴上鼓捣,能摸索着弹出简单的旋律,凭这一点,友庆妈就坚信自己的儿子是钢琴天才。

我将目光投向窗外,脑海中出现了友庆弹儿童电子琴那令人遗憾的造型,然后我下定决心:

"我也觉得他是个钢琴天才。"

"真的吗,叶老师?"

"真的,"我咽了一口口水,"请给我个机会,让我证明您的儿子是个天才。"

"好,友庆明天回去。"

———————

贾老师:"您这么做的动机是什么?"

叶老师:"记得有一年,香港新华集团总裁助理张建华伯伯发来了他的好友全国人大代表雷添良同志的提案草稿,希望我结合自己在教育特殊儿童过程中的理解和一定的社会调查,完善这个提案。

我带着友庆展开调研,来到了一家特殊儿童训练机构旁的村庄。

进村前,我问友庆:

'还记得你以前什么造型吗?'

'记得。'

'我看看。'

友庆想了一下,就开始露出痴笑,嘴里念念有词,手指蜷曲,手肘内侧外翻,走路作神龟状。

'不错,保持住,从现在起我就是你舅,你是我姐家的孩子,记住了吗?'

'记住了,您是我舅。'说完,友庆用手点了我一下。

'进村。'

进了村我就大喊:

'我要租房。'

大大小小的房东热情地将我引入一个个房间,向我隆重介绍房客们的隐私。

一种阴郁的、死气沉沉的、自我贬抑的和自我否定的人格扑面而来。

到处是参加培训和焦急等待的家长,他们分散居住在各个角落。

很多家长培训结束以后仍留在村里不愿回家,我问她们为什么,她说,在老家,因为生出了这样的孩子,她们是异类,人们说她们前世一定造了孽,而在这个村子里,家家都有这样的孩子,她们是普通人。

唉,就在异乡做个寻常人吧。那渴望安宁的心啊,就此安歇吧。

他们不再把力量和才智用在发展和提高上,而是悲切、麻木甚至冷漠地生活着。

我漫步在这些人中间,如同漫步在人的碎片和断肢中间,我的目光所及之处,比比皆是碎片、断肢和可怕的偶然,唯独没有人。

清晨,灶间里的姥姥面无表情地做着早饭,屋里的小外孙呆坐在床上,妈妈绝望地守在一旁,孩子的爸爸是卡车司机,每年的大年初一回家,住一晚扔下钱第二天一早就走。我问这位姥姥她的心境,她的回答,我永世不忘:

'死不瞑目。'

这世界竟有人活着的时候就死不瞑目。

得天独厚者,须替天行道。

从那一刻起,我决心为死不瞑目的人找到出路。

也是从那一刻起,友庆的成败不再是他个人的成败,而是一次伟大的探索。

奋斗的目标不是某个个体,而是人类整体。因为在人身上,再也没有比这更古老、更强烈、更无情、更不可克制的本能了。

'我觉得你儿子是个天才。'——这谎言,因爱而生,令人向往,无须羞愧,只为将探索进行到底。"

贾老师:"打电话之前,您觉得友庆妈会相信您的话吗?"

叶老师:"会。"

贾老师:"为什么?"

叶老师:"因为一个人渴望什么,就会相信什么。"

第 819 天

13:22,友庆出现在我的视线中。

他激动地向我跑过来:"叶叔您好,我是友庆!我回来了!"

我带着友庆即将踏上新的征程,可关键时刻,意外又发生了。

第 821 天

我能抵抗一切,除了诱惑。

一位仪态万方的女士找到我,她的丈夫是上市公司董事长,他们愿意每年付给我 1600 万元,还有长安街旁豪宅一套、郊区别墅一栋和一辆奔驰 SUV 可供使用,配有一个司机和一个保姆,只要我答应做他们儿子的老师。

原因是她们家的小霸王说我是他的偶像,因为我在游戏里帮他把飞机从军用机场里偷了出来,小家伙可是已经鼓捣几个月了也没成功。

不过这位优雅的女士隐晦地提出了唯一的一个条件:

赶走友庆。

她说自己和孩子的父亲非常理解我和友庆之间的感情,可一想到自己的儿子要和友庆这样的孩子一起长大就会失眠。

这位女士说她知道我不会为了钱赶走友庆，可钱能消灭一切不平等，钱是印在纸上的自由，为了平等和自由赶走友庆还是说得过去的。

我拒绝了这对令人尊敬的夫妇，因为他们不知道的是，友庆爸妈给我的更多。

———

贾老师："友庆爸妈能拿得出更多的钱吗？"

叶老师："友庆爸妈能给我其他人给不了的东西。"

贾老师："是什么？"

叶老师："夫妻二人每天早晨起床后的第一件事，就是一齐向着我家的方向，祝福我健康。我说的可是每天。"

贾老师："我觉得您还有别的原因。"

叶老师："贾老师，您说对了，您不愧是哈佛大学的心理学博士，在我们的正义中，仍然有着我们的诚实、我们的恐惧、我们的疲倦和我们的私心。

我选择友庆的最主要原因是：我要的是改变这世界，为死不瞑目的人找到一条生路。

我已经做出过选择了，不会变了。"

贾老师："您是同情这些人吗？"

叶老师："如果你真的是一个强者，那你一定受过苦，你就一定知道痛苦的价值，所以希望别人不要逃避痛苦，于是，你会出于对别人的尊重，而不轻易流露同情。

的确，人的痛苦是最深的痛苦，一个人的痛苦有多深，他对人生的理解就有多深，但正是在痛苦以及征服痛苦的战斗中，一个人最高限度地感受和享受了生命，所以在人间获得最大幸福的秘密恰恰在于：生活在逆境和与命运的抗争中。

对于痛苦者最好的安慰方法是让他知道，他的痛苦无法安慰，这样一种尊重可以促使他昂起头来，自己解决问题。

所以最大的帮助不是去同情，而是要唤起痛苦者的自尊自强之心。

贾老师，我们不做同情者，而要做创造者，创造性地解决问题。"

第 823 天

我和友庆再次踏上征程。这次是要证明友庆是个钢琴天才。

第 824 天

14:30，我打开电脑。

15:01，我拿起电话。

15:30，我在辽宁省盘锦市兴隆台采油厂老年活动中心后面的小仓房里见到了胡老师。

胡老师眼神清澈，举手投足干净利落，说话斩钉截铁。

我跟胡老师说友庆想考钢琴拾级。

"喜欢弹钢琴吗？"胡老师抚摸着琴键问道。

"喜欢。"友庆面带微笑。

胡老师："会弹拾级的曲子吗？"

"不知道,没弹过。"友庆说话杀人诛心。

胡老师:"那弹一首你最擅长的曲子我听听。"

"好!"友庆兴致勃勃坐于琴凳之上。

突然,友庆动情高歌:"流浪的人在外想念你,亲爱的妈妈!"歌罢伸出右手,在琴面上弹出四个伴奏音符:la so la la,干净利落,打完收功,我和友庆击掌相庆。

胡老师变成了狐老师,满腹狐疑。

"他就这水平吗?"胡老师一皱眉,用食指将一颗落在臂上的蒲公英种子弹飞出去两米远。

叶老师:"对。"

胡老师:"这水平就想考拾级?钢琴是艺术,是日积月累……"

叶老师:"胡老师,我建议您去买一本我写的奇书,看完沟通。"

第829天

胡老师来电。

胡老师:"叶老师,您推荐的书我看完了。"

叶老师:"把书里的故事用两个字总结一下。"

胡老师:"奇迹。"

叶老师:"想创造你自己的奇迹吗?"

胡老师:"想。"

叶老师:"你加上友庆就是奇迹。"

胡老师:"我在琴房等您,咱们见面聊。"

两个小时后,胡老师已经对友庆能考上拾级半信半疑了。

胡老师："友庆，你对自己考拾级有信心吗？"

友庆："有！"

叶老师："胡老师，千万别低估那些高估自己的人。"

胡老师："哈哈，明白了叶老师。"

———————

贾老师："这么快就找到老师了。这就是那位传奇的胡老师吧？"

叶老师："对，一切优势，都是效率上的优势。"

贾老师："快说说您是怎么找到这位老师的？"

叶老师："当时在网上一共有102位老师在市内教钢琴，我打算按顺序给这102位老师打电话，胡老师排在第8位。"

贾老师："胡老师和前7位有什么不同？"

叶老师："前7位电话拿起来先谈钱。"

贾老师："胡老师呢？"

叶老师："他第一句话是：'孩子真心热爱钢琴吗？'"

贾老师："为什么直奔拾级？"

叶老师："因为我要证明友庆是个天才，而一步到位是天才的特权。"

贾老师："您怎么知道能说得动胡老师？"

叶老师："相信我，大部分的人都过着平静但渴望超越平凡的生活。"

贾老师："胡老师怎么能相信'你加上友庆就是奇迹'这话？"

叶老师："用胡老师的话来解答吧：叶老师有驱动别人追随

自己高见的那种精神，能对违背常理的目标持无理性的信念，执着得近乎疯狂。面对他，大家会说：'瞧，他疯了，所以我们不听他的不行。'

他有不顾后果的性格，对于别人的反对，视而不见。其实正是这一点令我心服口服，令我站在他的旁边。"

贾老师："您为什么对胡老师这么有信心？"

叶老师："因为他已经做好了准备。"

30年前的一天晚上，黑龙江省一个县城中学的女老师回家对丈夫说自己怀孕了，丈夫紧张地表示，家里已经有一个孩子了，当时的法律规定，一对夫妻只能生一个孩子，所以必须赶紧把孩子打掉，不然两人就都会被单位开除，两人约好第二天上午一起去医院打胎。

第二天一早，卧室门一开，胡老师的爸妈发现他们的女儿正将一把明晃晃的菜刀架在脖子上。

"妈，你今天要是去打胎，我就自杀。"

胡老师常说，他的命是他姐给的。

胡妈妈在农村他二叔家悄悄生下了胡老师，寄养在那里。可这个孩子用他二婶的话说"就不是个省油的灯"，亲戚们谁都看他不顺眼。

5年后的一天，他二婶对二叔说："这个家有他没我，有我没他。"

胡老师被悄悄送进了刚刚成立的黑龙江少林武校，一转眼就是 10 年。

一天，胡老师上街偶然听到钢琴的声音，沉醉不已，要买钢琴，父母工资微薄，不能如愿，胡老师痴迷，为了学琴竟走 18 里山路到镇上的钢琴老师家，姥爷心疼外孙子，从小学的仓库里买来一台古董钢琴，88 个键，有 48 个键按下去就再也没弹起来过，胡老师把琴搬到临街的小屋，小屋冬凉夏暖，周围蚊蝇丛生，其间胡老师被叮得忘乎所以，但爱了就是爱了，执迷不悔。

在武术学校，一天，胡正站桩，被老师叫下来，问将来有何打算，胡说不知，老师让他回家问娘，娘曰：

"中考吧。"

胡老师大惊：

"妈，我这十年念的是武校，没怎么学文化课，如何中考？"

娘曰：

"托关系上吧。"

胡老师以为他的幸福人生要开始了。

上高中的第一天，摸底考试，班主任在讲台发卷子，全班唯独胡老师无卷，胡问为什么不给他卷子，老师答：

"你会啥？"

"会不会你得给找卷子啊？"

"你不会我给你什么卷子？"

"你怎么知道我不会？"

"就你那样要是能考上大学，我给你当驴骑绕操场骑一圈！"

胡老师少林童子功，拍案而起，桌角落地。

"我要是考不上大学,我让你骑一圈!"

晚上回家,胡老师跪在母亲面前,发誓要好好学习,考上大学。母亲掩面而泣,半夜起来,悄悄为儿子把课本都包上了书皮。

3年后,胡老师差5分没考上哈尔滨工业大学,被大庆石油学院录取。

胡老师以为他的幸福人生要开始了。

学院领导家的公子与胡同年,飞扬跋扈,听闻胡练过少林童子功,每晚寻衅,胡老师为了能顺利毕业,大学四年,忍气吞声。

业余时间胡老师苦练钢琴,终于取得了全国钢琴大赛的好名次,得到了去德国深造的机会。

胡老师以为他的幸福人生要开始了。

他给妈打电话,说查过了,辗转几国,机票只需2000元,问妈能不能借他这笔钱,等到了那边他勤工俭学,绝不拖累家里。胡妈妈说:

"孩子,咱们上大学不就是为了将来找个工作好好过日子嘛,好好上大学吧。"

胡老师强按住内心冲动,熄灯后在宿舍床上哀叹至黎明。

中秋晚会,胡老师先打了趟少林拳,然后穿上西服弹了首肖邦的夜曲,赢得了台下一位小师妹的芳心。

婚后,老丈人给买了房,还帮他挤进了辽河油田的一个好单位。

胡老师以为自己的幸福人生要开始了。

可这个单位里的同事们都晚出早归,把工作都推给胡老师,干好了,是别人的,干不好,"领导,那天我没在,是小胡干的。"

职场失意的胡老师以为他的幸福在家里。

胡妻娘家的某些亲属很信任胡老师，把杂事都尽可能地交给他，且面无表情。一次吃年夜饭的时候，在胡妻的某位长辈当众比较了两位孙女婿的事业之后，胡老师跌跌撞撞回到家门外，以拳击门，骨裂。

胡老师以为儿子能带给他幸福。

小家伙喜欢睡觉的时候被晃着，只要一停，哭声响彻寰宇，全楼闹心，老丈人在外地治病，丈母娘陪护，自己的父母又尚未退休，这孩子只能由小两口自己照看，胡老师白天上班，晚上带娃。

啊，这人生……

胡老师弄到了一个小仓库，隔成两间，右沙袋，左钢琴，每天下班后先在沙袋上发泄半个小时，再在琴声中给自己以抚慰，最后整理好笑容，回家。

胡老师天性骄傲，他在骄傲受伤时，又生出比骄傲更强大的东西。他有力量夺取的，决不忍受别人给予。争优胜，能自制，爱战斗，富于进取精神，这就是他所追求的人生。

这样的人要的是自我价值的实现，是向大地证明自己是个天才。

像当年的我一样，他在等一个机会，一个像样的机会，友庆这样的机会。

一个月后，胡老师见证了奇迹，友庆盲弹出三首拾级曲。我当时刚买完菜，手拎大葱西蓝花，站在仓房门外四口下水井旁向胡老师传授我对事业、爱情、男人、女人、家庭、工作、

尊重、平等和金钱的'偏见',也就是我的哲学。胡老师听完,在下水井熏天的臭气中,做出了一个重要决定:

从今以后,家不回了,孩子不带了,班不上了,全心全意传授友庆琴艺。

第 977 天

友庆通过了钢琴拾级的考试。

那段峥嵘岁月见附录 7:天才就是坚持不懈的意思

数据统计:

友庆学琴共计 17 周,122 天,其间休息 7 天,回山西 1 天,共出勤 114 天。

胡老师授课总计	159 小时 56 分钟
友庆课后练琴总计	385 小时 47 分钟
音乐鉴赏总计	33 小时 20 分钟
指力训练总计	36 小时 10 分钟

———————

贾老师:"您居然有功夫计算时间?"

叶老师:"摩西以后最伟大的犹太哲学家迈蒙尼德所有的作品都是在白天行医十小时之后写就的。"

贾老师:"为什么要计算这些时间?"

叶老师:"如果不去测量,你就无法改进。"

中央音乐学院李晓冬教授对友庆评价如下:

不要说半年一年，就是三年能考得过就算奇迹了。我觉得友庆他能弹成这样的话是挺有天赋的，但天赋不是最重要的，他能这么喜欢钢琴，能这么热爱音乐，这是最重要的。让人很感动。

我建议学琴的孩子不要把目标定在考级上，也不要定在比赛上，而是要定在把琴弹好上，就是把一个曲子弹好。不要讲以后能挣多少钱，最关键的不是技巧，而是态度。

友庆和李晓冬教授

中国音乐学院
CHINA CONSERVATORY

社会艺术水平考级证书
CERTIFICATE OF ARTS GRADE EXAMINATION OF CHINA

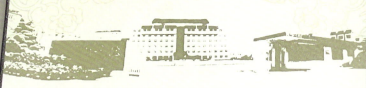

| 仁爱 | 诚信 | 博学 | 精艺 |
| BENEVOLENCE | INTEGRITY | ERUDITE | PRECISION |

社会艺术水平考级证书
CERTIFICATE OF ARTS GRADE EXAMINATION OF CHINA

中国音乐学院考级委员会
GRADING COMMITTEE OF CHINA CONSERVATORY

姓名: NAME:	
性别: GENDER:	男 Male
国籍: NATIONALITY:	中国 CN
民族: NATION:	汉族 Han
出生日期: DATE OF BIRTH:	1998-03
考级专业: SPECIALITY:	钢琴 Piano
等级: GRADE:	拾级 10

发证时间: 2017-03-05
DATE OF ISSUE: 2017-03-05

起止级: 1-11
GRADE OF BEGINNING & END: 1-11

证书编号: 0022017029676
NO: 0022017029676

主任:
DIRECTOR:

全国社会艺术水平考级中心监制
SUPERVISED BY CHINA ARTS GRADE EXAMINATION CENTER

第 978 天

我作小文一篇以纪念这件事：

我一直不相信友庆有音乐天赋，后友庆爸和友庆妈表达了对友庆的期望和对我的信任，友庆爸妈所言，情真意切，我下定决心一试。

苍天有眼，采油厂老年活动中心楼后的仓库里有一胡姓猛人，桀骜难驯，泰拳钢琴，眼花缭乱，此公迅速被洗脑入局，之后又屡次被擦拭眼镜，此后和友庆竟渐入佳境，一唱一和，前后相随。

月余，友庆盲弹出3首拾级曲，胡老师发羽声于仓库："叶老师，有个事我得说一下，如果我尽全力，可能只需要半个月。"

此后，胡老师燃烧了他的小宇宙，立弃发妻幼子工作于不顾，家族上下鸡犬不宁，胡妻贤惠只一句"我愿意"，鸦雀无声，胡老师全力以赴，建此奇功。

金牛座的郝老师，不但删除了唯品会，竟还忍受了丈夫把心思放在别人身上三年，形象伟岸。

爷爷奶奶毫不手软，饺子春饼，送到眼前，友庆爱满为患，迅速发育，日行18里，居然胖了10斤。

中午我给友庆妈报喜。我说您的辛苦没有白费，您的友庆不是傻瓜，他创造了奇迹，您的白眼没有白遭，不是友庆不行，是我们当老师的不识人，电话那边泪如雨下。

主角名友庆，欢天喜地，偶遇叶老师，性情大变，成了文人"默"客，面对挫折，纹丝不动，行走京城，面对鸿儒巨贾，文质彬彬，毫不改色。

嗟乎！试问天下何人经历千百次战斗，仍怀赤子之心？何人万里归来，仍是少年？友庆也。

友庆爸感慨万千：

　　都是奇人奇事，奇文以记之啊！以此文式记事者，当今鲜见矣，可见文功之深、用心之重，情愫之厚矣！叶老师，正是你的创新与执着才给友庆迎来了一番新天地，了不起！

友庆妈抽泣回复：

　　我的友庆啊！你这些年遭受的白眼，都是妈妈心中的痛啊！友庆，爸妈给了你生命，你的叶叔让你重生！此等恩情永远铭记于心啊！

胡老师回忆友庆的学琴经历，唏嘘道：

　　每次友庆模拟考试以后都急着把错题赶紧改过来，每次弹完一首曲子都赶紧找我点评，更了不起的是，只要你在一个地方提高了对友庆的标准，友庆就会主动把所有的地方都提高到这一标准，这么积极进取的学生我之前从未见过。

　　我曾听到和见到过一些人被逼出潜能创造奇迹的故事，当奇迹发生在我眼前，当我也成为了奇迹的一部分，我突然有一种想哭的冲动，因为，那是一种活着的感觉。

一旦活过，你就会上瘾。

友庆通过钢琴拾级考试后，胡老师的学费翻了10倍，门前车马，络绎不绝。

可此人已不是当年小胡，他放下教鞭，大吼一声，我的真爱其实是写小说！

众人摇头摆尾。

他闭关修炼，奋笔疾书，数月后，一部小说横空出世*，版权卖了40万元人民币。

众人叹服。

胡老师不再是原来的小胡，友庆也不再是从前的友庆。

友庆妈生日当天，友庆致信：

> 妈，今天是您的生日，叶叔让我闭着眼睛想起您，问我有什么感觉，让我用一个词来表达，我想到的词是：爱。

对面的人泣不成声。

还记得友庆那9个心理行为特征的第三点吗？

经常喜欢一个人发呆。

友庆学琴期间每晚有合法的发呆时间，但随着琴艺的提升，他也越来越不喜欢自己这点，直到那个傍晚。

第926天傍晚

友庆走到书房的门口对我说：

"叶叔，我感觉很寂寞，我想和您唠唠嗑。"

那一刻，抵得上一生。

---

* 胡老师曾以文萧萧的网名在黑岩网发表小说《灵魂医师》。

第 958 天

过年了，我们三人又相聚在仓房。

叶老师："胡老师，今天是大年三十，单位放假，不用工作，在这一天，您有没有一种时间被浪费的悲愤？"

胡老师："有。"

叶老师："您觉得有没有哪首曲子最有资格表达这种悲愤？"

胡老师："来，整一曲！"

悲愤版李斯特的《钟》响起，以此纪念我们并肩战斗的岁月。

没有谁活得淋漓尽致，除了叛逆。

屋里意气风发，窗外火树银花。

———————

贾老师："不是要重点改掉发呆这个缺点吗？怎么还会有合法的发呆时间呢？"

叶老师："因为生命冲动不可遏止。

压制本能，会导致肉体的衰弱。而顺应本能，又产生精神的自责。

事实上，压制仍难免内心的痛苦，因为禁欲并不能使欲望消失，罪恶感依然存在。顺应仍损害着肉体的机能，因为带着罪恶感的顺应，不可能有真正的满足。反正是身心俱伤，人生乐趣扫地以尽。所以我规定，白天认真练琴，晚上好好发呆。

如果有一天友庆不发呆了，那一定得是他自己的选择。"

贾老师："我觉得其他家长很难找到您和胡老师这样的好

老师。"

叶老师:"明代抗倭,巡抚胡宗宪说:'浙江人要是能训练出来,我早就去练了,还用等你来?'

戚继光回答:'十室之邑,必有忠信,堂堂全浙,岂无材勇。'最后,他发现了义乌人,成立了戚家军,重创了倭寇。"

友庆成了人们口中的"钢琴神童",大伙儿用"天才"这两个字埋没了他的努力。

随他们去吧,我接下来着急解决的,是一个心头大患,准确地说,是一个难言之隐,其中的缘由,得从友庆来我身边的第二天晚上说起。

9
如果降低立足点　你将补足所有的悲惨

第 986 天

我带友庆到中国医科大学附属第一医院检查：

精液量 0.5ml　Ａ级向前运动精子 3 个

拿着检测报告我们来到了医生的办公室，一位老大爷正在提裤子，脸憋得通红，医生扭过头瞅了我一眼。

"怎么了你？"

"不是我，是我外甥，大夫，您看一下。"我恭恭敬敬递上报告单。

"您看他什么问题？"

"弱精症。"

"有什么影响吗？"

"将来性功能低下，不孕不育。"

"怎么看出来的？"

"正常人精液量 2ml，他太少了，只有 0.5ml，而且 Ａ 级精子就 3 个。"

中国医科大学附属第一医院门诊检验报告单

临床基础检验室　　　　　　　　　　　　　　　　　　　　　　　流水号：

姓名：	年龄：18岁	登记号：	科别：门诊泌尿外科
性别：男	标本种类：精液	检验号：	申请医师：　申请日期：2017-02-24
初步诊断：		采样时间：	

颜色乳白　　　　　　精液量0.5ml　　　　　　取精时间9:14:06　　　　　　pH值7.2
液化时间>120min　　稀释比例原液值　　　　未排精天数7天　　　　　　　粘稠度黏稠
取精方式手淫　　　　温度36度

检测分析结果：

| 检测精子总数 | 326 | 个 | 精子密度 | 141 | Mil/ml | A+B级个数 | 6 | 个 |
| 活动精子数 | 27 | 个 | 精子活率 | 8.3 | % | A+B级比例 | 1.8 | % |

运动速度分级：

	个数	A级比例	%	密度	
A级（快速前向运动）：	个数 3 个	A级比例 0.9 %	密度 1 Mil/ml
B级（慢速或呆滞前向运动）：	个数 3 个	B级比例 0.9 %	密度 1 Mil/ml
C级（非前向运动）：	个数 21 个	C级比例 6.4 %	密度 9 Mil/ml
D级（极慢或不动）：	个数 299 个	D级比例 91.7 %	密度 129 Mil/ml

平均曲线运动速度　15.0　um/s　　　　　直线运动精子数　6　个
平均路径运动速度　12.9　um/s　　　　　直线精子运动活率　1.8　%
平均直线运动速度　4.5　um/s　　　　　　直线精子运动密度　3 Mil/ml
精子平均侧摆幅度　3.8　um　　　　　　　运动直线性　30.1　%
精子平均鞭打频率　6.5　/s　　　　　　　运动摆动性　86.0　%
精子平均移动角度　2.2　度　　　　　　　运动前向性　35.0　%

备注：

附表(参考值)：

密度：>20 mil/ml　　　　PH：7.2 - 8.0　　　　液化时间：30 - 60 分钟
活力：A+B≥50% 或 A≥25%　精液量：2ml 或 更多　　颜色：灰白色、淡黄色
禁欲时间：2-7 天　　　　精子活率：≥70%

接收者：　录入者：　审核者：　接收时间：2017-02-24 09:25　审核时间：2017-02-24 13:18

本检验结果仅对此标本负责！　　沈阳市和平区南京北街155号　电话：024-83282170

下面这些话我是替友庆妈问的。

"让女人怀孕需要几个精子?"

这话猝不及防,防不胜防。

"1个。"医生警觉起来,知道杠精来了。

"咱有3个呢,不够吗?"

"关键是概率。"

"还是有概率的呗?"

"几乎为0。"

"是不是因为他还年轻,等岁数大一点就好了?"

"多大了?"

"19了。"友庆往前凑。

"19都不行,你往后还能行?"友庆一哆嗦,退下。

"那怎么治呢?"我问。

"吃龙虎胶囊,效果很慢,你们要有心理准备。"

撤。

第987天

刘姨来信:

"你身边是不是有一个懵懵懂懂的孩子?"

"是。"

"筚路蓝缕,以启山林,继续走下去,会更难,你使命在肩,加油!"

第 988 天

果然，更难。

我一个人来到友庆家，和友庆爸妈探讨下一步的发展方向。

友庆妈："叶老师让友庆直接考拾级这件事让我很受启发，对友庆的未来我们得敢想啊！不敢想就永远不可能有大的发展。"

叶老师："我们现在都更敢想了。"

友庆爸："对，更敢想了，应该向专业化迈进。"

叶老师："您是指上音乐院校还是找个老师教他呢？"

友庆妈："最好是上大学，也可以上国外的艺术类院校，如果不行，也可以找赏识他的老师，收为弟子。实在不行，可以让胡老师教会他 20~40 首曲子，在酒店弹琴。"

叶老师："这是方向上的事。"

友庆爸："先挖掘一下，看他在这条路上能走多远。考过了拾级，说明他有天赋，如果潜力很大，那值得期待，如果潜力有限，那我们就考虑谋生。"

友庆妈："昨晚我问友庆，你能不能写个流行歌曲，就是写个简单的。友庆听过一首曲子就能在钢琴上弹出来，而且是绝对音准。我更倾向于友庆以后可以成为一个作曲家。"

叶老师："嗯，行，我看街边那些弹琴的好像都是作曲啊原创啊这种的，拿把吉他，这个给两块，那个给五块的。"

友庆妈："唉！"

友庆爸一下子靠在沙发上，看着天花板。

我们陷入了沉默。

我以为，家长掏钱是为了让我做出正确决定的，其实不然，家长花钱是为了实现自己愿望的。在那一刻，友庆妈爱上了自己的幻想，尽管她精神上是那么痛苦，尽管前方的道路是那样的无望。

眼前这分歧，是路线的分歧，无法弥合，友庆已经有自学的能力，我绝非不可替代，如果不能达成一致，我会出局，友庆会功亏一篑。只剩下 10 秒钟了，我都已经能听得到倒计时的嘀嗒声了。

我再最后一搏。

"友庆妈，我昨晚做了一个梦。"

"说说看，叶老师。"友庆妈也急于打破这尴尬的沉默。

"我梦见自己 89 岁那年的大年初一，白天弟子徒孙来给我拜年，当年的学生也带着他们的孩子来看我，我挺高兴，晚上吃完饺子，正准备好好睡上一觉，争取来年能活过 90 岁，突然手机响了，我一看电话，显示是友庆，友庆？这个名字怎么这么熟？哦，想起来了，他是我 30 多岁时教的那个学生，我接通了电话。

'喂，友庆啊？'

'叶叔，我是友庆。'

'你在哪儿？'

'我在敬老院呢。'

'哎呀，友庆，你今年也 70 多岁了吧，我听说你爸妈临终

前把你托付给你叔叔家的弟弟了,你没跟他们在一起吗?'

'没有,他们去美国看孙子去了,把我放在敬老院了。'

'哦,那友庆你最近过得怎么样?'

'过得不好。'

'为什么?'

'叶叔,我最近总尿床,护工打我。'

一听这话,我怒从心头起,我想问,你在哪个敬老院,我过去接你,但一着急,我就醒了。"

屋里静得出奇。

友庆妈眼中带泪,突然大喝一声:

"如果这样的话我死不瞑目!

……

唉……是!所以叶老师你说得很对,这些我也经常想,一想到这个就很焦虑,有种恐惧!晚上可能一下子就醒了,然后就再也睡不着。一想到孩子的未来,内心深处没有安全感。很折磨人。"友庆爸端坐在一旁点头。

叶老师:"友庆妈,绝大多数情况下,我们得到的都是替代品。友庆的拾级证书现在看是宝贝,是他天才的证明,可10年后就是一张废纸,甚至你都不愿意再看一眼。

学钢琴,每天就这么坐着,对男性性功能不利,再这么下去几年,他身体就真废了。这是昨天我带他去中国医科大学附属第一医院检查的报告单,精液量0.5ml,A级向前运动精子只有 3 个。医生说是弱精症，将来性功能低下，会不孕不育。"

友庆妈："啊，怎么会这样？"

叶老师："如果咱们今天分手，我会回家培养其他家族的继承人，一直干到 90 岁，我什么都不会缺，你们呢？你们现在年富力强，事业有成，觉得有没有孙辈无所谓，你们把所有的资源都给了友庆，目的就是想让他变得再正常一点，可他的同龄人呢，在恋爱，过几年就结婚生子了，等你们退休的时候，那时友庆可能已经学会了 40 首曲子，可他得靠你们给他找演出的机会，你们从单位回到家一推门，地中间站着个 40 多岁的大儿子：

'妈，我今晚到哪儿去弹琴？'

这时，楼上传来别人家欢天喜地的声音，邻居的小孙子、小孙女跑来跑去。

你们只会感到晚景凄凉。

我呢，当我接到友庆的来电时，我会立刻出发，赶到友庆身边，伸张正义，但我 89 岁了，可看到友庆这副样子，我意识到自己失败了，也别 90 岁了，估计没过多久我就带着遗憾去世了。"

友庆妈："充分理解叶老师，就是觉得您为了友庆真的是呕心沥血。叶老师您对友庆是怎么规划的呢？"

叶老师："友庆妈，务必提升你的立足点。提升了立足点，我们就提升了一切。如果降低立足点，你就会补足所有的悲惨。

要站在家族开创者的角度考虑问题，而不仅仅是个母亲。

让我带着友庆先解决生理问题，然后让他可以依靠自己在社会上立足,找到他热爱的工作,找到爱他的女人,再生儿育女吧。

人之伟大,在于他是渡桥而非目标。

友庆不是目标,尽快过渡到下一代吧,把资源用在孙辈身上。

除了这条路,走其他任何一条路都是死路。"

友庆爸:"用了两年多的时间,叶老师对友庆付出心血,进行培养,我非常认可,所以你对未来的分析和理解,我们也都认可,所以你将要采取的一些步骤措施我也一样认可。你想的比我们想得更细、更远,有对应措施,更有针对性,所以你说的我能理解,你想怎么做都没问题,我都支持!"

友庆妈:"明知山有虎,偏向虎山行!此等勇气非叶老师莫属也!"

半个小时后,我从友庆家出来赶往机场,身上的信任又延续了3年。

在那个时代,我可能是第一个有机会在学生的整个人生层面描绘蓝图的老师。

登上飞机,换过拖鞋,忽然想起一件重要的事,我掏出手机,发了一条短信:

> 尊敬的友庆爸、友庆妈,飞机即将起飞了,一千次一万次地祝福,如同之前每一次在你们面前一样,握手行礼,感谢信任……

飞机刚起飞,外面就下起了大雪,整座城市银装素裹。

9　如果降低立足点　你将补足所有的悲惨

贾老师:"叶老师,您可真沉得住气。"

叶老师:"贾老师,发生了什么并不重要,重要的是你如何做出反应。"

贾老师:"友庆为什么不能走上艺术之路?"

叶老师:"艺术不是情绪的活动,而是认知的活动。"

贾老师:"这一次的交流真是惊险!"

叶老师:"是的,这一个梦让我又争取到了3年的时间。

我最大的优势是贴近家长,我建议将贴近家长理解成长期的伙伴关系。对我来说,'长期'二字是我最大的优势。

回想过去我发现,我提供的服务是教育市场上最具家长导向的,我总以提出刁难要求的特殊家长为标准,就是那些极品家长,他们的要求全是苛求,我偏执地认为,让市场中最苛刻的家长满意是我的特权,也正是这些奇葩家长推动我不断地超越自己,跟随和的家长合作并不会使我的事业走向真正的成功。

我总是这么干:先听清楚家长的愿望再用满足或超越家长的需求来做出回应。"

贾老师:"找工作,找对象、生孩子这每一项都是人生大事,您怎么有信心完成如此艰巨的任务?"

叶老师:"正是通过对自己的起源、自己的独特、自己的使命的误解,一个人抬高了自己,超越了自己。

我是我眼中的我,我觉得自己行。"

贾老师："叶老师，我觉得您跟家长沟通的时候语气特别谦虚，不像您平常和我们在一起时的风格。为什么最后那条短信如此谦卑？"

叶老师："勇略震主者身危，功盖天下者不赏。"

第 993 天

回到家。我先请名医孙洪卓老先生为友庆号脉抓药，然后拉着友庆来到地图前。

"友庆，过几天叶叔带你去度假，你想去哪儿都行，这是地图，看看你想去哪儿，用手指一下。"

友庆用手一指。

"这不是长白山吗？"

"是，去这儿。"

第 997 天

我们出现在长白山，我迅速开展工作。

人间 360 行，哪一行你干好了，都算有本事，可在我眼里，这 360 种本事加在一起，也赶不上另一种本事。

这种本事的名字，就叫"识人"。

第 998 天

李老师出现我的视野中。

第 1003 天

我们来到延边大学附属医院生殖医学中心检查,结果:精液量 0.8ml,A 级向前运动精子 137 个。

宇宙有玄妙,古人曰道。惚兮恍兮,万物之宗。我依此行见闻,作《长白奇遇记》一文,藏于开宗博物馆。

友庆妈看到报告单立即发来贺电:

> 祝贺叶老师又完成了一项艰难的任务!祝贺友庆变成威猛先生!叶老师太棒了!友庆在十九岁生日前三天成为"威猛先生",太有纪念意义了!非常感谢叶老师,我心中的一块石头算是落了地。

友庆爸感叹道:

> 即使做父亲的都无法做到像您这个地步!对您工作的创造性和所取得的成果表示欣赏!

那一刻的幸福是拿什么都换不来的。

午饭时。友庆突然举杯:

"叶叔,我敬您一杯好吗?"

我赶紧迎上去。

友庆真诚地说:

"叶叔,我祝您继续兢兢业业!"

"啥话说的。"

"叶叔,我祝您取得成功!"

延边大学附属医院生殖医学中心
精液分析报告单

病历信息
姓名：	病历号：	科别：生殖妇科
		送检时间：2017年 3月13日 8时 4分
年龄：18	采精方式：手淫　禁欲天数：1	报告时间：2017年 3月13日 8时42分

精液理化特征

精液量(ml)：0.80	温度(℃)： 37	液化时间(分)：30
液化状态：完全液化	精液颜色：灰白	精液气味：罂粟碱
酸碱度(PH)：7.80	粘稠度：适中	精子凝集：混合型
精子凝集半定量分级：+		

动态参数分析报告 I

精子分类	被检精子个数	精子浓度(10^6/ml)	总精子数(10^6个)	百分率(%)
合计	238	168.66	134.93	100.00
前向运动精子(PR)	137	97.09	77.67	57.56
非前向运动精子(NP)	19	13.46	10.77	7.98
不动精子(IM)	82	58.11	46.49	34.45
PR+NP	156	110.55	88.44	65.55（总活力）
PR(A)	38	26.93	21.54	15.97
PR(B)	99	70.16	56.13	41.60

动态参数分析报告 II

曲线速度VCL.[μm/s]:28.55　　　　平均移动角度MAD(°)：42.57　　　直线性LIN:74.59 %

直线速度VSL[μm/s]:21.62　　　　侧摆幅度ALH(μm):0.62　　　　　摆动性WOB:78.39 %

平均路径速度VAP[μm/s]:22.58　　鞭打频率BCF(HZ): 3.80　　　　 前向性STR:93.72 %

重要参数判断 III

当前参数	实际数值	是否正常	判定标准
精液量	0.80 ml	不正常	≥1.5ml
PH	7.80	正常	≥7.2
精子总活力(PR+NP)	65.55 %	正常	≥40%
前向运动力(PR)	57.56 %	正常	≥32%
精子浓度	168.66 ×10^6/ml	正常	≥15×10^6/ml
精子总数	134.93 ×10^6	正常	≥39×10^6

伊红染色精子存活率: 55 %　正常参考值 >58%

精液白细胞计数 0.05 ×10^6/mL　正常参考值 <1×10^6/mL

备注： 因患者原因，无法确定禁欲天数。

根据WHO第五版标准　送检医生：　　检验者：　　核对者：

本报告只对此次所检测的标本负责，仅作临床参考，不作医学证明！

"什么意思？"

"意思是帮助我快点进步。"

"不用谢了！说话闹心。"我一饮而尽。

后来，到了第 1041 天，友庆又到中国医科大学第一附属医院检查，结果精液量 2.0ml，A 级向前运动精子 103 个。

友庆性功能完全恢复正常，之前的医生大吃一惊。

———————

贾老师："您是什么时候想出用长白山这个方法的？"

叶老师："在听到医大一院的大夫说友庆性功能低下的那两秒钟的嘀嗒之间。"

贾老师："您怎么敢让友庆随便在地图上指？"

叶老师："看得见的东西是被看不见的东西操纵的。我要验证的是我的哲学思考，与地点无关。"

该回家了。向窗外望去，赤霞从天边升起，红日跃出云层，一种难以言喻的快意涌入心中。看着身旁的"威猛先生"，我突然想弄清楚他到底从我这里学到了什么，于是，我拿起电话，打给一人。

第 1045 天—第 1063 天　暮春　盘锦

张老师纵横商海多年，经验丰富，是我多年的好友，友庆叫他张大爷，张老师见证了我取得的奇迹。

中国医科大学附属第一医院门诊检验报告单

临床基础检验室　　　　　　　　　　　　　　　　　　　　　　　　流水号：

姓　名：	年　龄：19岁	登记号：	科　别：门诊泌尿外科
性　别：男	标本种类：精液	检验号：	申请医师：　　　申请日期：2017-04-20

初步诊断：　　　　　　　　　　　　　　　　　　　　　采样时间：
颜色乳白　　　　　　　精液量2.0ml　　　　取精时间9:16:21　　　pH值6.4
液化时间40min　　　　稀释比例原液倍　　　未排精天数7天　　　　粘稠度一般
取精方式手淫　　　　　温度37度

活力分级直方图

- A级精子 21.0%
- B级精子 17.6%
- C级精子 29.6%
- D级精子 31.8%

检测分析结果：

| 检测精子总数 | 490 个 | 精子密度 | 212 Mil/ml | A+B级个数 | 189 个 |
| 活动精子数 | 334 个 | 精子活率 | 68.2 % | A+B级比例 | 38.6 % |

运动速度分级：

A级（快速前向运动）：	个数 103 个	A级比例 21.0 %	密度 45 Mil/ml
B级（慢速或呆滞前向运动）：	个数 86 个	B级比例 17.6 %	密度 37 Mil/ml
C级（非前向运动）：	个数 145 个	C级比例 29.6 %	密度 63 Mil/ml
D级（极慢或不动）：	个数 156 个	D级比例 31.8 %	密度 67 Mil/ml

平均曲线运动速度	23.8 um/s	直线运动精子数	74 个
平均路径运动速度	21.2 um/s	直线精子运动活率	15.1 %
平均直线运动速度	10.9 um/s	直线精子运动密度	32 Mil/ml
精子平均侧摆幅度	3.9 um	运动直线性	45.6 %
精子平均鞭打频率	10.6 /s	运动摆动性	89.1 %
精子平均移动角度	20.5 度	运动前向性	51.2 %

备注：

附表（参考值）：

密度：> 20 mil/ml	PH：7.2 - 8.0	液化时间：30 - 60 分钟
活力：A+B≥50% 或 A≥25%	精液量：2ml 或 更多	颜色：灰白色、淡黄色
禁欲时间：2-7 天	精子活率：≥70%	

接收者：　　录入者：　　审核者：　　接收时间：2017-04-20 10:06　审核时间：2017-04-20 13:08

本检验结果仅对此标本负责！　　　　沈阳市和平区南京北街155号　　电话：024-83282170

但他对一点颇有微词，那就是他认为我定下的那些条条框框就像眼镜，是一种戴上了照样近视的工具。

他认为应该让孩子们自由自在地成长，不要惩罚他们，而要鼓励、信任他们。

我决定让友庆在他张大爷家进行"一切皆相反试验"。

不再有四项原则，件件是好人好事，处处是鸟语花香。张老师主要的教育手段是忠告。当时的他没想到的是，忠告很少有价值，注定被忘记，永不被实践。

11天后，张老师来电说：

"我觉得友庆确实欠揍。"

所以，不是好的教养方式能培养出好孩子，而是好孩子产生好的教养方式。

18天后，再见到友庆，我发现除了自强不息的品格，什么都没剩下。

第1085天

晚上我问郝老师这三年我和友庆有哪些经典时刻让她记忆深刻，郝老师如数家珍：

第一，告别过去。把友庆带来的"文房四宝"：印有十大元帅的扇子、小白帽、儿童电子琴和手电筒让友庆都扔了。友庆伤心地和过去说了再见。用你的话说就是"夺走你的一切是为了给你更多"。

第二，体能训练。友庆由刚开始来时的乌龟造型变成了一个吸引人的小伙子，当然了，不说话的时候更像。你发掘了友庆的自信。

第三，重金为友庆添置个人用品，把友庆的小汗衫和回力鞋抛到了九霄云外。把友庆打造成了一个很有气质的青年，用你的话说是"表里如一"。

第四，大量的思维训练。友庆一开始听不懂别人说话，无法沟通，你用你那"苦难是意识产生的唯一原因"的教育哲学硬是让友庆从一个胡言乱语的傻孩子变成了一个说话理性的人。仅仅是问什么就答什么这一点，你就付出了相当多的精力。原来或者不吱声或者答非所问，这让人特别生气。谁问他点什么事儿，都觉得特别郁闷。

第五，声音上的变化。以前是小女孩儿的声音，磨磨叽叽半天不吱声，或者娇滴滴地拖长音，让人一听身上就起鸡皮疙瘩，到现在拥有非常稳重而有磁性的声音，这都是一点一点训练的结果。你简直是随时纠正，一天从早到晚。你想想你付出了多少，连睡觉前都在纠正。估计除了梦话都纠正了。

第六，训练买东西。这是从在饭店结账开始的。那时的友庆，你让他买什么他就不买什么，但你可贵的就在这点上，别人遇到友庆买错东西，就会怕麻烦，会说"行，买错就买错吧，下回再去买吧。"但是，你就会很较真，买错了必须去退，更绝的是，还让他自己去退，在他当时还说不明白话的情况下让他自己去退，这点简直是把友庆逼上梁山，友庆实在是一点帮助都得不到，就只能自立自强了。如果你像一般的老师那样，一步步地帮助他解决困难，估计他的进步也不会那么大。那段时间可真是经历了太多次的买买买、退退退……后来终于可以很顺利地去退了，再后来就不用退了，告诉买什么就买回来什么。

第七，还有付款结账，以前给他 10 块，花了 5 块，问他应该找回来几块，他用除法，10 除以 5，找 2 块。买 200 块钱的东西，拿 50 块就走了，买完还让对方找钱给他。服务员和他也说不明白，经常看到大家痛苦的表情。针对这种情况，你在几乎所有需要花钱的时候，都让友庆去现金交易，训练经历了漫长的过程，一点一滴地练，天天练，终于成功了，用你的哲学来说就是"用进废退"。后来，在高速公路收费口交费，友庆不但钱拿得正好，而且找回来的钱还能按照面额的大小排列整齐。

第八，言语上的训练。谁都知道，要想表达出一勺的东西，你心里得有一桶的东西准备着。友庆向来缺少对生活的观察，缺乏素材的积累，和社会接触得少，所以他无法输出，无法表达，你呢，就让他在社会中的各种场合发言讲话，一点一点地教，他不知道是受思维的限制还是语言表达上的限制，友庆学一句话需要很长的时间，而不像正常的孩子教一遍两遍就会了。他是反复地教，这次会了，下次就像完全没有教过一样，这也经过了很长的时间。我觉得对友庆的教育最大的难点是什么呢？就是他并不像常人想象的只是一张白纸，你只需要在上面作画就行了，而友庆不是空白的纸，他的纸上已经画满了乱七八糟的线条，你在画画前需要先把这些乱七八糟的线条擦去，可是这些线条还不是一般的铅笔画的线条，只需要拿橡皮一擦就掉了，他的线条有些是钢笔画的，有些甚至是刀刻在上面的，你需要使劲擦甚至把刻痕抹平，抹平之后再重新画，这个过程真的是很复杂、很辛苦。

第九，你还勇于创新。你不停地带着友庆尝试各种新的东西，做到了因材施教，达到了个性化教育的极致。还记得你让友庆擦地，友庆没有信心，一顿乱擦，地看起来比擦之前更脏了，你却让友庆只擦好一块方砖，让他在一小块方砖上找到了自信和窍门，他后来就把所有的地面都擦得干干净净了，擦地这一件事就用了很长时间，直到后期完全不用管他了，也能擦得很干净，这种训练大概持续了两年。

第十，你用你的方式鼓励他。一般人夸友庆，友庆会很不在意，甚至因为过度兴奋反而做得更差了，而你总能用友庆能听得懂的方式夸他，和一般人的完全不一样，绝不是什么"你真棒！太好了！"之类的，这是建立在你对友庆深刻的认知基础上的。你还发明了你们俩专属的手势，每次友庆努力地做完一件事，你用你的方式一夸他，友庆就更努力了。哪儿做得不好了，你也会毫不留情地指出，帮他纠正。这样，你的表扬就有着客观公正的特点，成了他自信心的坚实基础。我想这就是为什么友庆一心要做叶叔的助手而不是别人助手的原因吧，他对别人即使有好感，也不会追随那个人，无论在哪里，他最终都要回到你身边，因为他从你身上能得到自信，用友庆的话说就是："因为叶叔能让我进步！"一般人会想：擦个地有什么名堂？但正是从擦地开始，友庆有了自信，并不断积累这种自信，扩展到生活的方方面面，而且随着友庆能力的提升，他的态度也越来越谦卑，不像一开始来的时候很傲慢，听不进去别人的建议。

第十一，这三年下来，你与家长的沟通与配合上升到了全新的高度。以前你更多地关注学生的成长，按自己的想法做事，而现在你与家长站在一起，家长们的每一种看起来不可能的想法，你都勇于付诸实践，令人惊奇的是，在实践中你还实现了家长们那些看似天方夜谭的奢望。而且到后期，你竟然还让家长得到了他们不敢想象的东西。比如友庆这件事，一开始对他的父母什么都没答应，只是说试一试，但是在试的过程中，无论友庆的内在还是外在所取得的成绩，都是超出他父母的想象的。一开始他爸妈可能只是想让友庆稍微正常点，不要让他们太难堪，现在呢，仪表堂堂的小伙子、钢琴天才、生理指标恢复正常，他已经变成了一个让父母很骄傲的孩子了。而几年前，还是让人难以启齿、羞于带出去的孩子。现在父母可以在各种场合很公开地谈论自己的儿子了。友庆妈今年第一次在朋友圈里发友庆的状态，友庆爸把友庆的照片作为自己微信的封面。这些举动就是证明。

第十二，友庆在你身边对友庆爸妈来说是一个重大的解脱。他们的父母又过上了阳春白雪的生活。

第十三，你还充分利用了周围的资源。比如送友庆去消防队参加消防演习，一开始友庆是回避和人接触，可是在消防队，友庆虽然不常说话，但他非常喜欢坐在消防员中间听别人说话，听大家谈论那些保护人民群众生命财产安全的往事。这是友庆亲口跟我说的,这是友庆第一次表达出愿意跟别人在一起,他跟大家一起去食堂吃饭,从那时起我才意识到友庆开始愿意和人接触了。这点是重大突破。以前没有过。从那以后我才愿意带着友庆去各种场合,因为以前友庆总喜欢胡言乱语,所以带出去让我很尴尬,他还总是在坐电梯的时候挤别人,掌握不好和他人之间的距离。现在,友庆到哪里都很有分寸,该说什么、不该说什么心里都很有数,给别人的印象都很好。现在友庆和他人浅层次的交流是很顺畅的,但做深入交流还是有些吃力。后来你让爷爷奶奶教友庆熟练掌握 CASIO 电子表的所有功能,在你的激励下,爷爷奶奶用了好几天终于让友庆熟练掌握了闹铃、倒计时、充电等各种功能,从那以后,友庆开始真正自己掌控时间。这是第一件让我瞠目结舌的事。我心想:"哦!叶老师真是厉害!"因为在我看来那款表真的是复杂。当时我心想,真的是一切皆有可能!之后友庆仅仅用了四个月就考过钢琴拾级,又跟爷爷奶奶学会了骑自行车,这些都是在我看来不可能做到的。

第十四,你对友庆细致入微的关心也是你们深厚感情建立的基础。例如友庆刚开始来的时候,你带友庆体检,发现友庆生殖器粘连,这点是他父母都不知道的,后来被治好了。此外,鼻炎也痊愈了。对了,还有友庆刚开始来的时候身上斑斑点点,挠得血淋淋的,从不用指甲刀,他用嘴吃手指甲,啃脚趾甲。你硬是帮他把这些毛病都改掉了。这也是很不容易的。还记得上次友庆妈看见自己儿子用指甲刀把自己的手指甲修剪好那激动的表情。人们提起你的教育，总是想象只要你一说句话，学生就改了，妙手回春，其实根本不是，背后的付出太多了，这些背后的艰辛再加上你那关键时刻的一招，才会让量变引起质变呢。同样的话得看谁说。在什么时间说，这些我觉得你把握得特别好。

第十五，你开创性地实施了"一切皆相反"试验。十几天过去后，张哥给你打了电话，说你是对的，他的家人的精神受到严重伤害。他原来认为你做起来轻而易举的事，现在发现如此不简单。张哥家的嫂子说："只有真正让友庆住到了家里，才知道你们付出了多少。"

第十六，只有你真正知道友庆在想什么，知道他说话的真假，只有你跟友庆实现了真正的心灵沟通。我记得有一件事令我震惊。一天，我回家后，你跟我说你和友庆深度谈了一次，说友庆打碎老奶奶眼镜的整个经过和他当时的心理活动，哇！那是第一次听到友庆心理活动的信息。原来我以为他就是个傻瓜，而实际上他是有自己的思维和逻辑的！而这是你发现的！这还让我想起以前你教过的另一个学生，大家都认为他是个傻瓜，你也和他有深度的交流，让他很快就改掉了一些恶习，我觉得这些就是你的教育能称之为传奇的原因。

贾老师："要不是郝老师说的这些，我还真觉得是您的天赋

造就了这些奇迹呢!"

叶老师:"你必须拼尽全力,才能看上去毫不费力。但如果一个人跟你说'这事就叶老师能做。'千万别信。

曾给予我信任的学生家长们都是具有超前思维并能充分发掘教师潜力的人,他们是富有远见的人,他们预料到选择我的这种教育方式会让他们的子女取得真正的成功,会让他们的家庭更幸福。

在中国,有无数家庭在期盼着我这样的老师,创造属于他们自己的育人奇迹。"

10
瓦砾铺垒天涯路　仗剑不惧走偏锋

好了，智力正常了，生理机能也恢复了，也证明友庆是个钢琴奇才了，将来还要找对象，再生儿育女。可如果我们的使命仅仅是把荣誉、美女和宝藏让一个无业者得到，我们的努力岂不是全无意义？

友庆能靠自己的双腿立于人间吗？他能在生存竞争的法庭上为自己的存在辩护吗？

为了回答这个问题，我们要做点儿准备，这仍然是一段旅程，一段新的旅程，我称之为：自立之旅。

"自立之旅"共分4站，每一站都有独特的目标。

第一站　第1065天—第1115天　辽宁盘锦
　　　　叶爷爷、戴奶奶身边共计51天

目标：成为饿不死的人。

收获：学会了西红柿炒鸡蛋、熘豆腐和蒸白米饭。学会了骑自行车买菜。

这是最基础的烹饪了，就这么基础的技能友庆学得有多艰难呢?看我下面的日志。

第1115天

今天验收,友庆上午9点出去买菜,9点24分从小区门口的蔬菜超市买菜回来。

从采购到上桌,由友庆独立完成,口味打90分。

艰难。整个活动历时51天,背后的艰辛包括:入门用了10天。这10天里怎么教都不会,今天好不容易教会了一步,第二天就忘了,对于有些步骤压根没有概念,怎么示范都学不会。那些要领在他的头上盘旋几圈便离去了,有时,这边锅糊了,火光冲天,友庆在那边还慢悠悠……绝望,绝望,还是绝望。在这4天里,糊锅共计89次,在后面22天里,每天两顿鸡蛋炒西红柿,靠着不怕糊和吃不厌,我们最终取得了成功。

风险。让友庆使用天然气?我的天,不敢想象!让友庆一只手按着菜,一只手在旁边拿刀切,这情景光是想想我就想放弃。这还是小事,最难的是生熟、火候、咸淡,这些和钢琴的节奏一样,对友庆来说是长江天堑!我们用51天,统统搞定。

生存半径。想扩大生存半径,工具是关键。自行车到底是一种业余爱好,还是生存工具?当然是工具。先在小区里七扭八歪地学了14天,第15天,爷爷带着友庆在车流量大的道路上练习,练了整整一天。如今,友庆去农贸市场买菜,到老年大学取材料,来去自如,外号"闪电"。

意义。如今,友庆能用98分钟把两个菜一碗饭端上桌,其中还包括到楼下超市买菜的时间。这是一个创举。这件事对于我们的意义在于我们之前用 2 年零 3 个月的时间搞清楚了一个问题：友庆爸和友庆妈的儿子到底是天才还是傻瓜？结论是天才。我们又用了 51 天弄明白了另一个问题：只要有钱，友庆是饿不死的。下面我们还要得寸进尺，实现下面这一系列的目标：只要有钱，我友庆就能活得很精彩。再然后，我友庆自己挣钱，活得精彩。最后的目标是：找个爱友庆的女人，生儿育女。

范儿。我当着母亲的面向她表达赞美："妈，您太厉害了。"对面的老太太淡定地说："这有什么，我不就是这样培养你的吗？"

明天就要走了，在这一天里，无论奶奶走到哪里，友庆都跟在后面，奶奶问友庆：

"友庆，你为什么总跟着奶奶？"

"奶奶，我明天就要走了，我想抱一抱您。"

第二站　第 1116 天—第 1152 天　辽宁沈阳
周爷爷身边　共 37 天

目标：把酱焖土芸排和尖椒干豆腐这两道菜变成拿手菜。

周爷爷退休后的业余爱好是烹饪，友庆跟随周爷爷提高厨艺。

此时正是盛夏，赤日红尘，清风难寻。爷儿俩朝夕相伴，在灶前钻研。

第 37 天，只用了 59 分钟，酱焖土芸排、尖椒干豆腐、炒瓜片和焖白米饭上桌。友庆独立操作,色、香、味俱佳。

周爷爷的嘴里起了好几处溃疡,为友庆着急上火,老周说这些都是值得的,看着孩子进步比什么都高兴。

周爷爷传给友庆的可不只是厨艺,临走前,周爷爷为友庆赋诗一首:

> 斗转星移天地间,沧海桑田在眼前。
> 送君千里终有别,不知何日再相见。
> 沈阳小住数十天,爷孙情深意绵绵。
> 如果他日再相见,顶天立地男子汉。

夕阳西下,公园内一湾塔影,爷儿俩洒泪分别。

第1158天　盛夏　友庆家

也许一个母亲不记得自己给儿子做第一道菜时的情景了,但你永远也不会忘记尝到儿子给你做第一道菜时的感受。

友庆回家给母亲做了酱焖土芸排和尖椒干豆腐这两道菜。

"什么味道?"我问友庆妈。

"香。"

"什么感觉?"

"想哭。"

10　瓦砾铺垒天涯路　仗剑不惧走偏锋

第三站　第 1165 天—第 1196 天
　　辽宁辽阳　四舅爷身边　共计 32 天

目标：学会照顾老人。

第 1165 天

友庆来到了辽阳，映入眼帘的是两位生活完全不能自理的老人，卧床 10 年，一进屋，窗明几净，没有异味，护工就是两位老人的儿子——我的老舅，友庆的新老师。

友庆进屋后迅速进入状态，脸上带着幸福的微笑。

老舅在日记中写道：今天志刚把他的学生带到我家，我这个大外甥，对我抱有巨大的希望，让友庆能真正地学会伺候老人，这项本领涵盖生活的方方面面，在于细节，我需要反反复复、认认真真地教导，要抓住每一处生活细节进行引导。

友庆第一天就被姥爷接受了，姥爷指着正在卖力地擦着桌子的友庆说："这小子挺能干！"当天晚上接受友庆给他按摩和喂饭。

———————

贾老师："为什么友庆开始伺候老人了？"

叶老师："答案就藏在友庆的血脉中。

第 246 天的时候，友庆看到郝老师给她的母亲按摩腿部，他展现出从未有过的兴奋。

第 270 天，友庆在饭店看到一位老爷爷的手受伤了，他似乎很想关心一下。

在长期的共同生活中，我发现友庆好像对与老人相关的一切事物都很感兴趣，而兴趣的实质，是一项工作能彻底地吸引一个人的能力。

这些观察告诉我，友庆比较适合从事养老行业。"

第 1174 天

上午，90 岁的姥爷在 23℃的屋子里，赤身裸体被前来换纸尿裤的友庆翻来覆去摆弄了半个小时，已经一个星期不说话的姥爷居然开了口：

"孩子你在干什么呢？还没完了?！"

友庆咬了咬嘴唇，迅速结束了同纸尿裤的战斗。

下午，老舅问友庆：

"以后你有儿子了，起什么名字？"

"王强，自强的强。"

第 1179 天

上午，姥爷在友庆的"帮助"下跌坐在地上，缓了 1 个小时才勉强站起来，老舅要责罚友庆，姥爷抬手阻拦，喃喃地道："给年轻人机会……"他仍继续让友庆服侍他。

"给年轻人机会"，怯懦的灵魂绝不会发出如此呼喊！这是大海一样广浩深沉的情感，为青年一代的成长提供机会、作出牺牲。这份爱全心全意，甚至不惜付出生命的代价。

第 1195 天

老舅对友庆总结如下：

"友庆现在能独立给老人穿、脱衣服鞋袜，换洗衣服，换尿垫和尿布，处理床上的污秽物，陪老人简单聊天。

友庆还学会了做炒土豆丝和白菜炖豆腐。切土豆丝并不容易，友庆每天连续切3个小时，一个月里手被切了4回。友庆不怕苦，不管流了多少血，他总是粘上创可贴继续练习切菜。

清理地面。关于如何使用扫帚，我教了3天。用扫帚扫院子，我教了3天，友庆擦地很认真，自己主动掌握时间，发现地脏了随时处理，不用我过问，做得很好。

灵活性。拿盛饭来说，盛半碗饭还是一碗饭，盛干的还是稀的，就这些教了3天。

我同友庆生活这些天，感觉这孩子的本质很好，他做事虽然不灵活，但很主动、不怕脏、不怕累。他是真用心去做，想把事做好。"

第 1198 天

马克思说劳动改造人，尼采说评价改造人。那劳动加评价的效果怎么样呢？

量表显示，友庆一开始的能力是中间黑色的部分，3年后的今天，他的能力是图中阴影的部分。

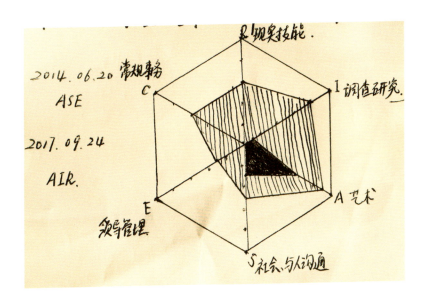

第1208天

今天是中秋节,友庆回家与父母团聚。友庆爸妈欣喜于"自立之旅"给友庆带来的变化。

友庆妈总结如下:

> 友庆这次回来,让我们明显地感觉到了他的进步。友庆的语言沟通能力提高了,词汇也较以前丰富了。对话时能够耐心听完对方的话后再搭话,基本的与日常生活有关的话题都能答得上来。与大妈、姥姥的电话交流都有了明显的进步。姥姥评价友庆进步很大,能一问一答地对话了,而不是一股脑儿地把他想说的说完就挂电话。特别值得表扬的是,友庆心里装着别人,对长辈很有孝心。
>
> ……友庆还表现出强烈的求知欲。自己主动拿出书来读,读的是关于地球运行方面的科学知识……

贾老师："为什么友庆会有这么大的变化？"

叶老师："带给人最大教益的，不是教师和教材，而是师徒关系。

友庆在自立之旅中遇到的几位老师真的做到了古人说的：师徒父子。

师徒如父子。学校老师的讲台下可以有 100 个学英语的学生，师父的餐桌旁不可能有 10 个弟子，他的父爱不可能成 10 份。"

得知儿子即将进入养老行业，临别饯行，友庆爸握着儿子的手，赋诗一首：

示　儿

翩然玉树更临风，吾家犬子初长成。
醉琴八年图破壁，灵犀九天可摘星。

难求业进折佳桂，亦可俯首报市井。
瓦砾铺垒天涯路，仗剑不惧走偏锋。

有一则古老的寓言：

一个人问神，怎么判断一个人是不是真的认同自己走的路？

神说，看他会不会让自己最爱的儿子走这条路。

凭友庆爸的能力，给自己的儿子安排个轻松的工作易如反掌，但他没有那样做，而是祝福儿子回报他人，回报社会，这样的家长，就是令我尊敬的家长，为这样的人奋斗，是值得的。

第四站　第 1223 天—第 1229 天　上海　共计 7 天

在这 7 天里，友庆参加了培训，完善了养老技能，通过考试取得了高级护理员证书。*

在"自立之旅"的这段时间里，友庆还学会了推拿按摩，并通过了技能鉴定考试。*

---

* 此前友庆在宁海权老师和四舅爷等老师身边学习推拿和护理打下了坚实的基础，方能顺利通过考试。

第 1267 天

我请 Steven Yu 为友庆制作了简历。

在简历的"自我介绍"一栏,友庆写道:

> 我不聪明,我努力。叶叔说我是他见过的最努力的人。我不喜欢闲下来,我最喜欢伺候老人,我喜欢为他们按摩、打水洗脚、喂饭、擦身、端屎端尿和弹钢琴,我还喜欢擦地、做饭、洗衣服和陪老人聊天。妈妈问我为什么愿意干这个工作,因为我就是喜欢伺候老人。我喜欢养老院,每次一进门看到爷爷奶奶们,我就感觉很幸福,我的人生理想是为人民服务。

贾老师:"友庆的人生理想竟然是为人民服务!叶老师,友庆是怎样找到自己的人生目标的呢?"

叶老师:"忠魂不是一天铸成的。

友庆小时候在去幼儿园的路上,看到墙上写着'为人民服务'。

后来7岁的时候,在父亲的笔记本上看到5个字,'为人民服务'。

再后来上小学六年级的时候,学了一篇课文叫《为人民服务》。

再后来,听到心连心艺术团的主持人说要为人民服务。

再后来,看到中央党校的石碑上刻着'为人民服务'。

最后,友庆坐我的车经过中南海新华门,看到墙上写着'为人民服务'。

言传不如身教。友庆的父亲是优秀的中国共产党党员,他把这5个字落实到自己的一言一行中。从小到大的耳濡目染,恩师们的身教言传,加上友庆对老人的爱让他把'为人民服务'这5个字作为了自己的人生理想。

一个人要想解决生存的意义问题,就必须寻求个人与某种超越个人的整体之间的统一,寻求小我与大我、有限与无限的统一。而让人能获得最大人生满足的,正是这最简单的5个字:为人民服务。

友庆要登上社会舞台了,我打算送他一样宝贝护身。"

贾老师:"宝贝?"

叶老师:"嗯,你可知这人间最稀缺的是什么?"

贾老师:"什么?"

叶老师:"了解。"

月明之夜,我抓起笔,写了满满一纸。

推 荐 信

友庆是3年前来到我身边的,家务上负责保洁,后期还负责做饭。同居一室,我发现友庆有以下独特之处:

1. 有两件事是他的最爱:弹钢琴和照顾老人。友庆像照顾自己家人一样照顾我生活不能自理的姥爷,每天擦屎擦尿,手捧污秽如手捧黄金,从始至终面带微笑,当年子夏问孝,孔子答曰:"色难。"可见从古至今,像这样的年轻人都很少见。

2. 他甚至热爱不合作的老人。我的姥姥因为病痛晚上大声呻吟，我的老舅和友庆每天睡眠不足，友庆却始终和颜悦色，忠敬如一。

3. 勇于承认错误并改正。真诚的批评只会激起友庆超越自己的雄心。

4. 性情宽厚。面对错误的批评甚至是无端的指责，友庆从不反驳。

5. 友庆不背后议论别人。

6. 不计较个人得失。"为人民服务"这5个字是他们家三代人的座右铭。

7. 不吸烟。

8. 不饮酒。

9. 工作期间从不私自脱岗外出。

10. 不争吵打架，这是他的崇高之处。

11. 不侵占他人的财物。

12. 不玩手机。休息的时候也不玩。

13. 不浪费。

14. 不私留他人住宿，不会夜不归宿。

15. 从不休节假日。就算过年，友庆都觉得应该继续工作。

16. 敬业。友庆工作或学习的时间只做与工作或学习相关的事，今天的事不推到明天。靠着这种精神，他仅用4个月的时间就通过了中国音乐学院钢琴拾级考试，中央音乐学院美学研究室李晓冬教授对他作出如下评价：

不要说4个月，就是3年能考过拾级就是奇迹了，友庆的天赋不是最重要的，他能这么持之以恒，这是最重要的，让人感动。

同以上 16 点相比，友庆最令人叹服的品质是：

诚实正直　表里如一

凡聘用此种青年的机构，必蓬勃发展。

推荐人：叶志刚

我通过视频在友庆妈面前读推荐信，友庆爸泫然于睫，友庆妈泣下如雨。

友庆妈发来消息：

友庆，你好，今天看了叶叔为你写的推荐信，妈很感动，友庆有这么多的优秀品质，妈以前怎么没有意识到呢？妈该向你学习。友庆，妈为你感到自豪！

带着简历和推荐信，友庆兴冲冲地准备赶往上海。德高望重的刘姨千里传音，发来短信，看完我心底一沉。

上面写着 8 个字：

万水千山，蹉跎 5 年。

5 年就 5 年。我背起行囊，带着友庆穿过人流，登上了列车。

第 1332 天

我们的脚落在了上海，友庆办了健康证和银行卡，还洗了澡、理了发，信心满满地将简历和我的推荐信递交给家政中介，中介的经理看过以后,拍着胸脯保证,只要交了报名费,肯定能找到工作。

谁也想不到,3天后,形势急转直下。

第1334天

在上海南北高架路旁一间6平方米的阴冷的小屋里,我和友庆有了下面的谈话:

"咱们几号来的?"

"5号来的。"

"今天几号?"

"7号。"

"这几天咱们吃的什么?"

"水煮白菜。"

"顿顿水煮白菜是吧?"

"有时里面还有土豆。"友庆觉得我应该更严谨一些。

"这几天晚上咱俩怎么睡的觉?"

"就在这6平方米的小屋里。"

"衣服都没脱吧?"

"是。"

"还盖着咱们自己拿来的羽绒被对不对?"

"对!"

"上边还压着什么?"

"压着两件羽绒服,还有围巾。"

"结果还是冷,是不是?"

"是!"

"刚才中介经理已经很明确地告诉咱们,没有任何工作可以给你干对不对?"

"对。"

"咱们这罪是不是白遭了?"

"是白遭了。"

"通知咱们什么时候离开宿舍?"

"现在。"

"为什么?"

"马上有人要进来住。"

"那你下一步有什么打算?还在上海找工作吗?"

"还在上海找。"

"还想去哪儿找?"

"泰康之家申园。"

"连家政中介都不要你,申园能要你吗?"

"能。"

"啥时候去?"

"下午去!"

"如果申园不要你怎么办?"

"就换别的地方。"

"换哪儿?"

"上另一个泰康之家。"

"哪个？"

"粤园。"

"出发。"

贾老师："叶老师，你能相信友庆说的话吗？"

叶老师："我信。"

3个小时后，申园的邓总同意友庆做志愿者。

离奇的求职细节见附录9：得之太易 必不珍惜。

第 1335 天

我带友庆离开上海。

贾老师："叶老师，邓总不是同意友庆做志愿者了吗？您为什么和友庆离开了？"

叶老师："不要因为一种资源容易得到，就觉得它重要。我不理睬平庸的机会。别忘了，我们要的是一份真正的工作。"

11
给年轻人机会

> 西风猎猎,吹不散人间落寞。
> 万里飞雪,掩不住千年遗恨。
> 雪将住,风未定,古城前。
> 两个身影,一段往事。

第1371天 黑龙江 五国城

叶老师:"友庆,今天是你20岁的生日,历史上有一个皇帝,即位的时候也是20岁,我今天带你来这里,跟你讲讲他的故事,他叫赵佶,史称宋徽宗。这宋徽宗何许人也?

宋徽宗开创了瘦金体书法。宋徽宗的字,天骨遒美,逸趣霭然。

他开创了翰林书画院,将画画正式纳入科举考试之中,挖掘和培养绘画人才,改变了中国绘画艺术的面貌。

与生俱来的艺术天分、日复一日的勤奋练习和他对美学技法的钻研和开拓,使后世慨叹:宋代是中国古代艺术成就的最高峰,而宋徽宗堪称整个宋代艺术的代表。

宋徽宗在位 25 年，尽管他创造了无比绚烂的文化，但不要忘了，他的工作不是艺术家，而是皇帝。他不是个好皇帝，最终被金国俘虏，囚禁在眼前这五国城，史称"靖康之耻"。

那一天，宋徽宗被绑在马背上，与儿子、皇族、嫔妃与大臣等三千余人，从河南开封押往北方，等到这五国城的时候只有140人，他的身后，首都开封被洗劫一空，他的朱皇后投水自杀，女儿茂德公主被强奸，83 个妃嫔、24 个王妃、22 位公主被卖掉，全国上下损失人口 1800 万。

宋徽宗在眼前这五国城中生活了 8 年，最后，悲惨地死去。他生前曾凄惨地写道：

> 彻夜西风撼破扉，萧条孤馆一灯微。
> 家山回首三千里，目断天南无雁飞。

今天叶叔在这儿给你讲这些，是因为这里面有一个做人的道理：

男人，务必把自己的本职工作做好，不然，纵是天子，也是死无葬身之地。

从今天起，我们开始在社会中磨炼，直到你能坚强地靠自己的双腿站立。

古人说：十人者曰豪，百人者曰杰，千人者曰俊。下面这段旅程我称之为：俊砺之旅。

"咱们之前考察过哪些养老机构?"

"考察过泰康之家申园、燕园、粤园和武汉的合众优年。"

"你最喜欢哪个地方?"

"我最喜欢申园。"

"申园的老人跟其他地方的老人有什么不一样吗?"

"都是老人。"

"你到底是要伺候申园的老人还是伺候老人?"

"伺候老人!"

"也就是说只要任何一位老人需要我们,我们就开始为他服务,对不对?"

"对!"

"友庆,一定要先想明白我们到底是为了谁。为人民服务的路是一条很宽的路,人生只是对于那些挑挑拣拣的人来说,才困难重重。"

"明白了!"

"你最喜欢哪儿的老人?"

"老家楼下坐着晒太阳的。"

"那咱们去哪儿?"

"回家!"

————————

贾老师:"我发现您在行动前总是先给学生一个思想上的动员。"

叶老师:"若要改变行为,必先改变动机。"

最终,我们回到了友庆的家乡。这里有养育他的大地,不变的乡音,更有愿意相信他的父老乡亲。

俊砺之旅的 87 天里,我们面试了 54 家敬老院,行程超过 1000 公里,经历了一次车祸,终于,李院长的老年公寓向友庆敞开了大门。

曲折又搞笑的细节见附录 9:得之太易 必不珍惜。

————————

贾老师:"'俊砺之旅'的意义是什么?"

叶老师:"一个人,必须坚强地靠自己的双腿站立,否则他根本不能爱。自爱者才能爱人，富裕者才能馈赠。

而教育，再也不能不关人生的痛痒，作为冷漠干枯的培训而存在，它不能为人生之谜提供万应不变的现成答案。它应当关心人和人的内心世界，有丰富的个性色彩，与迷惘的人一起走上凶吉未卜的探索之路。"

贾老师："为什么最后选择在李院长的老年公寓？"

叶老师："求职当晚，李院长给我发来短信：

'一切为孩子能独立适应社会，做有用的人！'"

记得俊砺之旅出发前，刘姨预测友庆得5年才能找到工作，可我们只用了87天，后来见面，我刚要开口质疑，刘姨倒先说话了：

"不是我说得不准，而是你的心发生了变化。

和友庆出发前，你的目的并不单纯，你有向人们显示你才能的私心，'看！我能做你们都做不到的事'，所以你的方向是大城市有名气的大机构，后来，你去掉了自己的妄念，一心一意为了他人，所以只用了87天。

不过，友庆工作的这个地方可不仅仅是个老年公寓。"

"还是什么？"

"还是个大熔炉。"

"炼什么的熔炉？"

"修炼人心。"

黄土大地上矗立着斑驳的高墙，墙内从北向南有几排平房，房前是菜地，50多个老人，有的在种地，有的在晒太阳，还有的在聊天。

20岁的友庆出现在老人们的视野中，他穿着一件白大褂，手里拎着4个暖瓶。他有着儒雅的气质，举手投足都与这儿的其他人不同，他干活，像是在公园中散步，看上去无忧无虑。

第1389天

李院长安排杜副院长带领友庆，全天在一线实践，早日熟练掌握换纸尿裤、喂饭和搬动老人这三项技能。

杜副院长对友庆的认识是逐渐加深的。

早会上，杜副院长说，友庆若想达到目标，至少需要半年的时间；

下午休息的时候，杜副院长说，若想达到目标，友庆需要至少一个月；

傍晚下班的时候，杜副院长说，若想达到目标，至少需要十天半个月。

我说，我们不要高估他的能力，也不要低估他的毅力，加强纪律严格要求，可能只需要7天。

杜副院长充满信心地笑了。

杜副院长的经历颇为坎坷，她当年到老年公寓工作是因为母亲。

杜副院长幼年丧父，她的母亲性格坚毅，要求孩子自强，杜副院长随娘，性格豪爽。

一晃长大，20岁时，家里包办婚姻。婚后，丈夫事业飞跃，嫌弃她，要离婚，不久事业低落，又反悔，家里人也劝杜副院长从长计议，21岁的杜副院长人生首次逆反：我凭什么被你们弄来弄去？必须离婚！离婚以后，她被同村人指指点点。

第二年，杜副院长叛逆到底，偶遇邻村帅哥，一见钟情，闪婚，育一子。

杜副院长爱母亲，母亲在哥哥家，哥嫂让母亲在大风天出去溜达，却锁了门，母亲蜷缩在门外的石阶上，赶巧杜副院长前来探望母亲，看到这一幕，大怒，一脚把门踹开，进屋理论，嫂子回呛：

"你厉害，你接走！"

"走就走！"接回老妈，在家赡养三个月。

老太太又被哥嫂上门接回，20天后突然去世。

杜副院长惊，认定嫂子害死母亲，开棺验尸，母亲确系自然死亡，杜副院长无语问苍天：

"老人怎会毫无征兆突然离世？"

那天晚上，她思念母亲，哭得最伤心，像个孩子。

她大病一场，一个月后带着对母亲死因的疑惑到老年公寓工作，亲眼见到生命的脆弱：4位晚饭时还谈笑风生的老人在同一个夜晚相继辞世，杜副院长原谅了哥嫂。

那天晚上，她思念母亲，忍住没哭，一下子变成了大人。

看着忙里忙外的友庆，杜副院长慨叹，宁教10个友庆，不教 1 个大学生。我问为什么，杜副院长说，因为现在的大学生一毕业就想上管理岗，不愿从基层做起，更重要的是，他们干活的时候，心思没在老人身上，友庆即使出了错，心里想的念的还是对老人好，这一点就是本质的区别。

第 1391 天

友庆喂饭得到了李院长的表扬。李院长说友庆在喂饭的时候非常沉得住气，很有耐心，做得很好。

相比老人的房间，员工宿舍条件艰苦，仅 11.9 ℃，冻得友庆手直抖。

第 1398 天

"休息会儿吧！"杜副院长对友庆说。

"杜副院长，不干活我受不了！"

杜副院长笑了。

第 1400 天

傍晚，从河堤一侧的树林里，钻出一辆电动三轮车，上面是满满的枯枝，三轮车摇摇晃晃地开进公寓的大门，4 个老人赶紧过去帮忙把柴火运进柴棚。

不一会儿，厨房的炊烟混着饭香，沿着河堤，弥漫开来。

晚饭后，李院长和杜副院长研究决定，把 VIP 室的冯老爷子托付给友庆照顾。

友庆听完很激动,他哪里知道这VIP室的玄机,那里面住着"四大天王",公寓里人人谈之色变。

说这话的时候,月亮低垂在迷蒙的夜空里,一辆卡车经过公寓门前的石子路,车前灯刺破了夜的黑暗。

公寓里,老人们都睡了。一扇门被风摇撼着,咔嚓咔嚓拍打着门框,门楣上钉着一块牌子——VIP。屋里东西南北,摆着四张铁床。

睡在1号床的叫钱雄,嘴里正发出咯嘣嘣的磨牙声。借着月光仔细看你会发现,他不是老人,他只有37岁,戴着蓝色拳击头盔,光着膀子,下身穿着纸尿裤。

他是独生子,尽管有癫痫,母亲还是为他娶了一个媳妇,钱雄妈要求儿媳妇整天待在自己身边不得离开半步,儿媳妇喜欢什么,钱雄妈就说:"没事,妈给你买。"

钱雄生活能够自理,每晚却故意便溺于床,清晨在污秽中叉开腿等护理员来收拾,稍有不如意,就瞪眼辱骂,人称"野兽"。

睡在2号床上的就是李院长说的冯老爷子。

冯老爷子是个面容端庄的老人,81岁。腕子上戴着一块表盘无数字的石英表。

10年前因为无证骑摩托出了车祸,冯老爷子在床上躺了半年,得了静脉血栓和糖尿病。

此时的他下身长满褥疮,终日昏睡。

3号床的叫老林。77岁,他的嘴张着,牙齿稀疏,发出巨大的鼾声。老林认为迷彩服能给人力量,一年四季穿着,即使是睡觉的时候也不脱。

年轻时在村里,老林是地里的好把式,一个人能干两个人的活。他是个热心肠,谁家有事都喜欢找他。

后来,他做了错事,进了监狱。

出狱后,老林来到公寓,见到穿制服的人就鞠躬敬礼,对公寓的老人却横眉冷对。他对任何人和事都是负面评价。

4号床不用开灯你就能看到他。这是一个面无血色的老人,面相冷酷,穿着米黄色带黑点的衬衫,床头放着一根铝合金拐杖,在夜里闪着寒光,大家都叫他"老耿头"。

据送他来的村长说,年轻时老耿头是天罡村的村霸。

老耿头有脑血栓,半边身子不听使唤,爱流口水。他要你做什么,就会"喂!"的一声,然后用眼神指挥你,稍不如意就举拐打人。

这就是友庆明天要面对的人,我躺在友庆的隔壁,难以入睡。

第1401天

早上5:30,VIP室门口,站着一个青年,戴一副圆框玳瑁眼镜,一身白大褂,这应该是个中规中矩的人,看上去甚至有点过于老实,可现实远非正常情况,友庆双眼充血,头发凌乱,一手拿着纸尿裤,另一只手拎着垃圾桶,眼睛紧盯着2号床的冯老爷子。

友庆是来给冯老爷子换纸尿裤的,钱雄正叉开腿等着护工伺候，他打量着友庆，眼中流露出鄙夷的目光。

友庆快步走到冯老爷子的床前，弯腰打了声招呼：

"冯爷爷，我来给您换纸尿裤。"

对面无动于衷。

友庆微微一笑，熟练地掀开被，拿掉靠垫，解开手部约束带，撕开纸尿裤的粘贴……这些要领他昨晚练了半宿。

钱雄冷冷地看着友庆忙碌的身影，不屑地说："要饭的。"对面的老耿头儿狂笑着走进洗手间。

厨师赵师傅在院子里喊大伙过去吃早餐，友庆洗了手就赶紧跑向厨房，白大褂的兜里塞得鼓鼓的，赵师傅诧异地看着友庆将半个馒头、一勺热汤、一袋羊奶、一根香蕉和一袋每日坚果倒进了搅拌器，搅拌成糊后蹲在地上用嘴吹了10分钟，又跑回VIP室。

友庆一勺一勺，不慌不忙地喂着冯爷爷，每次冯爷爷张嘴，他也跟着张嘴，像是自己在吃一样。一小盆糊糊，友庆足足喂了半个小时。

喂完饭，友庆给冯爷爷擦了擦嘴：

"冯爷爷，您好好休息吧。"

友庆起身向外走，一个挂拐的人上来把友庆撞了个趔趄，盆掉在地上，那人哼了一声，左脚先迈一步，右脚再跟上，一步步挪向窗台，两眼死死盯着窗户上的一只黄黑色甲虫，那甲虫拼了命向外飞，一次次撞在玻璃上，最后它生气了，没头没脑地在玻璃上打滚，发出嗞嗞的响声。

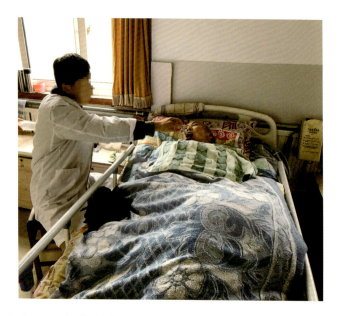

"咔",一切都结束了,一根拐杖把它挤成一滩,拐杖的主人是那张没有血色的脸,对,耿爷爷千里迢迢赶过来就是干这事的。

这甲虫也绝非等闲之辈,它有自己的名字,叫"臭大姐",就是谁让它死,它就熏死谁的意思。刺鼻的恶臭扩散,老耿表情遗憾,恶狠狠地"喂!"了一声,朝友庆的脚旁吐出一口黏痰,让友庆快点把这一切收拾干净。

都收拾完,友庆发现自己错过了员工用餐时间,他把冯爷爷的饭盆送回厨房,拿起拖布继续干活。

上午10点,友庆来VIP室给冯爷爷按摩。掀开被子,一股咸腥味儿扑面而来,冯爷爷两条嶙峋的黑腿上布满大块死皮,下肢的每一处关节上都生出了褥疮,那些褥疮就像是熬了很多夜的眼睛，通红且无神地四下张望。

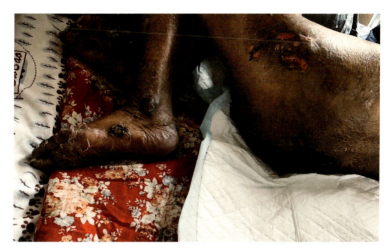

友庆微微一笑，照着之前师父教的招式热情洋溢地按起来。

友庆给人按摩，他不是在服务你，是在伺候你，从上到下，每一个关节、每一处穴位、每一寸肌肤。

不一会儿，黄的结痂、黑的死皮、红的血都拌在一起，如黏腻的蜂蜜，糊在友庆手上。

一丝不易察觉的声音从冯老爷子的嗓子眼儿里传出，像是有个人在极远的山峰冲你呐喊。

据李院长分析，以友庆的力量，估计都透过褥疮摸着老爷子的骨头了。

冯老爷子不知道的是，按友庆的计划，这样的按摩，上下午各半小时，全年无休。

到了下午的时候，在走廊里你就能听见冯爷爷上气不接下气地喊："唉哟……轻着点儿……轻着点儿，领导！"

苦难是意识产生的唯一原因。友庆用手把冯老爷子从幽杳冥乡拽了回来。

他的进展令杜副院长惊讶。李院长晚上再次强调:"冯老爷子完全托付给友庆。"

第 1402 天

经过这两天友庆的精心照顾,冯爷爷恢复了意识,面色也红润了起来。

我给冯爷爷看了户外春意盎然的视频,他强烈表示想出去晒太阳。

第 1403 天

友庆负责的第一排公寓地面一尘不染,杜副院长号召全体员工向友庆学习。听到院长的表扬,友庆竟然点头说:

"是啊!"

我向友庆妈汇报:

"友庆妈,还记得那个浑身褥疮让您不忍直视的冯爷爷吗?"

"我今天还想起他呢。"

"之前的护理员喂饭喂到一半就把饭倒掉,老爷子浑身溃烂,奄奄一息。友庆接管之后,一日三餐,精心照顾,现在面色红润,两眼放光,期待着身体好一点了,可以坐轮椅出去晒太阳。"

"好啊!祝贺他老人家。"

"友庆往门外走,老人在身后还大喊谢谢!今天林爷爷看友庆给冯爷爷按摩,叹了口气说,这样的孩子花多少钱也雇不着。"

"祝贺友庆!"

———————

贾老师:"你跟友庆妈经常沟通吗?"

叶老师:"我当时统计了一下,开始的4年里,我和友庆妈累计通话近600个小时。"

贾老师:"为什么时间这么长?"

叶老师:"友庆离开家以后,友庆妈的生活出现了一大块空白,再也没有作业要辅导,再也没有晚饭要按时准备,不再有友庆的笑,没有心塞,也没有琴声。

16年,一晃就是16年,终于有时间和爱人四目相对,远离一切喧嚣,抛除一切烦恼,可他们再也找不到当初。

当年牵手走过街头的感觉已不再有,剩下的是疲惫,只想静一静,再静一静。对面的人还是当初所爱,变的是光阴。一路相伴,到头来才发现,有的东西已经一去不返。

友庆妈这一辈子,讲的是友庆,念的是友庆,怨的是友庆。她在人前隐匿自己的眼泪,怀着对自己的不满悄悄擦干。

这些事只有我和友庆爸能听懂,友庆爸工作忙,做妻子的怕增加丈夫的压力,有些心事就不能对丈夫说,所以听友庆妈倾诉就成了我工作的一部分。

我在电话里汇报工作,和友庆妈聊哲学,聊友庆的进展,有时还负责解梦，更多的是倾听，总是在安慰。

贾老师，以及我身后的青年，要让家长从你接电话的声音中感受到自己有多受欢迎，人们需要的只是爱。"

贾老师："叶老师，我明白了，可怎样安慰呢？"

叶老师："饰其所矜而灭其所耻。"

贾老师："友庆爸那4年给您打过几个电话？"

叶老师："2个。"

贾老师："为什么这么少？"

叶老师："识不足则多虑，信不足则多言。"

第1404天

杜副院长吃晚饭的时候说，下午整个第一排公寓的老人和卫生工作都交给友庆了，友庆做得非常好，让人放心。

第1407天

人要长大三次。

第一次是在你发现无法让自己爱的人回心转意的时候。

友庆妈从天而降，突然来到公寓，她直奔友庆的宿舍，宿舍里窗明几净，内务井然。

"就干这个啊？"友庆妈坐在床边笑着拉起儿子的手问。

"是。"

"不想干别的啊？"

"不想。"

"不想在办公室里工作啊?"

"不想。"

"啊?"

"不想。"

"不想到飞机上去当空乘?"

"不喜欢。"

"在飞机上给客人送咖啡,送饮料不行吗?"母子二人的声调越来越高。

"不喜欢。"

"为什么?"

"我就喜欢养老护理员。"这话说的还挺押韵。

"就认定了要当养老护理员啦?"友庆妈急了。

"是。"友庆小声答道。

"去弹钢琴不行吗?"

"想给老人们弹琴。"

"不一定光给老人们,给妈妈这样的人弹琴行不行?"

"不行!"友庆大吼一声,友庆妈吓了一跳,身体向后一仰。

"为什么?"友庆妈攥住儿子的手。

"想给老人们弹。"友庆把手抽了回来。

"那给别人弹行不行?上大剧场里。"

"哪个大剧场?"诶,这重要吗?我心想。

"随便哪个都行啊,作为乐队成员弹琴行吗?"

"不行,想给老人们弹。"

"不理解,是叶叔给他洗脑了吗?"友庆妈尴尬地笑着问我。

"这是友庆自己的选择。"我挤出笑容,提醒自己失意时不能失态。

"没有洗脑,叶叔他很好。"友庆抬手冲我比画了一下。

"哦,路上我还想,就没有别的爱好?"

"就喜欢伺候老人!"

"我就是想搞懂这是不是孩子想干的,不想违背他的心意,我怕他觉得自己别无出路,认为自己只能干这个。"

"哦,是这么回事儿啊,那友庆你干这个觉得幸福吗?"我问。

"幸福!"

"那你也太高尚了吧,高尚得我都不敢相信了。"友庆妈起身朝屋外走去,见了李院长也没打招呼。

友庆妈走后,友庆干活失了水准,神思恍惚。

———————

贾老师:"为什么会这样?"

叶老师:"友庆妈暴露了鱼钩,引起了相应的抵触。

一般人为了工资和社会地位而工作,满足于日常的劳作和消遣,可友庆却宁死也不肯做他不感兴趣的工作。

比起俗人来,他是不明智的,为情感所驱策,不计利害安危。

他一心一意。

可人生的秘密就是只做一件事，就一件，其他的事都不值一提。"

第1408天

早上，友庆来到厨房给冯爷爷准备早餐，从白大褂的兜里拿出一袋羊奶、一根香蕉、一袋每日坚果，准备倒进搅拌器。

杜副院长过来好奇地问："这些东西是哪儿来的？"

友庆："羊奶是李主任（李院长夫人）给我的，香蕉和每日坚果是我妈从家里给我带的。"

喂完饭，友庆发现自己又错过了员工用餐时间，他把冯爷爷的饭盆送回厨房，拿起拖布准备继续干活，厨师赵师傅叫住友庆，然后从大锅里端出热气腾腾的饭菜来。

赵师傅："孩子，好好干，以后什么时候来，都有你的热乎饭。"

下午，我惊讶地发现，仅仅一周的时间，冯爷爷的褥疮已经痊愈，原来的皮损处都变成了白色的花纹，看上去像蓖麻种子。杜副院长断言，如果友庆能给老人穿脱衣服，搬上轮椅，他就是一名优秀的养老护理员了。

杜副院长走后，林爷爷悄悄凑过来，低声说："这女的不是个东西！但叶老师你这个学生真是这个（竖起大拇指），你在的时候这孩子努力，你不在的时候还是这样。"

看着友庆忙前忙后的身影，我发现连人生目标也有密度。友庆纯粹到只有一种德行，就是缄默地奉献的品德。奉献自我，倾其所有，不声不响，昼夜辛劳，为了别人的幸福。

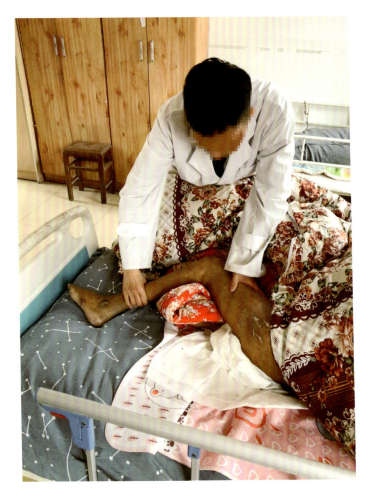

第 1409 天—第 1410 天

人要长大三次。

第二次是发现在规律面前无能为力的时候。

姥爷去世，我去吊唁。

第 1411 天

友庆早上起床时说,五一劳动节以后要去之前劝退他的护理院,让他们看看自己已经能把活干好了。

上午,友庆正在 VIP 室扫地,站在地中间的钱雄好像突然记起来什么事,他用手扶了扶头盔,转身回到自己的床上,坐在上面,像是等待着什么(他意识到自己的癫痫病又要发作了)。

一阵抽搐,他倒在床上,身体像是同时在抗拒 4~5 种力的拉扯,胳膊和腿上的肌肉都如同闸线般勒紧,头扭向一边,白沫一口口涌出,强烈的震颤一浪接着一浪,蓝色的拳击头套与墙壁发出"刺啦刺啦"的摩擦声,钱雄双臂收紧向上,看上去像是投降——向命运投降。

老耿头看了一眼钱雄,朝地上吐了口痰,到外面晒太阳去了。躺在床上的老林转过身把收音机的音量调到最大。

10 分钟后,一切归于平静。

钱雄失神地望着天花板,友庆接了一盆温水,放在钱雄面前。

"钱叔叔,您洗把脸吧。"

钱雄看了一眼友庆,微微点了点头。

第 1412 天

杜副院长让友庆负责照顾兰囚,当时谁都没想到,兰囚才是终极考验。

第 1413 天

冯爷爷出来晒太阳了。

友庆用了整整 14 天,让一个寿衣都准备好了的老人出来晒太阳了。

友庆小心翼翼地给冯爷爷穿好衣服,抱上轮椅,当他推着冯爷爷来到院子里时,整个公寓轰动了,大家交口称赞,所有老人都向冯爷爷表达问候,想不到的是,老耿头咧着嘴,朝友庆竖起大拇指,血色回到了他的脸上。

李院长要奖励友庆,友庆说想请老人和护工们喝点东西。

"喝什么?"李院长问。

"爱喝啥喝啥!"

"好吧。"

那年的春天,老人们在院子里享受着暖阳和自己爱喝的饮料。而且是严肃的李院长的款待。

冯爷爷坐在轮椅上,抿了一口他最爱喝的酸奶,享受着酸酸的液体划过舌头的凉爽和阳光照在脸上的温暖。

我和护工们在一旁喝着汽水,任凭阳光洒在肩膀上,感觉自己像是神,似乎我们在照顾自己的孩子,我们就是万物的主宰。

我转过头看了一眼友庆。

阳光直射在友庆的背上,他把一堆床单举过头顶,在晾衣绳上展开,脸上露出令人不解的微笑,看着我们享用着他争取来的美味。

赵师傅递过去一瓶汽水:

"这瓶凉,友庆。"

"不用了,谢谢。喝凉的容易放臭屁。"友庆笑着说。

赵师傅回到我们身边,看了我一眼。

你可能以为友庆这样做是为了讨好这些老人,或者在护工里交几个朋友，我却认为他这样做只是为了带给大家一点儿幸福……哪怕只是一点儿。

这时，我的手机收到一条信息，看到这条信息，我放下了手里的汽水。

友庆妈："叶老师，我还是不能认同友庆选择的这条路。您真觉得现在的友庆强大起来了？"

这是友庆妈第二次否定友庆的选择了，我决定为友庆辩护。

叶老师："当年上学，友庆离不开他大妈。

后来，友庆离不开我。

现在，友庆能够独立工作，冯爷爷离不开他，友庆妈您说强不强？

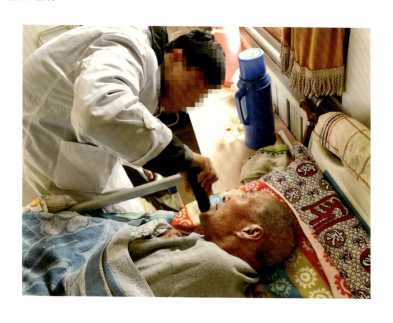

我觉得不是比原来的友庆强,而是'这就是强者'。友庆强在他的不可替代,对朱爷爷来说,友庆是唯一的。

他从万千同类中脱颖而出,成为了社会组织中不可替代的一员。他把冯爷爷从死亡线上拉了回来,冯爷爷离不开他。这世上哪怕有一个人离不开你,对那个人来说,你就是唯一。

我们奋斗的目标就是唯一,岂有它哉。

那为什么会有人不认为这是强呢?

因为他们讲'体面'。他们嘴里说的、脑子里想的,都是'别人眼中的你',而唯独没有从友庆的实际出发。

走这条路,就走上了一条不切合实际的路,会步步落空。

那有人问:'什么是你的实际呢?'

我的实际,就是友庆的心声:'我就是喜欢伺候老人!'"

友庆妈:"昨晚噩梦,脑子不清醒,跟不上叶老师的思路。"

叶老师:"友庆妈,我们走上了一条独立自主的道路,这条路上有您、友庆爸、友庆、我,以及其他几个孤零零的身影,形单影只。但是,我们要反复检验的是,这条路的方向对不对,如果对,困难再大,我们也会成功,那检验的标准是什么呢?是神通?是命运?还是梦?

这些都不是。将近四年的艰苦实践证明了。只有辩证唯物主义思想取得了成功:一切从实际出发、实事求是和解决主要矛盾。

不信这一条,我们就会落入谶言、虚幻和情绪化的泥潭中不能自拔。我们就会虚弱、无力和在思想的混乱中挣扎。

友庆走的这条路,是真正的个性之路,虽略显困顿,那是因为他正处于初级阶段,但支撑他走下去的,是心底的热爱。

不要站在他的对面,站在他的身旁吧!"

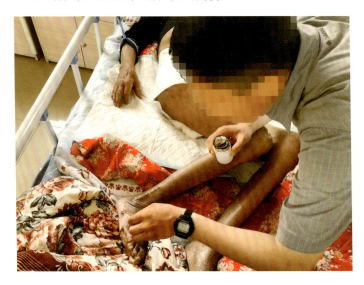

友庆爸回复:"支持他走下去!友庆的诗与远方可能就是音乐相伴与积善成德。"

贾老师:"友庆的身影有一种美!"

叶老师:"的确,没有什么是美的,只有自强不息的人是美的,这是美学第一原理。"

人要长大三次。

第三次是在发现即使粉身碎骨,有一件事也非做不可的时候。

晚上，杜副院长紧急召集大伙到 VIP 室的门口，她示意大家放轻脚步。

里面，友庆竟然在指导暴虐的钱雄自己换纸尿裤。

钱雄顺从地按着友庆的指导换上纸尿裤，做好了睡前的准备。看到这一幕，大伙对友庆更加崇拜了。

我问友庆为什么让钱雄自己换纸尿裤。

"钱叔叔不是老人。"友庆笑着答道。

第 1414 天

友庆觉得自己的技能已经过关了，一心想去之前劝退他的护理院证明一下自己。李院长夫人得知友庆要去"报仇"，十分不舍，临走前塞给友庆一张纸：

> 尊敬的贵单位领导：
>
> 　　兹有我公寓实习生友庆前往贵单位工作，该员工在我公寓工作实习的一个月期间，工作态度勤恳认真，工作技能从生疏到熟练，做事踏实负责，能够很好地遵循公寓各项规章流程，进行有序工作。
>
> 　　该员工原则性较强，适应能力已达到正常状态。在日常工作中不怕苦、不怕累、不怕脏，特别是他对老人发自肺腑的关爱是我们每个人学习的榜样。
>
> 　　该员工有一定的书生气息，对待每位老人都彬彬有礼，对本职工作兢兢业业，锐意进取，能够在新的环境中不断调整和适应新的工作岗位，难能可贵的是，该员工能够在新环境中保持其惯有的纪律性和原则性，为我们树立了良好形象同时对我本人以及公寓的同事都起到了很好的榜样作用。

我们公寓的成员都非常舍不得他离开，我也非常希望他能在我们公寓长期工作，但他已有自己的想法，非常想证明自己的能力在短时间内得到了提升，所以希望贵单位能给该员工一个证明自我的机会，我们都相信他可以做到。

　　为盼！感谢！

第 1419 天

友庆要走了，我和他来到冯爷爷床前告别。

冯爷爷沉默了很久。我问冯爷爷他想说什么，冯爷爷说：

"一滴相思泪，泪流到腮边。"

第 1420 天

今天是五四青年节，社会主义好青年友庆起床后直奔护理院。

在护理院的门外，我问友庆：

"你之前在这里试过工？"

"是。"

"让人给开除了？"

"对。"

"为什么？"

"强行给老人关电视、拉窗帘。"

"被你关电视和拉窗帘的爷爷奶奶的家属都在护理院里准备教训你呢，你还要进去找工作吗？"

"是。"

"去吧。"

五分钟后，友庆学到了这样一个道理：

人间只有一次机会。

被拒后，友庆平静地做出决定：回去找李院长。

第 1421 天

友庆回来了，李院长夫人双手欢迎友庆的归来，我提出签劳动合同，五险一金，李院长说他担心友庆的状态不够稳定，试用一周。

友庆回家收拾了两件衣服，出门时突然对友庆妈说："妈，等我下回回来再伺候您！"

友庆妈扶着门框，强忍热泪。

晚上，老人们都已睡下，四周漆黑一片。我按照与李院长的约定，离开公寓，友庆拿出一本书在宿舍的小桌旁做思维训练。

月朗星稀，我抬脚迈出公寓大门，回头望，一灯如豆。

日光弹指过，

空山了无音。

7 天后，我回到公寓，小心翼翼，就像小女孩打开糖盒那样。

我来到冯爷爷床前。

"友庆这几天干得怎么样？"

"工作很踏实。"

听冯爷爷这么说我很高兴，一转身，看到门口杜副院长脸

上失望的神情,看来意外还是发生了:

友庆在将兰因搬上轮椅时,摔了两次。

李院长说:"我是一院之长,有我的原则,我要确保老人的安全,叶老师请你继续离开公寓,我们再观察一段时间。"

有人说生命中的坏事终会过去,如果没有,说明还没到最终。

第1452天

李院长的夫人向我揭示了兰因摔倒的真相。

原来是兰因刁难友庆。在友庆抱她上轮椅的时候,她就故意向下坠,坐在地上,友庆觉得是自己的错,赶紧道歉,杜副院长不知内情,就带着友庆反复练习分解动作,分析事故原因。

当事故再次发生时,友庆几乎失去了杜副院长的信任,李院长也把打印好的合同放回了抽屉。

友庆被调离工作岗位,在会上作书面检查。他失去了接触老人的资格,只能在院子里做一些扫地和倒垃圾之类的辅助工作。

半个月后,由于友庆工作状态一直很好,又屡次向李院长表态,才重新取得照护老人的工作机会。

中国有句古话:公道自在人心。

当兰因第三次这么做的时候,旁边床的李奶奶看不下去了,大怒道:

"这孩子每天起早贪黑为了我们,你就这么对他吗?太不像话了你!"

杜副院长和李院长夫人闻声赶来,老人颤抖地说出了她看到的真相。

杜副院长严厉地批评了兰因。

后来得知事情的经过之后,我和杜副院长交流了一下。

叶老师:"兰因可能只是在用自己的方式表示反对。"

杜副院长:"反对什么?"

叶老师:"让友庆照顾兰因征得她的同意了吗?"

杜副院长:"如果她有想法为什么不直说?"

叶老师:"也许答案就在她的遭遇中。

兰因的家在大山里,出生时残疾,被父母遗弃在山路旁。

一个老太太路过,把她抱回了家,儿女反对,放出话来,'您要是养她,我们就养不了您了。'

老太太在半山腰用塑料布搭了一个窝棚,将兰因养到3岁,去世。

兰因被一个路过的男人抱走,养到16岁,被迫和这个男人生下一个女孩,不久夭折,兰因也落下了严重的妇科病。多年以后,这个男人把兰因卖到邻县。

邻县的一个中年男人,媳妇不生养,买了兰因,养两年,发现她已经失去了怀孕的能力,又把她遗弃在路边。

一个好心的佛友,指点迷津,让兰因往庙里爬,庙里的住持联系佛教协会,佛教协会准备将兰因送到公办敬老院,这时才发现兰因虽然 30 多岁了，还没有自己的名字，更别提身份证和户口了。

佛教协会的会长给她起名兰因，希望她参透世事、忘掉从前的烦恼、找到真正的快乐。当地政府为兰因补办了证件，送进了敬老院，后来敬老院解散，就转移到老年公寓。

我们都是自身经历的囚徒。面对被强加的命运和突如其来的不幸，也许默默斗争是唯一的选择。这不正是人类反抗自然、社会、命运和他自己的写照吗？"

杜副院长听完，大吃一惊。

贾老师："您怎么知道这些？"

叶老师："因为我关心。这些信息是很容易从李院长夫人那里得到的，只要你询问。"

贾老师："友庆是不是很委屈？"

叶老师："谁不是经历着被误解的发现呢？李院长夫人说她当时心疼地看着被冤枉的友庆，可友庆却不以为然，他的胸口怦怦跳着一颗效力的心，要为满足大家的需要而鞠躬尽瘁。"

第 1461 天

李院长和友庆签订了正式的劳动合同。

那一天，一个在侮蔑和嘲讽中长大的人，在人间有了存在的意义。

晚上，大家相聚在饭店庆祝。

剑是我们捍卫自由的最后手段，也是我们获得自由后应最先放下的东西。

席间我宣布，从这一刻起，教育原则改变：今后，友庆若不自认为有错，可不改。

友庆突然举杯：

"叶叔，下一步该找对象了吧？"

在场的所有人都懵住了，我站起身，为这永不屈服者、永向未来者，迎上我的酒杯：

"来，友庆，让我们用这美酒淹没那骄横的记忆！"

第 1465 天

这天是我 36 岁的生日,一直关心我的长辈刘姨来信说:"你要保重身体。"

第 1472 天

我病倒了,医生找不到原因。

以教育行业的平均工作量来看,36 岁的我已经在这一行里工作了差不多 60 年。

倒下就倒下吧,工作继续。

第一次躺着向友庆爸妈汇报工作。

第 1478 天

刘姨来信:

> 加油!你们一定会成功,努力吧,想做一个好人,一个真正的人,绝非易事,再次为你们加油!成功一定属于你们!

第 1480 天

我病得很重。

友庆妈来信:

> 在我和友庆爸心里,叶老师是亲人。

第 1492 天

友庆发第一个月工资了。

我致信李院长：

    友庆人生中的第一笔钱是李院长给的。

李院长回信：

    劳有所得，辛苦挣得永生难忘，这与您的教育和培养是分不开的。

友庆花了半个月的工资给爸妈在商场买了两个最贵的保温杯，又特意给友庆妈买了一朵红玫瑰。

友庆爸妈值得这份礼物，是他们教会了友庆什么是爱。

除了孝敬父母，友庆只知道一种利用资本的方法——存到银行卡里。

友庆妈手拿玫瑰花，搂着儿子拍了好多照片，她说：

> 友庆送了玫瑰花给我，让我特别高兴，看来友庆笼络女人心不成问题。太激动了，睡不着了！祝福友庆，开启人生新篇章！孩子，你天性中美好的东西——浪漫、高贵、仁慈、坚毅，随着年龄的增长，逐一呈现出来，妈妈为之欣慰，这些都是命运的馈赠，愿它们滋养你的生命，愿你为心中的大爱奉献自己！

要满足心里有很多苦的女人，只需要一点点甜。

周爷爷来信：

> 友庆，我吃到了你用工资给我买的糖，我吃在嘴里，甜在心里。我知道你这孩子工作特别不容易。在我身边的时候，你是那么努力认真地工作学习，我和你韩奶奶在背后不知夸你多

少次,但我当面没有表扬过你,怕你骄傲。我知道你工作做得很好,我感到非常欣慰。

友庆,你是个善良的孩子,有一颗感恩的心,希望你更要孝敬你的父母,他们非常不容易。

欢迎你有时间再来沈阳,我们小住几日。

谢谢你给我的糖果,谢谢你给我带来的好消息。

夜深了,我来到友庆的宿舍,他在 37℃、湿度 79% 的房间里熟睡着。

一个人一旦知道自己为什么而活,就可以忍受任何一种生活。

人们羡慕这样的生命,一面想把他毁掉,一面想成为他。他们了解友庆心底的爱的价值,他们不是想让友庆成为他们,是他们希望能变成他,友庆的自由意志,是宇宙中最美丽最不可言说的力量。

作为友庆的老师,我不虚此生。

夜里我梦见自己上了天堂(这显然是神话),发现神正在聚精会神地看书,我凑过去,书的名字是《人的胜利》。

———

贾老师:"为什么其他人没有创造出你们这样的人间奇迹?"

叶老师:"可能是因为他们之间没有下面这个东西。"

授权委托书

叶志刚老师以他的创造性、他的敬业和他的执着创造了一个又一个教育奇迹，我们认为他是直抵受教育者心灵世界的教师，是重塑生命的心灵导师，是误入歧途的当代教育的希望，是每一个与他有交集的家庭的福音，他是学生名副其实的导师。

我和我的妻子，作为监护人，委托叶志刚老师对我们的儿子友庆进行全方位的培养和教育。我们授权叶志刚老师在任何时间、地点，以任何方式教育友庆。在此期间，一切后果由我和我的妻子共同承担，待友庆成年后，后果由他自己承担，友庆无法承担的，仍由我和我的妻子共同承担。

为了那些和曾经的我们一样在痛苦中挣扎的人们，我们同意叶志刚老师将培养友庆的经历撰写成文并出版成书。

我们珍惜现在宁静的生活，所以我们三位委托人共同委托叶志刚老师全权处理与媒体及公众的联络与沟通等全部事宜，委托人充分信任并服从叶志刚老师的判断和决定，且愿意承担所有后果。

上述授权为三位委托人真实意思表示，真实有效，不可撤销。

贾老师："这是多大的信任啊！"

叶老师："我的原则是无条件信任并托付。因为理想和现实之间是一段缺口，要想跨过这段缺口，没有别的办法，只有纵身一跃。

小时候，我在父亲的工作台旁长大。他是中国共产党党员，我的第一位启蒙老师，他让我见识了一个男人靠自己的双手和诚实的劳动能创造出怎样的生活。

父亲常对我说,不是所有的骄傲都会使人落后,在一切有益的骄傲中,最值得钦佩的是因为自己值得信任而产生的骄傲。"

友庆也得到了公寓上下所有人的信任。时间转眼从盛夏到了金秋,该踏上找寻爱情的旅程了。

这是我父亲得到的信任,证书藏于开宗博物馆

12
人间有四个字　能度一切苦厄

第 1572 天

上午，李院长将友庆叫到办公室，伤感地对友庆说：

"友庆，从你来公寓，我和老人对你的工作评价都很高。你工作扎扎实实、任劳任怨，对老人有礼貌，无微不至地关心他们，不怕脏，不怕累，今年夏天，这么炎热，你也不怕，作为领导，有你这样的员工，我感觉非常骄傲。

可友庆，你还年轻，我要考虑你的将来，你不能在这里照顾老人一辈子，跟叶老师去寻找自己的爱情吧！"

李院长最后咬了咬牙，说："不成家别回来。"

友庆跑到 VIP 室向冯爷爷告别。

发现一位律师正站在冯爷爷床前，气氛紧张。

原来，冯爷爷有两儿一女，子女不交赡养费，律师起草了一份起诉书，递过印泥，让冯爷爷按手印，要替冯老爷子到法院起诉子女，冯爷爷把大拇指攥得紧紧的，流泪叹息：

"他们都是我的孩子啊。"

后来据李院长夫人说，冯爷爷在友庆离开公寓后不久去世。

第 1574 天

家里突然来信,我的母亲不慎摔倒,腰部骨裂,卧床不起,友庆得到消息,立刻赶到奶奶身旁,在床边悉心照顾4个多月,直到奶奶康复。

第 1618 天 盘锦 我父母家

"叶老师,快看新闻!"友庆妈打来电话。

电视机屏幕上,一枚火箭,喷射烈焰,直插云天。

"友庆妈,这是什么?"

"是北斗导航卫星发射,"友庆妈继续说,"叶老师,这卫星上有你的贡献。"

"难道是?"

"是的,以前友庆在我身边,从小到大,我无时无刻不牵挂着他,没心思干工作,直到遇见了你,我放心了。这4年多,我把所有的精力都放在了科研上,这款卫星上有我的产品,也就有你的心血。"

第 1696 天

大年三十夜。

我的母亲:"友庆,春晚开始了,去看吧。"

友庆:"不,我先给奶奶泡脚,泡完脚再看,谁对我好,我得知道感恩。"

人性,短时间内是看不清的。

叶老师:"尽管友庆的人生开了挂,大家还是认为像他这种人物,将来只能找个残疾人成家。"

贾老师:"您怎么想?"

叶老师:"我认为,人们总是算计得太多,思考得太少。

爱情是什么?

爱情是剧烈的化学反应,是希望自己变得更好,是愿意为所爱的人去死。

当爱情的太阳升起,理性的月亮就到了末路。

他们口中的不是爱情,而是交易。对这种交易,我和友庆不屑一顾。"

贾老师:"那您当时认为友庆能找个什么样的伴侣?"

叶老师:"找一个真正欣赏友庆的女人,一看见友庆就心跳加速的女人,愿意为友庆生儿育女的女人。"

贾老师:"您怎么这么肯定友庆能得到幸福?"

叶老师:"我不是肯定友庆一定能得到幸福,而是肯定一个女孩和友庆在一起会感到幸福。"

贾老师:"为什么?"

叶老师:"女人幸福的前提是站在她身旁的是个真正的男人。

判断的标准有两点:

他要有健全的生命本能和自我超越的精神追求。

这两点友庆都有。"

贾老师:"友庆确实是个有情有义的人,您当时对友庆找到女朋友有必胜的把握吗?"

叶老师:"有一定的把握,因为只要雄性欲望强烈,时机把握准确就会成功。欲望强烈友庆没问题,但缺把握时机的人。"

贾老师:"您不能把握时机吗?"

叶老师:"我不是最佳人选。"

贾老师:"那怎么办?"

叶老师:"找到这个人。"

一个人的性格就是她的命运。

刘老师从小不爱说话,喜欢听别人侃侃而谈,观察别人的表情,那年她4岁。

她最爱看北京台的"红绿灯"栏目,因为上面有她向往的大城市的街道和车流,那年她14岁。

她善解人意,却不善于表达自己的感情,她多愁善感,外表却高冷孤傲,她用沉默而细腻的方式爱自己喜欢的人,但那是一种不易察觉的爱。

她经历了爱情黑暗的一面——背叛,她感觉自己不再完整。

临走前,男友承诺:

"等以后找不到合适的,我们再在一起!"

当时的她不知道的是,灵长类动物口中的"以后",其真实的意思是"永不"。

她的心变硬了,那三年几乎把她的整个人生都掏空了,她不再是过去的那个人,情不敢至深,恐大梦一场。那年她21岁。

她的内心深处,始终藏着那个人,每次想起他的时候,总会觉得有一点点心痛,但她依然愿意把他放在心底。因为她知道,以后自己可能会喜欢上另一个人,但是不会再像当初那样的幼稚、莽撞和有不撞南墙不回头的勇气了。

她觉得自己人生前二十多年吃亏就吃在太懂事了,这是最大的败笔。为别人牺牲自己的利益,这种无私直接毁了自己。

她走向反面。

她爱上了爱,却不再爱任何个体。她享受了不少乐趣,却得不到任何实质结果。

暗夜袭来,她感到这一切就像一出悲剧,唯一的问题是,她就是这悲剧的主角。那年她23岁。

她感觉自己的心生了病,她不知道心理疾病确实是病。

她陷入了黑色的虚无,仿佛漂浮在海面上,向着那幽黑碧绿的深处,沉下去,沉下去。头顶和脚下什么都没有,很累,她无力睁眼醒来,随之而来的是一阵难闻的气味,一种悲伤的味道,觉得自己已经死了。

还没跟妈妈告别,镜子里的自己还很美。回忆过去,人生已经破碎,我已彻底沉沦。

北医六院诊断:重度抑郁。

第 1723 天

一个自称是"青年才俊"的人看到了她的照片。

"青年才俊"只看了她的照片一眼就笃定:

图中女子以自己的全部热情感受过人生的悲欢离合。她有突出的优点和缺点,袒露在人们面前。她有主见,经得起诱惑,知道适合自己的是什么,有经历过很多不为人知的苦楚和孤寂之后沉淀下来的独立三观。在这颗最孤独的心灵中,蕴藏着最热烈的爱。

第 1726 天

她有用文字表达情感的天赋,衣上酒痕诗里字,点点行行总是凄凉意。

他也有用文字表达情感的天赋,用 1100 句话触动了她的心,话里话外都是闻所未闻的传奇。

"青年才俊"告诉她,她必须重新开始,她必须尊重自己。

她说想看看他的照片,听听他的声音,他拒绝了,说自己最性感的部位已经被她看过了,那个部位就是自己的大脑。

第 1/31 天

"青年才俊"突然出现在她的面前。

原来她一直不清楚自己的择偶标准,直到亲眼见到了这位"青年才俊",才明白,其他的家伙不能要。

有人问是不是一个人越成熟,就越难爱上一个人?

不是越成熟,就越难爱上一个人。是越成熟,越能分辨那是不是爱。

她爱上了他。

"青年才俊"给了她两副抑郁症的解药:一是做母亲,二是帮友庆找对象。

她说自己愿意同时干两件事。

第 1741 天

她来到了渤海之滨的芦苇荡边,带着友庆踏上了寻找真爱的旅程。

我称这段旅程为:"见合之旅"。

第 1749 天

造化弄人。

体检中心来电话,说她染上了艾滋病。

为什么好日子刚开始,就结束了!

为什么我的命这么苦?

她觉得委屈。

她在电话里和爱人告别。

"你哪儿都别去,没什么大不了的,不得艾滋病就不死了吗?生死并不重要,重要的是心,如果确诊,我们一起抗击艾滋病。"青年才俊坚定地说。

听到这些,她哭得像个孩子。这是她在人生中第一次懂得

"重要的是心"这几个字的含义。那一刻,她恢复了对人性的信心。

第1750天

疾控中心的化验单显示:体检中心误诊。

在医院的走廊里,青年才俊写下一首诗:

颤抖的双手
含泪的眼睛
绝望的灵魂
就在昨天

刚刚
我们从命运的颚下
逃脱了

这不是幸运
而是启蒙

这真切的心灵体验
提醒我们
为何而生

如果我们
不是意义的赋予者
命运的解谜者
和绝望人生的拯救者
我们如何能忍受做一个人

第 1813 天

她怀孕了。

她之前的痛苦成就了她的先见之明，对时机的把握、对人性的洞察，她游刃有余。对友庆，她全力以赴。对爱人，她倍加珍惜。

第 1843 天

北医六院诊断：无抑郁状态。

———————

贾老师："您给刘老师开的两副抑郁症的解药为什么这么有效？"

叶老师："人间有四个字，能度一切苦厄。这两副解药的本质正是这四个字。"

贾老师："哪四个字？"

叶老师："为了别人。"

贾老师："刘老师是怎么帮助友庆找对象的？"

真正的帮助是唤起一个人的自尊自强之心。

当时，一系列令人瞠目的奇迹让友庆成了勤劳勇敢的象征和美德的化身。

但刘老师有不同见解：

此公乃懒人一位。

为何有如此论断？

刘老师理由有三：

友庆在看，但他从不观察。

友庆在听，却从不倾听。

友庆在经历，但从不思考。

众人恍然大悟。

友庆表示要痛改前非。却在每次与刘老师擦肩而过之后，都回头吐一下舌头。

友庆不知道，刘老师向来喜欢从镀铬边框、镜面的连续反射、甚至是不锈钢勺背儿来观察人。

世风急转，这边，是刘老师皓齿红唇在说笑，那边，是友庆被我和友庆妈大加鞭挞。

真正奠定刘老师革命领导权的是她的正确性。

大部分女性给男生的恋爱建议都是"闷头献殷勤"和"买送加感动"。

可刘老师是异类，她属于极少数懂得怎样"撩妹"的女性。

她带友庆去商场选衣服，把他的形象从黯然油公子变成阳光大男孩，她亲手为友庆拍摄的艺术写真令众人倾倒，放到网上得到九千多个女孩儿的点赞。

她带着友庆到恋人约会的场所抵近观察，体验恋爱的甜蜜。

鸟能辨别方向是因为它能看到地球的磁力线。正式交友的第一天，刘老师把友庆叫到身边：

"老人们常说，狐狸是皮值钱，牛是肉值钱，人是骨头值钱。一味迎合女孩子的人之所以没尊严，是因为他无原则。所以开始交友之前，你要确定自己不和哪些女孩交往。"

友庆总结了一下：性格乖张的、爱炫富的、网红脸的、有大面积文身的、抑郁自残的和喜欢借钱的。

刘老师教友庆使用一款交友软件，友庆自信满满，可他哪里知道，他的那些未经实践检验的原则如落花柳棉，无根无由。

心动了，你就会患得患失。

友庆担心自己中意的女生不喜欢自己。

刘老师说："别慌，坚持走自己的路。你身上有了她想要的东西，她自然会来找你，别怕错过。错过了，说明不够喜欢，没什么可惜的。"

友庆急于了解一个女孩是什么样的人。

刘老师告诉他："看看她照片上的闺蜜。物以类聚，人以群分。"

友庆遇到"慢热女孩"。

刘老师告诉他:"'性格慢热'或'天性凉薄'都是借口。对你有心的女孩儿,主动坐四个小时的高铁来看你,对你无意的姑娘,家在隔壁你依然约不出来。没时间不是因为忙,没时间是因为你不够有吸引力让她抽出时间。"

友庆试着用礼物开路。

刘老师告诉他:"喜欢你的人,不会因为你没有送礼物就不喜欢你。不喜欢你的人,你闷头送礼也没用。感情是求来的吗?"

友庆吹牛。

刘老师告诉他:"诚实是最好的策略。不要展示你不具备的品质。"

一个女生说自己追求者众多,友庆有些恐慌。

刘老师开导他:"说自己没有追求者的,别信。说自己追求者众多的,别慌,直接默认那些竞争者不存在就可以了。放心,那些人她一个都没看上,否则她哪有功夫跟你聊天。"

一个女生说自己向来说话难听,让友庆多包涵。

刘老师当机立断:"口无遮拦就是不够喜欢,不是性格问题。女人的傲慢都是摆给自己不喜欢的人看的,碰到喜欢的人,她瞬间就化身为温柔有礼的小女人。"

友庆被一个女孩儿拒绝,依然紧追不舍。

刘老师递上一碗绿豆沙冰:"那些失败者的通病是无法正确处理心理否认。他们总是想:'现在必须成功,如果我再投入一点,就会成功。'你要给自己设定截止时间,及时止损。"

友庆炫耀。

刘老师提醒:"好姑娘看到你这么炫,会直接排除你。"

有一段时间,友庆走了桃花运,喜欢他的女孩接二连三,荷尔蒙提供过多氧气,冲动起飞,扎进幻象,友庆得意了。

刘老师提醒他:"还记得你的那些原则吗?"

友庆掏出手机,默默删掉了大半。

不饥饿者不能与之食。为了交友,友庆主动学习使用12306、购物软件和打车软件,跌跌撞撞迈进了互联网时代。

他变成了社会动物。一次参加旅行团,一对情侣吵了一路,男生一直在讲道理,女生越听越急,哭哭啼啼,男生绝望,垂头丧气,友庆上前,对男孩说:"快抱抱她!"

1分钟后,风行草偃,破镜重圆。

众人惊叹。

湖南教育出版社的《中考现代文阅读技能训练100篇》上有一道题:

"在我们的人生中,总有某些人给予我们温暖,请描写其中的一个人,说说他带给你的影响。(4分)"

友庆的回答很简洁：刘老师是我的恩人。她让我在恋爱中保持自尊。

第 1799 天

交友软件上出现了一行小字。

"感觉你，"一个来自黑龙江的女孩对友庆说，"成熟，散发着说不出来的气息。"

小雪，一个诗情画意的名字，一个四肢健全美丽大方的美容师，一段刻骨铭心的缘分。

刘老师悄悄告诉友庆："女人是用耳朵恋爱的。"

第 1811 天

跟友庆聊天，用我的话叫"听君一席话浪费 10 分钟"。可就是在友庆用自己的方式和小雪"热聊"了 10 天后，两人相约在哈尔滨见面。

第 1812 天

哈尔滨的夏夜，空气微醺，友庆和小雪徜徉在中央大街步行街上。

这条始建于 1898 年的老街见证了百年的历史，也见证了友庆的爱情。

第 1870 天

乍见初欢，久处仍怦然。小雪邀请友庆一起过七夕情人节。

"见合之旅"那不可思议的细节见附录 10：除了儿童，其他人请用婚姻质量说话。

第 1872 天

为人辩护的是他的现实。

友庆人生中第一次赢得了友庆爸彻底的尊重。

早上 6:15，临走前友庆爸对友庆说：

"再见了友庆。"

说完主动握了握儿子的手，父子就此别过。

友庆妈问友庆爸为什么主动握儿子的手，友庆爸说：

"因为他能吃别人吃不了的苦,他有了喜欢他的女孩儿,他已经长大。"

是啊,友庆坚定,常人迷茫。友庆简单,常人复杂。友庆果敢,常人软弱。友庆无欲,常人贪婪。友庆痴情,常人滥情。友庆行动,常人颓废。友庆愚钝木讷,却把上帝给予的发挥到了极致,常人耳聪目明,却把上帝给予的浪费得精光。友庆不善言辞,但他有一颗心;常人巧舌如簧,却缺少这颗心。到底谁才是真正的人?

在友庆遇到我之前的岁月,人们会看到情感的浪费,"俊砺之旅"和"见合之旅"则更进一步告诉我们理智的枉然。

我们最先看见一幅灰色的图画,后来我们跟随友庆踏入人生的虚无,被嘲笑的是人类所自负的感性和理性。除了自强不息这一点点态度,我们一无是处。

育人是我第一、最终、唯一的爱。我的奇迹始于我,也终于我,自我以后,任何走我的路的人,必会满载而归,任何模仿我走路的人,必坠万丈深渊。

我身后的青年,不要向任何看起来比你们高大的事物低头,没有你们,它只是雄伟的废墟。

一切仰仗你们,年轻的生命,一切仰仗你们的创造。

我与王定国奶奶在她的家中

我与金一南将军在人民大会堂

我带友庆到中央党校听课

友庆、中国特殊教育奠基人陈云英教授和我在中央教育科学研究院

我带友庆做客中央电视台"天天饮食"栏目。前排,从左至右依次为:主持人王雪纯老师、郝建华老师、国际烹饪艺术大师屈浩师傅。后排,从左到右依次为:友庆、友庆的弟弟们和我。

我带友庆到中国传媒大学参加敬一丹老师的讲座

我带友庆到中央电视台参观

我带友庆到钓鱼台国宾馆会客

我带友庆参加由白岩松主持的成龙新书发布会

我带友庆到长江商学院上课

我带友庆拜访教育家魏书生老师

第 二 部

附录 1

你必须拼尽全力
才能看上去毫不费力

下面是训练项目表：

<u>数学训练</u>

计数训练

单双数

数学符号

数的比较

加减法训练

数轴加减法

无进位加法

复习

无退位减法

复习

以 10 为单位分组计数

顺序数

相邻数

数的比较

十位和个位

大数的比较

0 的含义

*10 的运算（规律运算）

这是第 1 个难度一颗星的训练，表示这道题做了整整 1 天，到了晚上，我的思维一片空白。

在智力训练的每一分钟,你都在煎熬,你的大脑和身体都在受到损害。

数的推理
* 数等分
顺序数（1–50）
计数（50内）
相邻数（50内）
数的比较（50内）
加减法（20内）
* 加减法应用
数的组合
进位加法
数的分解
退位减法
* 加减法大量运算
* 竖式运算（应用）
分组计数
顺序数（100内）

** 数独
这是第1个两颗星的训练,意味着我们用了整整2天的时间。整整2天,我们坐在桌前。我感觉自己迫切需要得到动物研究常用的两个工具：无线电项圈和镇静剂标枪。

*** 数字规律

这是第 1 个三颗星的训练，意味着我们又整整憋了 3 天。

根据规律填数字：① ④ ⑤ ⑨ ?

这题憋了友庆 3 天。记得这道题做出来以后，我和友庆妈在电话里有过下面的对话：

"友庆妈，终于做出来了，这题做了 3 天。"

"叶老师太厉害了！"

"这没什么，蜜蜂能够理解 0 的概念，恒河猴能数到 4，友庆做这题不成问题。"

"……（电话那边沉默）"

"友庆妈您还在吗？"

"在……是全靠他自己悟出来的吗？"

"是。"

"叶老师我想问您，如果 3 天还是做不出来怎么办？"

"那就再来 3 天。"

"如果还是不行呢？"

"如果还是不行，那就再来 3 天，直到做出来为止。"

"您怎么就断定他一定能做出来呢？"

"相信的本质是愿意相信。"

突然，友庆妈在电话里哭了起来。

大小排序

** 长短排序

高矮排序

*** 宽窄排序

厚薄排序

轻重排序

*** 粗细排序

**** 规律特征

这是第 1 个四颗星的训练,我们被困在原地整整 5 天。

"下面有一个与其他不属于同一类,请认真观察把它圈出来。"

$$\text{小鸟 \quad 飞机 \quad 风筝 \quad 气球}$$

你猜这题友庆认真钻研了几天?

5 天。

**** 多角度分析

认识四季

认识日期

认识星期

综合训练

认识时钟

认识整点

综合训练

正方体

做一个正方体（剪纸、粘贴）

长方体

球体

圆柱体

综合练习

* 透视及空间想象

**** 旋转和平移

测量重量

测量高度 A

测量高度 B

*** 测量长度 A

测量长度 B

测量面积 A

*** 测量面积 B

**** 量的推理 A

**** 量的推理 B

** 量的推理 C

*** 量的推理 D

条件位置 A

** 条件位置 B

** 条件位置 C

条件位置 D

*** 条件位置 E

图形等分 A

** 图形等分 B

** 数等分 A

数等分 B

* 长度守恒

面积守恒 A

** 面积守恒 B

** 液体量守恒 A

液体量守恒 B

***** 图形规律 A

这是第 1 个五颗星的训练，意味着我们被困在原地整整 7 天。在这 7 天里，我感觉有重物压在我的胸口。

图形规律 B

图形规律 C

图形规律 D

自定规律 A

自定规律 B

* 增减排序 A

＊增减排序 B

＊＊增减排序 C

平面对称

＊＊＊＊图形建构

立体对称

＊图形规律

图片拼接

＊＊＊颜色规律

＊＊位置判断

对称认知

图形认知

＊＊＊＊＊迷宫注意力

迷宫注意力又训练了 7 天。

最终，我觉得自己闭上了眼，唉！闭就闭上吧……

图形的推断

计划 9 月 24 日去北医六院测智商。

2014.09.24 在 IQ 提升到 58 后，友庆进入第二阶段（2014.09.25–10.30）

右脑开发

**** 组合能力（房屋拼接）

规律分析（珠子）

观察能力（找相同）

位置判断（描点成画）

对称认知（折纸打开）

*** 图形认知（找相同图形）

***** 注意力（走迷宫）

*** 推断能力（重叠图形）

** 辨别能力（找不同）

观察能力（找不同）

* 演绎能力（找出缺少的部分）

** 推断能力（变成什么）

** 规律分析（找规律）

对称认知（找对折后的图形）

*** 视觉记忆（30 秒找相同）

** 推断能力（重叠透明图形）

**** 形态认知（找影子）

*** 演绎能力（找缺少的部分）

***** 换位思考（如果那么做结果会怎样）完全相反！

** 形态认知（找出轮廓的原型）

***** 思维转换（贴纸贴在正确的位置上）无理取闹！

创意表现（画图）非常好！

***** 解决问题（怎么办）太难了！

**** 协调能力（完成图画）对细节把握能力不足

辨别能力（不一样）

**** 思维转换（置换符号）

* 规律分析（按规律贴纸）细节！还是细节！

***** 空间感知（不同角度的空间推理）

***** 组合能力（拼接图形）真难！

** 组合能力（多余的拼图）

** 位置判断（坐标系中的图形）

** 视觉记忆（记颜色）

**** 推断能力（背面的线）

***** 规律分析（想象的点）

这道具有划时代意义的题，做了6天。

在令人窒息的训练地带，人的耐心是极其稀薄的。终点在哪里？大脑就要停滞了，我陷入一种奇怪的、近乎机械的超脱状态。

** 视觉记忆（找出没出现的物体）

*** 对称认知（数字照镜子）

观察能力（找相同的图片）

<u>左脑开发</u>

计数能力（数字迷宫）

推理能力（多角度照相）

***** 分类能力（找不同）

演算能力

***** 判断是非（看图说对错）

***** 语言表达（给图片排序编故事）

***** 推理观察能力（图片排序）专项练习（14.10.05 开始）连续 4 个五星级的难度。

局部观察（碎片拼接）×3 组

推理观察（季节、时间）

细节观察（圆、十面体、发生位移的物体、不同材料的组成）

整体观察（发生位移的几何体、生物体、）

局部观察（正方形、**** 五边形的碎片拼接）

推理观察（轴对称的剪纸上色、规律格）×4 组

局部观察（**** 碎片拼接找多余）

细节观察（找相同）×5 组

推理观察（左右对称 ×2 组、拍照、从上方看、**** 贝壳、**** 迷宫）

整体观察（***** 迷宫 ×3 组）

迷宫的问题很大，反映出注意力的不足，需专项训练迷宫，进一步提升注意力。

细节观察（***** 定向迷宫）×2 组

推理观察（***** 重量、***** 高度、快慢、***** 重力、

*****制作流程、*****生活顺序）×5 组

友庆对生活的观察极度欠缺，大量基本概念不能理解。

面对连续 2 个四星和 7 个五星级的难度，友庆退缩了。

10 月 10 日晚开始，友庆屡次不认真，装傻。10 月 11 日友庆多次表现得不认真，令人发指（1.随意说出："我找到了！" 2.乱来且态度强硬）。

坚决捍卫纪律，维护"诚实、认真"的追求。恐怖的一上午，郝老师心情极度忧郁。

【2343-6】（6）

**整体观察（找相同动作）这是第一道题，友庆做错了，明明已经发现问题所在，却执意不改。

整体观察（找相同物体）

整体观察（找相同投影）

局部观察（原材料与成品）

局部观察（几何体通过）

局部观察（拼图）×2

细节观察（找同类）×2

推理观察（印章）

推理观察（鞋与鞋印）

*****整体观察（图形交叠）

整体观察（找隐藏图案）×2

*****局部观察（颜色推理）

友庆出现下列状况：1.交流障碍；2.表述含混不清；3.指向不准确；4.态度强硬拒绝动脑改进，做白痴状。

***** 局部观察（难度加大的颜色推理）

不认真，并在压力下表现出惶恐，希望能蒙混过关。

细节观察（相同的表情）

不认真。

细节观察（相同的穿着）

类比观察（找同类）×2

不认真。

整体观察（谬误）×2

整体观察（时间）

*** 局部观察（由局部知整体）

欠认真。

细节观察（不同角度的同一物体）

不认真。

细节观察（9人的不同）

推理观察（影子推理）

***** 推理观察（戴手表的人）

不认真，存侥幸心理，希望能不动脑，逃避，装傻。经过当天最后的斗争，之后那天友庆再也没有侥幸心理了。

推理观察（空白处的缺图）

*** 整体观察（迷宫 找最短路线）×3

*** 推理观察（逻辑迷宫）×2

明天开始迷宫专项训练，提升注意力，进一步培养"诚实、认真"的品格。

共 4 本教材

1726-4**　　　29 道题

1725-7***　　29 道题

1724-0****　　29 道题

1727-1*****　29 道题

迷宫专项训练非常成功，友庆的专注力大幅提升，超出了预期。

继续左脑开发

推理能力（多角度拍摄）

**** 分类能力（根据属性找不同）

吃力，但很认真，友庆第一次搜索百度。

基础能力（海底世界找不同）

***** 判断是非（谁做得对）

友庆在生活是非上的缺失令人叹为观止！

***** 语言表达（看图说话）

友庆通过看图讲故事的能力为 0，借图发挥想象的能力为 0。

***** 排序能力（按一定顺序给图片排序讲故事）

***** 词汇水平（名称接龙）

探索进入深水区,时常感觉碰壁。

***** 语言理解(通过几人间的谈话,对比排序)

超出友庆的能力

1个四星和连续5个五星级的难度。

当你凝望深渊,你会觉得深渊可怕,当你堕入深渊,你会觉得,唉,无所谓了……

计数能力(看不见的积木)

语言理解(猜谜语)很好!

*** 分类能力(找不同属性事物间的相同点)

辨别能力(是真是假)

10道题友庆居然都做对了,看来有些题就像是名胜,是用来长见识的。

** 基础能力(生活常识)

语言理解(通过文字重现场景)

*** 判断是非(找出图中哪些人的做法是不对的)

* 基础能力(原材料与物品连线)

能力在增强

演算能力(大扫除中的数学问题)

***** 推理能力(推理事物间的位置关系变化)

***** 对比能力(谁更重)

等量代换友庆一窍不通

**** 分类能力(多角度分析事物特性的迷宫)

联系能力(对应关系相同)

**** 语言表达（表情细节）

***** 语言理解（拍手）

友庆读不懂题

**** 演算能力（平均分配）

友庆理解题的能力还是软肋

***** 听觉记忆（春游找不同）

整整100字的描述，友庆差点儿崩溃

**** 语言理解（根据描述找嫌疑犯）

***** 分析能力（插花）

需要在理解规则的基础上答题，当数学与文学交织在一起，友庆就摇摇欲坠。

连续4个四星和5个五星！

训练进入绝境。

我处于极度的痛苦中，在我一生中从未有过如此的疲惫。

记忆力训练

2170-8（5）

*** 场景记忆（公园里的人，谁没有出现过）

** 场景记忆（步行街上的店铺，哪些店铺没有出现过）

* 场景记忆（大街上的交通标志，哪些标志没有出现过）

** 场景配对

图形配对（数字和字母）

图形配对（球）

图形配对(衣物)

图形配对(几何图形)

*** 图形描绘(观察图中细节在后页画出来)×16

***** 图像联想(把不相干的图片联系起来写故事)×3

***** 数字联想(数字与图案联系,用数字联想记忆法记门牌号和车号)×11

继续左脑训练之插花(艰难通过)

*** 演算能力(购物)

***** 生活常识(哪些果蔬长在树上,哪些长在地下)

友庆学会了有问题上网搜索答案。

迷宫(检验一下,完美)

推理能力(根据细节找凶手)很好!

基础能力(哪些在水中会飘起来,哪些会被磁铁吸)

但问题是友庆压根儿就没见过磁铁!

听觉记忆,太棒了!左脑训练结束!

记忆力训练最高阶段

2170-8(2)

** 场景记忆(车站)

场景记忆(动物园)

** 场景记忆(游乐场)

图形匹配(表情)

图形匹配(书皮)

图形匹配（几何图形配对）

**** 图形匹配（几何体配对）

***** 图像再现（四幅手绘）

***** 图像再现（四幅手绘）

*** 图像再现（四幅手绘）

**** 图像联想（八幅编故事）

**** 图像联想（八幅编故事）

** 图像联想（八幅编故事）

**** 图像联想（八幅编故事）

**** 数字联想（记生日）

**** 数字联想（记手机号码）

** 数字联想（记 36 位身份编号）

** 数字联想（记 6 组 7 位电话号码）

———————

贾老师："好密集的星号！发生了什么？"

叶老师："连续 7 个五星级的难度。喘不过气来！"

贾老师："友庆怎么表现的？"

叶老师："他变成了一只人形生物，它的眼神落在你的耐心里。"

第一轮基础性的训练都完成了，开始从观察、比较、辨别、记忆、创造、语言及运算这 7 个方面测评下列 15 种能力。

(1495-9-1)

计数能力　　很好！

观察能力　　很好！

** 分析能力

*** 辨别能力

***** 空间知觉能力

***** 逻辑思维能力

* 认识能力

记忆力　　　很好！

语言能力　　很好！

运算能力　　很好！

注意力　　　很好！

**** 创造力

*** 想象力

排列组合能力　　　很好！

思维转换力（译码）　很好！

通过摸底发现，友庆在空间知觉能力、逻辑思维能力、想象力与创造力这三个领域能力不足。

这三个方面，是友庆下一步能力提升的主要内容。此外，观察力与记忆力的训练还要继续。

所以，接下来的工作重点要放在培养下面的能力上：

1. 空间知觉能力

2. 逻辑思维能力

3. 想象力与创造力上

10月26日，空间知觉能力训练1732-9

10月27日，逻辑思维能力训练1733-6

10月28日、29日，想象力与创造力训练1734-3进行得非常艰难。

10月30日，观察力与记忆力训练，异常艰难。计划11月中旬去北医六院测智商。

以上是友庆的训练计划。

回首我们向上攀登的时光，那些日子显出一种清冷、梦幻般的美。这些粗略记录下来的文字将向你们展示我们的真诚和勇气，讲述我们探索途中的曲折和悲欢，下面是我在智力训练期间的训练日志。

2014.08.25

观察力训练，需要找出5处不同。友庆找到4处的时候，郝姨让他睡觉，友庆拒绝，坚持找完再睡，不一会儿他就找出了最后一处，相当不容易！长颈鹿的斑块！

高兴！洗洗睡了。

2014.08.26

让人绝望的一天。

别慌

2014.08.27

观察力训练

前天找 4 处，读不懂题，4 处找了 2 个小时。

昨天找 6 处，不会表述答案，郝姨教，6 处找了 40 分钟。

今天上午找 6 处，6 分钟。

下午找 8 处，3 分钟，表述完整，较贴切，令人惊讶的进展！

2014.08.28~2014.09.09

让人绝望的 13 天。

2014.09.10

早上 6:42，郝老师回复友庆妈邮件：

  友庆妈妈，邮件已转给叶老师。他说理解但不纵容，不能放任自流，否则友庆很难改进。叶老师每天都在帮助友庆养成说实话的习惯，事无巨细，很艰难，已初见成效。

  友庆妈妈，有对友庆这么用心的老师在帮助他，您就不要那么痛苦了，咱们能做多少就做多少吧。

友庆妈回复邮件：

  郝老师，谢谢你，我知道叶老师对友庆很用心，友庆和你们在一起我也很放心，我是有心结，这么多年，友庆的事给了我太多负面的影响，让我时常陷入无助和悲伤中无力自拔。今天是教师节，请允许我表达对你、对叶老师的感谢，感谢你们对友庆的爱心和付出，对叶老师创造性的劳动表示敬意！

贾老师："什么是无力？"

叶老师："无力的本质是无能，因为对手是命运。"

2014.09.20

昨天突然恍惚。

石膏的膏，友庆不知道怎么写，到家就查。

最近言语上有诸多经典时刻，可惜光顾着笑了，一句也没记住。

张哥见面的时候对我的教育方式有意见，认为应该让孩子自由自在的发展，而不是束缚他，惩罚他，对于批评，我始终保持三个原则：不生气、不争辩，也不改变。

2014.09.24

北医六院智力测试智商 70。

这个结果让我有点失落。

奋斗了这么久，跑了这么远的路，怎能就这么点儿收获！

我站在北医六院一楼的大厅的中央，冲远处使了一个眼色，一对"父子"入场，"儿子"骨骼清奇，万中无一，佝偻光头，行似猿猴，一进大厅，人人为之侧目，避之不及。小家伙坐在友庆对面完整演绎了 5 遍友庆在生活中的各种丑态。

这是我在北京电影制片厂门口找到的特型演员。什么是演员？就是同样的动作，常人做完，波澜不惊，他们做完，让你刻骨铭心。小家伙惟妙惟肖的表演，吸引了友庆的全部注意。

15分钟后，友庆上车，在车启动的瞬间，友庆突然大笑，说道："秃头和尚是个傻瓜，哈哈，发呆、傻笑、瞎说八道，还挖鼻屎、拔汗毛，哈哈，这个傻瓜！"

从这以后，只要一提秃头和尚，友庆就会收敛笑容，立刻改正不当的行为。

"秃头和尚"像一面镜子，让友庆照见自己。

> 友庆妈妈发来邮件（2014.09.24　17:45）：
> 　　你好郝老师，孩子爸爸下午没接上叶老师的电话，让我给叶老师打过去了。这个结果让我们很激动，也很震撼，千言万语不知该从何说起。叶老师真是高人，他的教育会让一个孩子发生这样巨大的变化，是我始料未及的，感恩上苍，感恩你们，友庆有救了！感慨！天若有情天亦老，人间正道是沧桑。

2014.09.26

友庆早上傻得一塌糊涂。

"友庆，你爸属什么的？"

"今年是马年，大家都属马。"

早上我拖鞋穿错了，友庆赶忙指出："叶叔，您应该穿那双带蓝边的。"

2014.09.27

今早友庆做完俯卧撑，一个箭步冲到书桌前复习昨天做的习题，令人惊讶！

今天平板撑 2 分 41 秒，俯卧撑 80 个。

2014.09.28

友庆从奶奶家得到一罐露露，他悄悄走到郝姨的卧室门口，小声问："郝姨，您喝露露吗？"

午饭后，我拿起友庆床上的衣服闻，爸问我闻什么，我开玩笑说闻衣服上有没有友庆的怪味。这时我看见友庆的脸上掠过一丝不快。老爸也发现了，他惊叹道："友庆开始有自尊心了，从前他根本没有反应。"我向友庆道歉。

训练题目"水缸捞球"，天赐我也！

2014.09.29

友庆今天第一次自己出去吃饭，目的地：大商新玛特的加州牛肉面，郝姨问他出发前的心情，他说："振奋不已！"

友庆第一次独自送东西去爷爷家，来去 10 公里，用时 5 小时。回来后一开门他的第一句话是"您好，叶叔，我没有被车撞死！"

2014.09.30

让人绝望的一天。

2014.10.01
友庆的口号变成了"认真、迅速"

2014.10.02
让人绝望的一天。

2014.10.03
友庆做题第一次偷看答案。很好！
"别吧唧嘴。"
"是啊，小动物可以。"
友庆第一次看着我，沿着手指的方向，把鞋放在了预定的位置上。
一道题难住了友庆整整 2 天，直到现在还没有做出来。

友庆第一次主动规划时间弹琴。

友庆第一次靠着记忆做出了自己的判断：张大爷的车号是辽 XX0598。很坚定。
友庆看见一笼子鸡，他说："这让我想起了在鸡场看见的鸡。"
在新广厦花园的院子里看见了一只金毛犬，友庆说："这只狗让我想起了爷爷在外面放狗的情景。"

2014.10.04

"这个故事讲的是什么?"郝姨问。

"仙女杀妖。"友庆说。

我的天!友庆第一次自己概括出中心思想!还这么言简意赅,不是标题!

昨天叶叔走了,他的哥哥叶大爷来了。

———————

贾老师:"叶大爷是谁?"

叶老师:"还是我。"

贾老师:"有什么区别?"

叶老师:"叶大爷没有攻击性,是个老好人。"

贾老师:"友庆意识到是同一个人了吗?"

叶老师:"他难以置信地接受了。"

贾老师:"为什么要这么做?"

叶老师:"没有叶大爷,你就不知道友庆到底从叶叔那儿学到了什么。"

贾老师:"友庆更喜欢谁?"

叶老师:"研究表明:狒狒更喜欢恶霸。"

2014.10.05

友庆在这一阶段的右脑开发中遭遇了主力部队——"规律分析"难度极高,设计图形的翻转、布局和推理。

这道题友庆做6天,终于在今天下午搞定。友庆眼里闪着激动的泪水,右手在胸前颤抖。我问他为什么这么激动,他说他做出了题感觉很感动,他想起了上次远方的爸妈来看他,他感觉很感动。

我对友庆说,过两天叶大爷要走了,家里要再来一个小叶叔,是从前的叶叔和叶大爷的弟弟。友庆惊讶地看着我,点了点头,但没问我叶大爷要去哪里。

友庆的脚步很轻很轻。

友庆读神话故事声音很优美。

晚上进行"豆的测试",明早见分晓。

2014.10.06
友庆在巨大的退步之后又出现了巨大的进步,这一切都是在今天的下午和晚上发生的。你能相信吗?

2014.10.07
友庆今天算是正式养成了复习的习惯,这个习惯的养成用了一周的时间。

下午和晚上友庆接连爆出猛词儿:我总结一下、我琢磨琢磨。

2014.10.08
事事犯傻,最经典的是"水越蒸发越多""肚子越吃越瘦"。百度"蒸发"和"消化"郝姨讲解吃饭,释然,但傻度不减,持续到午饭。郝姨已经绝望,我看到了希望。

2014.10.09

我的父亲说核桃健脑,友庆立刻就养成了按时吃核桃的习惯。

结论是核桃的作用不如努力明显。

友庆做题时不认真读题的问题很严重。

话语凝练。

训练以前:

"友庆,今天几号?"

"额,叶叔,今天是……是……今天是 10 月 9 日!(女生版娇滴滴地)"

训练以后:

"友庆今天几号?"

"9 号。"

"谢谢!"

"不客气。"

友庆能做平板撑 2 分钟,半俯卧撑 140 个。

我在友庆的面前,对比了两份锅包肉的外卖,其中一份只能称之为番茄肉片,我问友庆喜欢哪种。友庆在我的激励下做出了一个标准的俯卧撑。

上午和中午友庆一直不认真,我严厉对待,下午好转。中午闹钟和手表同时没电了。

下午智力不是问题了,可注意力又成了问题,等到注意力恢复了,态度又成了问题。可恶!智力、态度、注意力,顾此失彼!

郝老师下午教友庆用刀切水果,冒险之旅。

2014.10.10
让人绝望的一天。

2014.10.11
友庆不愿意适应新的规则,尽管他看到了"动作相同"这四个字,但他还是宁愿自己看到了"相同"而选择性地忽略"动作"二字。

大量的不认真现象出现,令人发指。坚决捍卫规矩的边界,维护"诚实、认真"的追求。

2014.10.12—2014.10.15
为期5天的"严厉打击不认真行为专项行动"落下帷幕。友庆的能力提高了一大块。在现阶段迷宫是最好的素材,加上我施加的压力,友庆的专注力和毅力极大提升,他的语言也丰富了起来。

"友庆,你喜欢中国女孩还是外国女孩?"

"我喜欢我们班的女生。"

"谁?"

"金梓。"

"你将来要生个男孩还是女孩?"

"男的。"

"要是你媳妇给你生了个女孩怎么办?"

"我想要一个小宝宝,是男的。"

"要是生了个女孩儿怎么办?"

"那我就向她表示沉痛哀悼!"

友庆认为一年就是一天重复365次,而手表是随时提醒你时间还有的是的玩具。我和友庆去大厦挑了一只卡西欧的电子表,表上的倒计时和闹钟功能是我们急需的。我让爸妈教友庆如何使用。说明书有167页。

父亲决定一项一项教给友庆。今天是第一项:倒计时的设定。父母通力合作,友庆反复练习。

这项由4个按钮,8个步骤组成的技巧,友庆整整学习了6个小时。在这6个小时里,爸妈一次次地讲解、纠正、激励,令人感动。

而最令人沮丧的是友庆在压力下的表现。当爷爷以考官的身份表情严肃地出现时,友庆忘记了本已经很熟练的操作,奶奶2个小时的心血付诸东流。当我前来验收,走到友庆近前时,友庆又再度崩溃,手足无措。

最后,友庆终于能在我的面前熟练使用倒计时功能了,时针也指向了晚上8点。我和友庆准备离开奶奶家,就在友庆穿好鞋、跨出门口的时候,他突然转过身,冲着爷爷奶奶深深地

鞠了一躬:

"谢谢爷爷奶奶!"

场面令人感动,爷爷和奶奶的脸上露出了疲惫的笑容。

2014.10.16

我们突破了迷宫。但友庆没办法说清楚自己干了什么,没法与人交流,我开始设限:如不能准确表达自己做了什么,不能准确说出汇报内容,我将置之不理。一次又一次地,友庆用他创造出来的话与我沟通,一一被拒,他在我身旁急得团团转,像一个饥饿的原始人急于用手里的陶盆交换另一个陌生部落的粮食。终于,现实的需求驱使友庆展现了创造力,奇迹出现了,还是复式句!

"叶叔,我找出~怎样帮助小奶牛~穿过迷宫的方法了!"

友庆最羡慕的行业是太监。最常出现在他脑海中的画面是"康熙上朝"。

出于好奇我问他:"如果回到古代,正赶上康熙上朝,康熙端坐在上,太监环立左右,下边是满朝文武,你最想当谁?"

友庆不假思索道:"我最想当太监。"

我赶紧带友庆百度了一下几位著名太监在影视作品中的形象,从刘瑾到《西游记》乌鸡国的坏太监再到大内总管李莲英,又看了《亮剑》里的李云龙、《秦王》中的陈道明和《英雄》中的李连杰的英姿。友庆斩钉截铁地说:"我想做一个男人,想做英雄!"

晚上教友庆打电话,为了让友庆明白他说的话没人能听得懂，我让友庆对着微信语音说一段话，再让人工智能转成文字，当友庆看见转成的文字是一派胡言时，他惊呆了。

事实胜于雄辩。如果我批评友庆，友庆可能认为是我不认同他说话的方式，可这回是微信语音翻译听不懂他的话了，他就自己一遍一遍地改，直到最后来之不易的成功。

晚上 8:40，友庆今天做最后一道迷宫题，题很难，他一次又一次想放弃，我用我的方式鼓励他，他就一次又一次地重新发起冲锋，8:50，友庆成功了！好样的友庆！

我们一起总结经验：当遇到困难时，要一次又一次地思考、行动，直到困难被克服。如果睡觉前还不能搞定，就按时睡觉，但第二天起床的第一件事就是继续克服。

友庆活得比谁都尽心尽力，因为他有着别人没有的东西——目的。

2014.10.17

友庆早上一起床就撒了两个谎。友庆现阶段的撒谎和之前有本质的不同，以前撒谎是弄不清楚状况，脱口而出，现在撒谎更像是遮掩，因为追求完美，太上进，不愿暴露真实的情况而撒谎。

友庆体内的邪恶上午开始反扑，一道题他知道什么是正确的却偏要坚持错误。我坚决镇压，友庆事后向我道歉。

上午遇到一道题，很难，他不会，让我给他讲，我问他从昨晚的题中得到了什么启示，友庆大声说："要不停地琢磨，直到胜利！"

友庆晚上状态很好，半俯卧撑180个。

2014.10.18

古人云：否极泰来。准！

友庆今天整个人发生了变化，他学会了设定卡西欧电波表的闹钟，用了20分钟，熟练掌握。

晚上我们给家里除尘，友庆闪转腾挪，对我那信息少得可怜的指令和眼神，理解得非常好，注意力也特别集中。

今天做题，友庆思路非常好，注意力非常集中，连克好几道难题。

佩服天蝎座的洞察力。中午妈给友庆包饺子，爸从外面进来，一进门，爸就看了眼友庆："我两天没见，友庆进步很大啊！"

我问："何以见得？"

爸说："看那眼神，看那动作，很灵巧，很敏捷！"

晚上友庆站在地上刷牙，突然转向我说：

"我想让人嫁给我！"

"什么？"我难以置信。

"我想让人嫁给我！"

"让谁？"

"同学。"

"谁？"

"金梓（友庆班上的一个女生）。"

2014.10.19

令人绝望的一天。

2014.10.20

直到今早,友庆没有任何好转,忘记自己的任务、忘记行动的全部要点。注意!我说的是全部忘记。

吃早饭的时候,友庆突然对我说:"叶叔,我这两天脑子昏昏沉沉的。"

上午友庆表现奇佳,我表扬了他,他很兴奋。中午吃饭以前我让他先去弹一会儿琴。

他边朝琴走去边说:"我努力的话同学就会嫁给我。"

"你说的是谁?"

"金梓。"

2014.10.21

对友庆的左脑开发进入绝境。

我转向了记忆力的训练来缓和一下尴尬的气氛。

我和友庆研制出一套新手势:右手对拇指—碰拳—握手,这个手势象征着最高的赞赏!打这儿以后,友庆只要一有了巨大的进步就会盯着我的右手。

记忆力训练直指友庆的盲点:

● 常识

人们在日常社会生活中接触到常识的机会应基本相同,但由于智力水平不同，每人所掌握的知识就有所不同。智力越高，兴趣越广泛，好奇心越强，所获得的知识就越多，常识也可以反映长时记忆的状况。

● 词汇

年龄大的人所接受的文化相对多一些；同年龄者中，智力较高者相对接受的较多；经历丰富，受教育程度高的人，接受的也多些。

● 理解

包括18个测试题，主试把每个问题呈现给被试，要求他说明每种情境。例如：如果你在路上拾到一封贴着邮票、写有地址但尚未寄出的信，你应该怎么办？

理解测验主要测量实际知识、社会适应能力和组织信息的能力，能反映被试对于社会价值观念、风俗、伦理道德是否理解和适应。

● 图片排列

友庆无法完整呈现事件顺序。如果给他一套被打乱的图片，友庆无法把图片重新排列起来，使它们成为一个有意义的故事，友庆缺乏广泛的综合分析能力、观察因果关系的能力、社会计划性、预期力和幽默感。

2014.10.22

狡猾的行为：拿走两本题，送回来一本。他的生活常识丰富了，快速记忆力大幅提升，最重要的是有问题上网搜索答案，还养成了复习的习惯。

能力的增强使友庆行为的种类越来越多；由于友庆智力的暂时限制，这些行为中的100%都是不当的，而友庆与生俱来的倔强令我哭笑不得。他的肌肉越来越发达，每次他激动地与我握手时，我都能感受到他体内涌动的原始的力量。

下面的这段对话我俩不知进行过多少回：

"叶叔，我背下来了，您看一下。"

"你愿意为这道题的错误而接受惩罚吗？"

"我愿意。"

"完全正确！"

"好的！"对拇指—碰拳—握手。

友庆今天为了完美的答案再次铤而走险，被我当场批评。我的心里其实挺高兴的，因为对友庆来说，开始钻空子体现出智力的增长，而敢钻我的空子体现了友庆对自己能力的极大信心。

就在刚才，友庆突然凑过来对我说："叶叔可以奖励我一个东西！"

"什么？"我五雷轰顶。

"叶叔可以奖励我一个东西吃。"

"为什么？"我张大了嘴问。

"因为我进步了。"

"请问您哪里进步了？"

"我的能力提高了，最近有了很大的进步！"

"那你去厨房看一下有什么好吃的吧。"

"南果梨不错。"

晚上,我注意到几个细节:

1. 我请友庆吃兰州拉面,他注意到店里的牌子歪了,就迅速扶正。

2. 我们买了点水果,往家走的时候他觉得装水果的袋子拎手太长,就停下来用手系了几个扣,问题解决了。

3. 刚开始来的时候,友庆的鞋带开了,他会置之不理;后来友庆在发现鞋带开了以后会立即蹲下把鞋带系好,不管他当时是在人头攒动的商场正门口还是马路的正中央。今天我和友庆过马路,走到马路的正中央他发现鞋带开了,对我说:"叶叔请等……"说到这里,他没把话说完,而是默默地和我走到马路对面,才对我说:"叶叔请等我一下,我的鞋带儿开了。"说完蹲在一旁系鞋带。

到家后我表扬了他,友庆马上说:"叶叔可以请我去小时候或者桃园新村或者满庭芳吃饭,额……李连贵熏肉大饼也行。"

我汗!

2014.10.23

今天给友庆配了新的眼镜,右眼 250 度,左眼 230 度,70 度散光。他说:"眼前又明亮起来了。"

回家的路上友庆建议我奖励他一碗粥,我转过身,看他脸上的神情,发现友庆的脸色很平静,甚至是坚定。我这才想起昨天还没有满足他，我同意了，并对他说："友庆，只要你认为是对的，就永远不要害怕坚持自己的立场。"友庆听到后很高兴。中午去粥铺，里面有41种粥，友庆仔细浏览了菜谱，最后选中了"大米粥"！你能相信吗？！我告诉友庆出来吃饭要点一些家里做不了的，最后我们点了桂圆山药粥和小米红糖大枣粥，又点了各种蔬菜和肉，饭后友庆说："中午吃得很开心！"

今天是我和友庆的第一个和谐日。和谐日就是没有冲突，没有惩罚，和谐宁静，风景如画，也就是很不真实的一天。

友庆今天很努力。随着他能力的提升，理解力的增强，我俩之间的配合也越来越默契，一个稍纵即逝的眼神、一个似是而非的动作，友庆都能理解其中的内涵。我用眼神一指窗台，他就将上面的两片落叶捡走了；我用钥匙一开门，他就迅速将门拉开；我在路上思考着脑海中的问题，他早就在前方的门口冲我微笑，胳臂已经挑起了门帘，他的身后这时往往站着几个成年人，正愤怒地瞪着将他们挡在一边的友庆，在场的所有人都会认为我是这个恶棍的领导，不过这个负责开路的小子相貌和衣着实在太帅。而我只需要看友庆一眼就知道他在想什么，我甚至能感受到他的悲伤、喜悦和感动。无论如何，学生的进步是教师苦干的结果。他就像是我的家人，成了整个家族的一部分。父亲下午来看友庆，带来了母亲给友庆做的红烧肉和八宝粥。

2014.10.24

早上侦查：我不在时的友庆。（编号：YP141024-001）

以"脏碗"事件为契机，开始培养友庆检查的习惯。

最近一阶段培养友庆复习的习惯初见成效。

晚上吃饭时友庆坚持要一瓶啤酒，还指名要"雪花纯生"，我问他"非得喝吗？"

"一定要喝。"

"为什么呢？"

"今天高兴。"

"你妈生日是几月几号？"

"2月16日。"

晚上吃完饭散步，友庆突然走在了我的前面（之前从来没有过），然后一回头，冲我一笑。

友庆对今天的自己很满意。

2014.10.25

友庆的惊人之语大爆发。

"现在几点了，友庆？"

"11点15了。"

"饿了吗？"

"饿了。"

"你是到吃饭时间就饿啊！"

"是啊。"

"我怎么不饿呢？"

"嗯？"

"友庆，叶叔最近怎么不饿呢？"

"叶叔您是怎么搞的不饿啊？"

"叶叔可能是病了。"

"您为什么病了？"

"可能是被一个坏蛋给气的吧。"

"被一个坏蛋气的……"

"你知道那个坏蛋是谁吗？"

"知道，是友庆……"（友庆只发出了一个声母）

"是谁？"

"是我。"

"他是哪儿的人？"

"山西省太原市的。"

"他什么毛病？"

"他有时不诚实、不努力、不认真、不冷静。把叶叔给气死了。"

"什么？气死了？"

"叶叔没死。"

"那你怎么说气死了？"

"是气坏了。"

复习的习惯已经深深扎根在友庆的心中。即使我故意干扰也无济于事。很好！

友庆今天做出来了一道伟大的题,这道题的成功解答标志着友庆的逻辑思维有了质的提升。

友庆晚上吃得很愉快,一大碗黑米粥和酸菜炖排骨,还是坚持要来一瓶啤酒,又被我挡住了。

2014.10.26
友庆被动热早餐。
"友庆,我发现你睡觉喜欢一个人睡。"
"是啊。"
"两个人不行吗?"
"不行。"
"为什么?"
"不喜欢两个人睡!"
"跟谁都不行吗?"
"跟谁都不行!"
"咱俩今晚一起睡!"
"不行!不行!我今晚自己睡!"
"那你以后可怎么办?"
"以后?"
"你不是想生个男孩儿吗?"
"嗯,生个男宝宝。"
"你一个男人总自己睡,能生出宝宝吗?"

"那我不要宝宝了。"

"什么?"

"不要宝宝,我自己睡!"

"那不是不孝了吗?怎么能不要孩子呢?"

"是不孝了。"

"那能总一个人睡吗?以后结婚了不得两个人一起睡吗?"

"是要两个人睡,跟女人睡。"

"什么?跟女人睡?那叫跟自己媳妇睡。"

"等结了婚我要和媳妇睡!"(友庆突然很激动)

"能做到吗?"

"能。"

晚上加项:晚自习1小时。今天完成了40道空间知觉能力的练习题(1732-9),友庆的进步很大。明天进行逻辑思维能力训练。

2014.10.27

友庆95%以上的训练题都是靠他自己顿悟完成的,我不会先讲一道例题再让他往上套,而是先让他做,不会了再努力,再不会了再琢磨,再不会了再琢磨,直到睡觉,一觉醒来第一件事就是再琢磨,直到问题解决。

对解决来说,策略不是最主要的,相信能解决才是最主要的。

2014.10.28

上午做创造力和想象力训练,我让友庆把他画的一个图上多余的部分擦掉,而橡皮在我这里,友庆呆呆地坐在那里,我就是不吭声;过了5分钟,友庆把本递给我,我问他怎么没改,他开始问:

"我可以到您那里拿橡皮吗?"

"当然可以,有需要就说出来。"

这让我想起之前的一件事:

10月24日,盘锦降温,我问友庆晚上冷不冷,友庆马上说不冷。

25日,调查展开。凌晨友庆冻醒之后,穿上了全套的户外装备又钻进被窝,早上4:35起床。起床后,我问他昨晚睡得怎么样,他说很好,问他昨晚睡觉冷不冷,友庆犹豫了一下说不冷。

25日晚,我对友庆说今晚继续降温,友庆脸白了,我问他用不用换厚被,友庆犹豫了:"额……额……用不用……额……用换厚被!"

我告诉他有需求是很正常的事情,要敢于讲出来,要及时讲出来!然后让他主动找我再说一遍这件事。不一会儿,友庆来到我身边,对我说:

"叶叔,我晚上睡觉有点冷,能给我换一个厚点的被吗?"我拥抱了他,还表扬他晚上冻醒后下床穿衣服所展现出来的行动力。

前晚我父母家洗手间漏水,需要重新装修,昨天我问友庆愿不愿意去帮忙,友庆说愿意去吃饭但不愿意去帮忙,马上教育,疗效显著。

教育的方式嘛,呵呵,不停地学他说:"我愿意去吃饭,不愿意去帮忙。"说十遍,炎黄子孙,伦理道德不用教,一启就发。

中午去"小时候2013"餐厅吃饭,途中等红灯的时候我问友庆:

"学挖掘机驾驶哪家强?"

"中国山东找蓝翔!"

"机动车修理哪家强?"

"就去山西太原鸿达挖掘机学校!"

"好奇怪!那学烹饪哪家强?"

"河北保定武振汽车专修学校!"

"学烹饪到汽车专修学校?"

"嗯!"

"学说谎哪家强?"

"学说谎我家强!"

"什么?谁家?谁强?"

"我强!"

"哈哈!你强吗?"

"我强!"

"学习不努力哪家强?"

"我家强!"

"不努力和说谎你现在还擅长吗?"

"不擅长了！"

"学做人哪家强？"

"盘锦强！"

"学做事哪家强？"

"叶叔家强！"

"哈哈哈，友庆，你这几句话说得叶叔都不好意思了啊！"

"男人最可贵的品质是什么？"

"是认真、是诚实、是努力、是冷静！"友庆娇滴滴地说，失败！

2014.10.29

从今天起，友庆每天要给我讲一个笑话，而第三阶段的教材也在脑海中形成。

"友庆啊，还写呐，呲（吃）不呲饭了？"

"呲（吃），马上。"友庆的脸上带着笑。

"是不是觉得这样说话很搞笑？"

"是很搞笑！"

友庆今天晚上过得很开心，居然从台阶上笑着蹦了下来！我在写这篇日志的时候，他居然破天荒地给我拿来了袜套！

友庆今晚异常活跃，自己动手剪掉了新衣裤上的标签，上次还不会呢！

他的大脑也在计划着一件又一件事，但由于心急，总是这件事没做完就急着做下一件事，顾此失彼！我好言安慰，要他冷静。

友庆会用电饭煲热饭菜了。

2014.10.30~2014.11.04
让人绝望的 6 天。

2014.11.05
友庆在思维连贯性上取得了重大进展。

2014.11.06
"明天立冬了。"友庆这话里有我不知道的信息,第一次。
晚上散步时我问友庆:"你还喜欢当太监吗?"
"不喜欢了!"
"为什么?"
"割了那儿就没法娶媳妇儿了!"

2014.11.07~2014.11.11
让人绝望的 5 天。

2014.11.12
友庆和爸爸互发微信。
"儿子,爸爸在国外学习,不能去看你了,回去带巧克力给你,下次陪你。"
"爸,您去斯坦福学了多长时间了?我很想您,您要多保重身体!"

"我下个月回国,谢谢儿子!"

"好的,爸,到时再见面。"

友庆在 5 个月前刚来到我身边时,一天,我正在读友庆爸在友庆 14 岁的时候写给他的一封信。

亲爱的孩子:

当你跨过十四岁、成为一个少年时,我觉得有些话需要跟你交流了,希望你多了解一些以前未曾想过的事:

每个孩子都是上天赐予的礼物,做父母的都应该珍惜。你虽然不太会与人交流,但你很善良;你虽然课业不太好,但你坚持学习不放弃,京剧唱得挺好,字也写得不错。大家都相信你是个聪明的孩子,只是你还沉浸在自己的孩童世界而不愿长大。

作为父亲,批评得多一些,指出你需要改正的地方,你可能对我有距离感,不过没有关系,等你再长大一些就会理解:这是男人之间的关爱表达,不过我会注意改进。

妈妈是我所知道的最好的母亲,她为你付出得实在太多了。作为一个教授,她有大量的科研教学任务,为了你,很多时候她都选择了放弃,几乎没有了自己的生活。每天给你做你爱吃的饭菜,每晚陪你做作业,每个假期都带你去旅游(为让你长见识、开眼界,国内许多省市都留下了你们的足迹,你也的确学到了很多),全身心地付出也赢得了你对妈妈的爱,应该这样,记住这份爱、保存好这份爱。

其实,姥姥、姥爷、爷爷、奶奶、大妈以及你的老师们也都是爱你的，还有你的同学，都为你付出了许多，给了你特别的关心，孩子，这都是财富啊，有了这些生活中的阳光，你会感到快乐，感到幸福。

跟你说这些，是想让你懂得体会与珍惜，品味爱的氛围，同样，"你是幸福的，我们就是快乐的"。

芸芸众生，每个人都会走自己的路，只要你自己喜欢就可以了。能够快乐，能够自立，懂得感恩，懂得关爱，融入社会，和谐相处，这就是我们对你的期望。

我们相信，你是个好孩子，长大也一定能成为一个好人。

父亲

信读到一半，一旁友庆突然精神失控，大喊大叫，不由分说将电脑关掉，我问他为什么这样，友庆说：

"我恨爸爸，爸爸对我严厉，爸爸曾经用拳头捣我的胸，用脚踢我的屁股。"

后来在不断地开导下，友庆修复了和父亲的关系，尤其是两年后，当友庆找到了"全心全意为人民服务"这个人生目标后，更是和"一心为公"的父亲产生了共鸣，看他每次回老家，用忐忑的心和尊敬的态度与父亲握手，我和友庆妈在一旁都感到很幸福。

2014.11.17

北医六院智力测试结果：IQ108。

友庆妈发来信息：

叶老师，我不知该如何表达内心的感激之情，大恩不言谢，一切都在心里。这些年因为友庆不知心碎过多少次，遭过多少白眼，可是内心一直没有放弃，冥冥之中总感觉这孩子一定会好起来，所以最终遇到了你。我想你一定能行，友庆一定有救。

　　贾老师："这段时间的训练，您觉得最宝贵的收获是什么？"
　　叶老师："用进废退，这就是大脑的格言，无论他是谁。"
　　贾老师："您怎么看待自己创造的奇迹？"
　　叶老师："地平线之上仅有三种力量能征服人心，它们是：奇迹！奇迹！奇迹！而你必须拼尽全力，才能看上去毫不费力。"
　　贾老师："这四个月您就干了这一件事？"
　　叶老师："是。"
　　贾老师："那生活中其他的事怎么办？"
　　叶老师："按这个原则办：与我无关，与你无关。"
　　贾老师："相信您也付出了代价吧。"
　　叶老师："是的，教学相长。在和友庆过了四个月封闭的生活后，我和妻子开始慢慢地、试探性地重新熟悉对方。
　　我的语言能力退化，看着楼上比我晚出生两个月的邻居，我竟脱口而出：'有时间到叶叔家来玩！'"

附录 2
训练很重要
但那只是故事的一半

自立之旅第一阶段　第158天—第469天　计311天

严格遵守四项原则：
1. 同一切不正确的思想和行为做坚持不懈的斗争。
2. 不断制造来之不易的成功。
3. 成为榜样。因为榜样的力量是无穷的。
4. 用两种东西改变人：劳动和评价。

一个规则：
对了奖励，错了惩罚。
四项训练：
注意力训练、体能训练、形体训练和执行力训练。

我和友庆置身于北京这混凝土的丛林，我们没有浪费时间，总是直奔各种能带给我们启发的人，这是因为我们的手里有一个秘密武器——"北大清华讲座"公众号。这个公众号将一个极具魅力的文化之都展示在我和友庆面前。

2015.01.01
"爸，我听妈说您在单位值夜班，我要像您一样工作认真，兢兢业业！"
"好啊，儿子，节日快乐，你也要向叶叔郝姨祝贺节日！"
"好的！"

2015.01.04

友庆的反应越来越快了。

"友庆,你太自律了!"

"叶叔,我自己约束自己!"

2015.01.06

今天学习郑钧的《回到拉萨》,里面有一句歌词:不必为明天愁也不必为今天忧,我问友庆:

"友庆,这句歌词是什么意思?"

"不必为明天发愁,也不必为今天担忧!"

2015.01.11

友庆今天自己给电子表充电。

我问友庆:"你怎么充电?"

"明天早上让阳光晒一晒。"

上午教友庆按车里的中控钮,友庆学得很认真,但在实际操作中,上来就按错了,我问他为什么会按错,友庆说:

"我在玩。"

昨晚友庆做梦了!他梦见的第一个人竟然是乐乐!

多年来有风吹草动就醒的习惯成就了这一经典时刻,用单田芳老师的话说就是:"正睡着觉呢,耳轮中就听见友庆在梦中来了句:乐乐姐姐!"

早上我不动声色地问友庆：

"友庆，你昨晚做梦了吗？"

"啊……咦……唔……我做梦了！"

"你梦见什么了？"

"我梦见您了！"友庆用他扭曲的食指指着我，脸上带着谄媚的笑。

"你梦见谁了？"我厉声问。

"我梦见……"友庆收敛了笑容。

"实话实说。"

"呃……我梦见乐乐姐姐了！乐乐姐姐！"友庆轻松地笑着说。

"梦见她在做什么？"

"我想想，想想。"友庆仔细地想。

"叶叔，我记不清了。"友庆认真地说。

"你之前做过梦吗？"

"之前……"

"你从前做过梦吗？"

"没做过，从前没做过。"

"没做过？哪有人从小到大没做过梦的！"

"没做过，真没做过。"

"真的吗？你要诚实！"

"真的。"

"也就是说，这是你第一次做梦喽。"

"是的。"

贾老师："友庆竟然会谄媚地笑！"

叶老师："我们还没有进化成人类之前，就已经有几百万年追求地位和趋炎附势的经验了。"

2015.01.12

今天在我们去巴沟山水园健身之后，在公寓楼下过单元门时，发现平时紧闭的单元门是开着的。友庆没有像从前一样，机械地拿出卡包，抽出门禁卡，按部就班地刷在读卡器上，然后手假装握住门把手，使劲推开一扇并不存在的门，而是站在一旁，让我先进，他随后进入。友庆身上的一大弱点就是行为不能迅速适应变化，生活中这样因时制宜、因地制宜的情况是越来越多了。

2015.01.13

友庆问我：

"叶叔，您为什么流泪悲伤？"

"叶叔刚才打哈欠了。"

友庆开始关心人了，好温暖！

晚上睡觉前我让友庆去检查门锁没锁，友庆纹丝没动，看了一眼门，对我说：

"叶叔，门锁了！"

"你怎么知道的?"

"门如果锁了,门与门框之间有两个白点。如果没锁,就只有一个白点!"友庆的脸上带着自信的笑。

观察细致!我伸出大拇指,但一股悔意涌上心头!之前类似的进步还有好几次,但每次都是正忙,来不及记下,以为晚上能想得起来;等晚上坐在桌前,便哑然若失。此情可待成追忆,只是晚上已惘然!

下回就得不由分说地用手机录音录像记录下来那瞬间的情境,管他什么场合,友庆为大!

2015.01.14

上午我和友庆看了金一南将军的演讲,我问友庆看完以后有什么感觉,友庆大声说:"振奋不已!"

友庆吃完饭就开始干活,挡都挡不住,太有服务意识了!

下午活动结束后,高德导航里的女人开始说胡话了,友庆很激动,说道:

"这女人很傻!"友庆的脸上带着鄙视的表情说道。

2015.01.15

今天发生了一件大事。

中午送餐员敲门,他迟到了20分钟。平时一向温文尔雅的友庆一个箭步窜到门口,冲着来人说道:

"您是怎么搞的!您怎么才来?您怎么做事这么不认真?

这都几点了！"边说边用兰花指指着那个可怜人，然后又指指自己的手表。送餐员完全蒙了，吓得连连倒退，我也震惊了，赶紧跑过去安抚，关上门之后友庆仍余怒未消地说："太不认真了！"

中午友庆给我按腿，我夸他按得不错，友庆笑着说："谢谢，您过奖了！"这话吓我一跳，他竟会这么说！

晚上友庆帮我把衣服晾起来了，是主动干的，干完都没吱声。我发现以后问友庆这么做是做好事不留名还是不由自主地挂起来的，友庆说是做好事不留名。

2015.01.16

友庆现在已经养成不懂就问的习惯了，我甚感欣慰！他郝姨在其中起了非常大的作用。

今晚友庆又说梦话了，听不清说的是什么，反正很激烈。

2015.01.17

家里的灯泡坏了，我卸下了一只，让友庆到超市去买。友庆没有带走样品，凭着记忆开赴超市，走的时候很自信。半个小时以后，友庆回来了，灯泡往桌子上一放，发现问题了：灯口分粗细，家里是粗的，他买的是细的。友庆带着样泡返回超市退货再买，半个小时以后回来了，又发现问题了：灯泡分瓦数，家里用60瓦的，买回来的是40瓦的，不仔细看看不出差别，细看40瓦的小一圈，我又让他看了亮度的不同。友庆怒了！自言自语道：

"就是不认真！就是不认真！"

今天这一幕是一个很好的训练，友庆意识到了细微的差别造成了事物间多大的不同！

买回来4只灯泡，但小票上只结了3只的款，而且多出的一只无包装，友庆意识到自己的不当得利，低下了头。

最近友庆的情况很低迷，经常像是刚来到我身边时那样，整日昏昏沉沉！但心中也不免暗喜，因为根据以往的经验，只要是这个阶段过去了，友庆就会进步一块，并展现出新的能力，但这次又要多久呢？友庆各种指标都急剧下降，让人有些喘不过气，不知道这种灰色的日子要持续多久。

下午我和友庆看到了一个研究所归纳的友庆这类儿童和普通儿童的区别图，比如搞不清人称、不分你我、与人不对视、不与人玩耍、喜欢看旋转的东西、做事机械无灵活性、言语能力发育迟滞、喜欢观察简单重复的物件等等，友庆说这几点他身上都有，他很受触动。

友庆给爸妈写了一封信，从这封信上能看出友庆思维发展的进步，但这封信也有一些问题，可我没有帮他指出来，我怕伤害了他的创造力。我想慢慢来，先让他畅所欲言。我把这封信原封不动地呈现给友庆的爸妈。

前些天，北医六院的王力芳医生给了很多好的建议，比如在友庆和他妈妈聊天的时候，让我在一旁不断地帮助友庆理解和展开话题，让友庆和他妈妈做一些更有深度的沟通。

2015.01.19

上午去北大参加活动，我着急走，而友庆在烧水，我说友庆动作快，咱们赶紧走，但友庆并没有马上跟着我离开房间，而是让我等一下，说等水烧开了再走。

这看起来是一件小事，实际上却是友庆判断力极大提升的标志性事件：

友庆在有压力的环境下，面对两种规则，做出了自己的判断。规则一：叶叔说马上走；规则二：家里有规矩：离开家以前，关闭所有电器。

2015.01.20

友庆早上和我一起吃自助餐的时候，主动给我递过来一杯橙汁。友庆的这种善举越来越多！

开车的时候，我问友庆："你觉得你爸妈是靠什么取得成功的？"友庆说了两个字："认真！"

友庆登上了梦想之船，迫不及待地给爸爸打了个电话，心情非常激动。

2015.01.21

我迷失在望京这个没有正南正北的次元里了！第一次到这个城市综合体中，四周广厦林立，连靠看太阳辨别方位都不可能，走的时候着急，车位号也忘记了，正懵着呢，我看了一眼友庆，试探地问了一下身旁的这位神娃：

"友庆,哪边是北?"友庆伸出了他扭曲的食指指了一下。

"你确定吗?"

"我确定!"

"真的假的?"

"真的!"

我索性不懂就问了:"友庆,咱们的车停哪儿了?"

"叶叔,请跟我来!"

我跟着友庆换乘了两次电梯,穿过了各种门,来到了车旁,神了!地库信号很差,手机导航失灵,我再次问友庆哪边是北,友庆又伸出了他扭曲的食指,指的方向和导航一样。难以置信!

2015.01.22

友庆居然能听懂别人的暗示了!

他刚才要弹琴,我只说了一句话:

"22点24分了。"

友庆想了一下,就收起了琴谱。

友庆今天已经能够从遥远的北京东部CBD乘地铁回西北部的家了,了不起的进步!

2015.01.23

我带友庆到中央党校听教授讲党课,中央党校门口的巨石上镌刻着校训:

实 事 求 是

突然，友庆指着巨石的背面激动地对我说：

"叶叔，你看，'为人民服务'。"

2015.01.25

现在是早上 4:30，就在刚才，在一片漆黑中我突然问了一句话："你爸昨天的信里写了什么？"

"儿子，你还记得爸的生日，爸很感动；叶叔教我怎么做，我就跟着您学！珍惜和叶叔在一起的每--天！"黑暗中房间另一边的家伙答道。

上午出门，我给了保安一根烟，就在烟掏出来的那一刻，友庆念叨着："如果你总给别人带来好处，那你就永远不可或缺！"

友庆见到了王雪纯阿姨，友庆能完整讲述的第一个故事就是王阿姨翻译的《一只小狼和三只大坏猪》。

晚上，我带友庆来到钓鱼台国宾馆会客。

2015.01.29

上午要出门了，友庆来到我身边对我说："叶叔，麻烦您让一下好吗？我想给我的皮鞋擦油！"这话一气呵成，说得我眼前一亮！

2015.01.30

友庆之前和双安商场 JIMI 美发的洗头小妹聊 high 了，缠着人家给他理发，弄得大家很尴尬，回家我和友庆简单说了下。

昨天我和友庆又去 JIMI 理发。友庆这回倒是一句错话也没说，但他做得比较极端：人家和他说话，他就把食指放在嘴边，做出"嘘"的姿势。汗！

傍晚我带友庆到中央电视塔参观。

2015.01.31

友庆昨晚和王雪纯阿姨聊完以后，出现了一个新的行为：就是像小男孩儿一样跳着走路！

友庆的观察力有提升，刚才就在友庆掏出门禁卡准备刷卡按楼层键的时候，他停住了，把卡揣回兜里。我问他为什么不刷卡，友庆说：

"叶叔，这个电梯坏了，可以直接按钮！"

"你是怎么知道的？"

"您看，刷卡区的小红灯没亮！"说完直接按了楼层键，电梯上升。

友庆这观察力令我刮目相看！我把家里的钥匙递给他，让他开门。友庆颤抖着接过钥匙，打开了房门，然后像我那样，伴随着一声脆响，把钥匙扔进了钥匙盘里。

友庆很激动，因为他明白，钥匙是房屋主人的象征。

晚上，友庆在我和他郝姨的通话中听说友庆妈本来出差来京准备和友庆见上一面，但听说友庆状态欠佳便打道回府的消息后，友庆坐在沙发上用山西口音来了句："怎么还不来呀！"

郝姨和乐乐姐姐夸友庆进步了，友庆说道："谢谢郝姨，谢谢乐乐姐姐，郝姨加油，乐乐姐姐加油！"语言好丰富！

友庆今天下午在国家图书馆听课居然记住东西了！太出乎我的意料了！

候鸟不感冒，我感冒，我让友庆自己到万柳华联去买药，居然成功了！

2015.02.01

友庆现在越来越厉害了，去过的单位甚至是路过的单位，我一指那栋建筑，他立刻就能说出名字。

友庆说话也越来越有自己的风格了，刚才他在一旁说：

"妈16号过生日。"

"你确定是16号？"我问道。

"对~~"

友庆语重心长地说道。

2015.02.02

友庆有了推理能力。刚才坐电梯下楼，我问友庆我们是到几层，友庆想了一下，笑着说：

"到地下二层！"

"为什么不是地上一层呢？"

"因为我们拿保温杯了，说明我们要开车走！"

我洗完车后问友庆："我们下一步去干什么？"

"加油!"

"你是怎么知道的?"

"刚才您说一会儿要洗车,叶叔每次洗完车都顺路加油!"

友庆下午俯卧撑做得特别努力,咔咔咔咔……

2015.02.04

友庆居然暗中记住了停车位的号码!我说他怎么总能找到车位!

"友庆,车停在哪里了?"

"B3 W1 241"

刚才在车里我突然问友庆:

"你儿子叫什么名?"

"我的儿子?"

"是,你儿子以后起什么名?"

"叶叔,我没想过!"

"你想一下。"

"好的。额……我儿子以后叫王 zhi。"

"王 zhi?哪个 zhi?"

"智慧的智!"

"这就是你给起的名呗。"

"是。"

"这名是什么时候想的?"

"叶叔刚才问我之后。"

"那就是现场起的喽!"

"是。"

"为什么起名叫王智?"

"因为我希望我儿子不是像我一样,我希望我儿子有智慧!"友庆激动地说。

"你要是生了个女儿你给她起什么名?"

"叫王 yi。"

"哪个 yi?"

"文艺的艺!"

"为什么?"

"因为我希望她会各种文艺。"

友庆,叶叔服你了!

2015.02.07

友庆第一次非常警觉,听到身后有异常的响动,马上回头去看,不再像以前那样木讷,对周围的一切都无动于衷。

2015.02.09

友庆能听懂弦外之音了!

友庆刚才咳出了一口痰,然后对我说:

"叶叔,我有痰,给我张纸好吗?"

我给他递过去一张面巾纸,他把痰吐在上面。然后问我:

"垃圾桶在哪里啊?"

"我给你拿来啊？"我说。

友庆的鼻孔张了一下，说道：

"不用，我还是自己去吧。"

2015.02.10

友庆现在和我的交流越来越深，他也越来越意识到自己问题的严重性，他开始着急上火了，我能感觉到。我有些心疼，但这是好事，我的职责就是让友庆在认识世界的过程中认识自己，看清生活的本来面目并热爱她。

我们的小公寓空间紧凑，友庆下午居然把走廊的纸袋竖着排好以节省空间！好样的！

友庆晚上倒了杯开水放在鼻口，我问他在干什么，友庆说在熏鼻子，这样舒服。

2015.02.11

今天是小年，亲朋好友聚在一起，席间谈起"延安五老"，这是中共中央驻于延安时，对徐特立、吴玉章、谢觉哉、董必武和林伯渠这五位德高望重的老同志的尊称，友庆很感兴趣。

想起去年我去看望谢老的夫人王定国奶奶，她已102岁高龄，她对我说自己是1933年参加革命的，我立刻想到那一年我的太爷爷应该正年轻，我很好奇他有没有想过加入共产党，有没有为劳苦大众的解放做过什么。

2015.02.13

友庆今天给友庆妈回短信的时候居然写道：

感谢爸妈对我的疼爱与照顾！

他写到这一段的时候情绪激动，甚至有些哽咽！

就在刚才突然出现了极其令人意外的一幕：友庆妈发来短信嘱咐友庆不要重复别人的话等等，友庆正在吃饭，我读给他听，读完之后不由自主地冲着他一飞眼，意思是你都听到了吧，令人意想不到的是，友庆居然也冲我一飞眼，那眼神在告诉我：

听到了，理解了，我先吃饭，饭后再说！

哈哈！这种默契好爽！有如挚友在身旁！

2015.02.14

刚才在车里听到一首歌唱道：

"What do you want from me？"

我就教友庆这句话的意思是"你想从我这里得到什么？"

"那友庆，你想从叶叔这里得到什么？"我随口一问。

"尊重！"友庆脱口而出。

我后背发麻，想不到他说出这句话！

"想从我这儿得到尊重就得努力！"

"好的！"友庆坚定地说。

2015.02.15

我和友庆考察了一个月，写出了《调查报告》，今天转给炳林哥帮我改一改。

2015.02.20

友庆今天吃饭的时候着急喝山楂汁,他郝姨把饮料递给友庆,友庆捧着山楂汁突然说道:"我先把饮料给郝姨喝,然后我再喝。"

在大连的家里,友庆有吃的东西也先给老人们吃。

友庆看见郝姨给她的母亲做腿部按摩,笑得前仰后合。

使人深深震撼、战栗的某种东西,突然以某种不可言说的准确和精细变得可见可闻。

一个灵感来了。

———————

贾老师:"什么灵感来了?"

叶老师:"我觉得友庆最后从事的工作有可能是养老服务业。"

中午友庆正在聚精会神地吃饭,郝姨告诉友庆吃完饭以后帮她拿个东西,友庆立刻说道:"我先给郝姨拿东西!"

友庆做事越来越主动。晚上我发现酒店的马桶有问题,就小声说了句:"马桶有问题!"话音刚落,友庆就跑过来,站在马桶旁边,看着我,要我教他怎么修。

吃饭的时候,友庆的一只鼻孔流出了鼻涕,我让友庆去把鼻涕擤干净。

"不去不去"友庆连连摇头道。

"你去把鼻涕擤一下。"

"不去不去，我没有鼻涕。"

"你看你的鼻涕都流出来了，还说没有鼻涕？"

"我不想去。"

"友庆，你赶紧去把鼻涕擤了！"

友庆无奈地站起身，拿起一张餐巾纸，捂在鼻子上。正要擤，我制止他，要他到卫生间去擤，友庆无奈地往洗手间走，边走边说道："不擤也得擤！"

2015.02.21

早上洗头，听见友庆让水哗哗地流了半天也没开始洗，我过去一看，友庆正在一点一点地拧着阀门，认真地调着水温，我上前一试，水温正好，好样的友庆！之前友庆从来没有过这样的行为，他洗头时的水温不是冷得冻手就是热得冒热气，况且最难得的是，这家酒店是分体式阀门，不是家里那种通过左右拧一个开关来控制冷热水的阀门，奖励果汁一瓶！

2015.02.22

之前，只要有人提起过年回山西探亲他就拼命地摇头，情绪激动，说什么也不肯回去，但在2015年农历新年和亲朋相聚的日子里，友庆实在是过得很开心，在返程的飞机上，郝姨问他：

"友庆啊，回家是不是很高兴？"

"高兴！"友庆脸上洋溢着笑。

"那你在回山西之前还直摇头，不愿意回家。以后在没做一件事之前还能不能直接拒绝啊？"

"不能了，以后再说回家过年可不说不回去了。"友庆认真地说。

2015.02.23

友庆在老家收获很多，友庆妈做得非常好，与友庆的互动恰到好处，提的问题很深入；友庆还展现了对父亲的关心；夜里友庆还主动帮助走路有些摇晃的叶叔回酒店。

家里人浓浓的亲情又给友庆巨大的鼓舞。从老家回来以后，友庆革命热情空前高涨，只要一有事就是"我来！""我去干！"什么力所能及的事他都抢着干，整天风风火火的。

他的学习意识也是如此，每当我们操作电脑和手机，友庆就会凑过来，脖子探得很长，凑过来看我们的操作和屏幕上的内容。

友庆居然在今天晚些时候利用学习的间歇时间刷了个牙！这是他第一次用统筹方法管理时间！

2015.02.24

友庆刚刚徒手换了灯泡！

我让友庆去帮我把手机拿来，告诉他应该在游戏房，结果没有，友庆并没有因此而停下来，他接着去了我的卧室、充电站，甚至冒着被批评的危险点亮了家里所有的灯，最后在餐厅的桌子上找到了已经被设置为静音的手机。

接下来是说教：

"友庆，你说对于一个男人，最重要的事是什么？"

"把自己的事干好！"

晚上我们一起看第87届奥斯卡金像奖最佳影片奖获奖影片《鸟人》，片中有两位女士在接吻，友庆说道："这样不好！"

"为什么不好"我问。

"这样不卫生！"友庆说。

2015.02.26

从昨天开始，友庆进入恍惚的状态，他好像耗尽了所有的心力，做事完全不在状态，连过马路的要领都忘了。但今天神奇的是，在过马路的时候，友庆夸张地把头探出去，故意让我看到他已经再次掌握了要领。

友庆在下午锻炼的时候展现了他的从容。他第一次从容不迫地把纸从兜里掏出来，放在嘴前，把痰吐在里边，而重点是整个过程中他的眼睛一直在看着前方！这说明在这一刻，友庆的能力已经足以应付现在，而他的大脑正在考虑未来。

2015.02.27

晚上看奥斯卡金奖片《雨人》。

就在刚才,车的后座上传来了一个不易察觉的异响,坐在副驾驶的友庆立刻回头查找原因。

2015.02.28

从今天早上 8:00 开始,我让友庆每半个小时问我一个生活中的"为什么",以进一步提升他对生活的观察。

友庆的第一个问题是:"叶叔今天早上为什么没吃早饭?"

叶老师:"叶叔早饭的时间用来纠正你在早晨洗漱中出现的问题上了。"

经过侦查发现,友庆每天早上起床后,都会穿上秋衣再穿上衬衫,擦好眼镜,拿着毛巾,进入洗手间,把门关上,然后脱掉衬衫,再脱掉秋衣,赤裸上身,摘下眼镜,放在洗手盆旁,开始洗头,洗完头以后,戴上眼镜,照镜子,这时就会发现眼镜的镜片在洗头的时候被溅得都是水,再擦眼镜,擦好以后照镜子,发现脸没洗,再摘下眼镜洗脸,洗完脸以后,发现眼镜上又溅上水了,又擦眼镜,擦完眼镜之后照镜子,照完开始上厕所,上完以后,在臭味中开始刷牙,刷完牙之后,在满是水汽的镜子前梳头,梳完头穿上秋衣,再穿上衬衫,穿好后再清理洗手间的地面,整个过程需要近一小时的时间。

炳林哥回复了,整理后的标题改为《关于完善我国特殊儿童诊疗、康复和教育体系的提案》。

2015.03.01

昨晚下雪了，友庆今天上车时先一屁股坐了进来，把脚伸在外面，主动把脚上的雪磕掉了，这个行为令我刮目相看！

友庆今天看完小人书《杨三姐告状》，我问他书中细节，没想到友庆竟然能复述出杨三姐是谁、是哪里人、告的是谁、结果是怎么样的，这是友庆第二次能叙述出一个完整的故事。

2015.03.03

今天是我母亲的生日，大家齐聚一堂，屋里灯火通明，我们刚一落座，友庆突然站起来跑了出去！大家都很惊讶，忽然屋里的灯都被关了，只剩下蜡烛上跳动着的光芒，友庆这时回到桌旁，脸上带着幸福的笑容要求领着大家唱生日快乐歌，结果一开口唱，大家才发现不对了，怎么先是《西游记》主题曲，然后是《小白杨》，最后才是《生日歌》？好奇怪的安排！

总之在友庆的带领下，生日的气氛分外浓烈，母亲也很激动，直夸友庆。

晚一些的时候我问友庆："这是你第一次制造生日气氛吗？"

"是的。"友庆笑着说。

我有点不相信，向友庆妈求证。友庆妈说之前他在家里的确没有过这样的行为。

2015.03.04

友庆今天第一次出现了主动寻找问题的行为。当时我正开车，看了一眼坐在一旁的友庆。友庆正在四处打量，寻找自己不理解的事物，好样的友庆！

2015.03.06
修改后的提案发送给全国人大代表雷添良同志。

2015.03.07
友庆今天收拾行李，准备和我一起回北京，打包以后的行李箱拉锁的位置非常好，不像以前那样放在底部拖在地上，里面的东西井然有序。很好！

下午朋友带我和友庆去法藏寺和方丈喝茶，方丈盛情款待，拿出特供大红袍；方丈热情周到，保证每个人面前的杯子不空，可意外还是发生了：友庆只要看到面前的杯子被倒满，就端起杯子一饮而尽，而后空杯马上被倒满，友庆又一饮而尽，方丈渐生疑窦，但高朋满座，他不好问，我也不好拦。如此这番，一炷香的功夫友庆已饮 50 余杯。

友庆的身体渐渐不支，开始发挥语言的艺术，摘录如下：
"哎呀，茶喝多了对身体不好。"说完拿起茶杯一饮而尽；
"妈说小孩子不能喝太多茶。"再次一饮而尽；
"茶喝多了会睡不着觉。"又一饮而尽；
"茶喝多了会头痛。"再一饮而尽……

临走的时候，方丈问我这孩子叫什么名字，我说他叫友庆，方丈笑而不语。

2015.03.08
早上我叫友庆起床，友庆大喊："祝叶叔三八妇女节快乐！"

2015.03.09
友庆是视觉动物。当他犯一些错误的时候，可以把场景拍下来，事后放给他看，他更容易理解和接受。（我写这一段的时候，友庆在一旁说道："是啊！"）

2015.03.11
我和友庆正在回盘锦的高铁上。上车时我告诉友庆应该把行李箱放在座位斜前方的行李架上，这样能看得到。友庆说："好的。"

落座5分钟后，香港文汇报记者来电，要就两会提案进行电话采访，我们就把座位换到了车厢前部僻静一些的地方。之后的时间里，友庆愈发地不安起来；两个小时后，友庆突然站了起来，直奔车厢后部，把行李取了下来，拿到我们前方的行李架上。我问友庆为什么这么做，友庆说："我要把行李放到我们视线能看得到的地方。"

下午带友庆锻炼身体，出发前他郝姨要求加入，友庆立刻反对，并声明：希望作为叶叔的助手和叶叔两个人独自锻炼。后来友庆不知道为什么又改变了主意。锻炼回来的路上他郝姨说："哼，友庆原来还不想带我呢，后来被我搞定了。友庆，你是被我的什么搞定的？是蛋糕还是菠萝？"

"被菠萝搞定的。"友庆小声说道。

友庆现在对周围的事物充满了好奇。我带他去配眼镜,他对验光和测试的各个环节都很好奇,表现得很欣喜。他看到眼镜店内一个老大爷的手指头上缠着绷带,他就转身问郝姨:

"老爷爷的手怎么啦?"

"我也不知道啊,你去问问吧!"郝姨说。

友庆就向老爷爷走去。

"老爷爷您的手怎么了?"

老爷爷是个外地人,耳朵还有点背,没听清友庆的话。友庆就又问了一遍,老爷爷才反应过来:

"哦,我的手指头是干活碰的。"

"拿什么碰的?"

老爷爷又没听清楚,一旁的服务员抢答道:"干活的时候被硬东西碰的。"

"什么硬东西啊?"

"被木头碰的。"

"哦!"听到这儿,友庆的脸上突然露出了惨无人道的笑容!据说当时笑得特别自然,他郝姨真后悔没带手机。

友庆有了比价意识。晚上买酱油,友庆负责拿回家,出商场的时候,我提醒友庆:

"好好拿着哈,别掉地上了。"

友庆说:"是啊,酱油挺贵的!"

"你怎么知道贵?"他郝姨问。

"我知道买的是好酱油。"友庆答道。

2015.03.12

今天是个重要日子！郝老师给友庆试讲英语。

"你觉得上课感觉怎么样？是很高兴呢还是没有什么感觉？"郝老师问友庆。

"我觉得很高兴！"

"那你以前上学的时候有没有过这种感觉？"

"没有。"

"以前找家教上的课呢？"

"也没有。今天觉得非常充实、开心！"友庆兴奋地说。

2015.03.13

郝老师说友庆学得很好，我很怀疑。

"友庆确实学得挺好的，今天碰到一个东西，问他他说不会，给他讲了，过一会儿再问，就会了。"

"我还发现对友庆来说最刺激他的一句话就是：这东西你学不会或者这事你做不到，友庆一听见这话就会特别努力。另外友庆很爱学习。"

"他是就爱学英语还是……？"我追问。

"语文也爱学，做阅读也很来劲，今天的阅读理解讲的是周杰伦，我问什么是素材，友庆说不知道。我告诉他素材就是文章中讲的人或事物，友庆说他知道了。我问他这篇文章讲的是什么啊，他说是蜗牛；我又问他蜗牛在干什么啊，友庆说蜗牛在爬；我又问友庆蜗牛爬容不容易啊，友庆说不容易；我问他这说明了什么呢？友庆说这说明蜗牛在努力奋斗！答案就是努力奋斗！我接着往下讲，过了一会儿再回过头问友庆通过蜗牛的什么，他就在空处写上了'奋斗过程'四个字，这四个字和答案一样。"

"友庆学得很快！"郝老师最后说道。

2015.03.14

友庆做事居然开始使用策略了！我和他郝姨在屋里讨论方案，时间稍长，友庆过一会儿就给我送来手机，面带笑容："叶叔，我来给您送手机！"过一会儿就砰地一声坐在一旁的沙发上；过一会儿又探个头；过一会儿又给我摆个鞋。这些举动和以前截然不同，友庆现在总在有意识地和我建立联系。从前友庆无论多长时间都无动于衷。

友庆晚餐吃得很美，饭后语出惊人："郝姨做的饭比清华大学食堂的饭好吃！"

友庆饭后看电视特别认真，还能时不时地对电视中的情节发表自己的见解，但可惜我没能在当时记下来，事后怎么想也想不起来了，遗憾。

2015.03.15

友庆在郝姨的帮助下，终于分步骤地用夹子把阿胶蜜枣的口封了起来，封口用了10分钟，他很有成就感。

接着友庆又有巨大的进步展现出来。晚饭后友庆从洗手间出来，把我给他的大唐骏枣拿给他郝姨吃，他郝姨突然闻到了一股香水味，之前友庆多次动他郝姨的洗面奶、面霜和香水，还打翻了他郝姨心爱的 ANNA SUI 的粉盒，有案底在身。

"友庆，你动我的香水了？"他郝姨问。

"没有。"

"真的没有吗？"

"真的没有。"

"你肯定没有吗？"

"确定。"

"那你的胳臂上怎么有香水味儿呢？"

"是芦荟。"

从前只要有人就一件事向友庆多问几遍，友庆就会呆住，然后情绪紧张，语无伦次，两眼直盯着对方说出匪夷所思的话，这次没有，而是很淡定地说出"没有"二字，他郝姨很高兴看到友庆的这种进步。

今天，我们的意志回响在人民大会堂，为国效力，自豪感油然而生。

2015.03.17

友庆今天的进步体现在吹牛上！

说一位科技界声名如雷贯耳的老先生居然经常请友庆吃饭，还经常带着友庆旅行，这牛吹得简直是弥天大牛！第一次吹就这么大！

2015.03.18

友庆的观察力越来越强,他发现宜家的组合工具有一个小刀头没有放好,就赶紧上手,这点出乎我的意料,观察力和想象力是关键。

2015.03.19

郝老师说友庆开窍了。今天友庆居然能做那种一张表格内有好多好多项的题。这离不开郝老师的艰苦付出和激将法。

"这题太复杂了,只有聪明人才能做,还需要动脑筋。"郝老师故作为难状。

"我能,我就是聪明人!"友庆说。

哈哈!结果呢,题就做出来了!

2015.03.21

友庆展现了哥哥对弟弟的厚爱。先是把自己吃饭的宝座让给了弟弟坐(这在之前是无法想象的,友庆的座位是谁都不能坐的,如果你坐了,友庆会毫不客气地请你离开),接着在下午的锻炼中又对在后面呼呼直喘的弟弟喊道:"弟弟,你要小心!"

2015.03.22

我们在执行力和社会化上的投资获得了回报。早晨郝老师要洗衣服的时候在洗衣桶里发现了友庆的两件衣服,郝老师记得昨晚我要求友庆在洗澡的时候把衣服洗好，她就问友庆：

"友庆啊，你这些衣服怎么没洗呢？"

"昨天有点晚了。"友庆看着他郝姨，很镇静地说。

"对！友庆！以后就这样回答别人的问题哈！"

郝老师非常激动，因为友庆以前从来没有这么迅速、镇静、利索地回答过别人的问题！

下午我和郝老师出去取东西，友庆和弟弟在家。郝老师回家后问友庆：

"友庆，你和弟弟在家干嘛了？"

"我给弟弟刷碗了"

"啊？弟弟让你给他刷碗了？"

"没有，我主动给弟弟刷的，他没让我刷。"（天啊，听到这里一股暖流涌上心头。）

"哎呀，友庆你可真厉害，还能为别人做事了！弟弟可高兴了吧？"

"是的。"

"你俩在家里还干什么了吗？"

"我俩还一起看电视了，看了音乐台和体育台。"

"弟弟什么时候回来啊？"

"一会儿就回来。"

"你喜欢弟弟吗？"

"我喜欢！"友庆幸福地说。

友庆今天英语考试考了 10 分（满分 100）。郝老师罢课了。

"今天不讲课了！谁愿意和你一起浪费时间啊！昨天作业写没写啊？"

"写了。"

"写了还不会，那作业写它干嘛！你回去重新看去，真懂了咱们再上课。"

"这可要吸取教训，可得好好复习！"友庆自言自语道。

"回去大声读，写一遍不会就再写一遍，一直写到会为止，哪有老师喜欢教刚学完就忘的学生！"

"好，我学会了再来！"说完友庆就转身苦练去了。

过了一会儿，友庆回来了。

"友庆，'他喜欢吃西红柿'这句话怎么说？（友庆不知道该用 likes 还是 like doing）"

"He likes...eating..."

"also 是什么意思啊？"

"也！"

"horrible 呢？"

"可怕的！"友庆的回答痛快得不得了，一看就是练了好久的结果。友庆的信心爆棚，脸上带着幸福的笑。

2015.03.23

友庆下午说：

"一会儿得把行李收拾一下，然后回北京。"

我喜欢友庆做事越来越有计划性和目的性。

2015.03.31
友庆今天当着郝老师的面厉声责备弟弟：
"弟弟，都快到9点半了，你怎么还不收拾呢？怎么还不洗漱呢？另外，你明天还得洗澡别忘了！"
弟弟当时一脸惭愧，郝老师在一旁惊呆了。

2015.04.01
央视主持人于嘉的一席话把友庆逗乐了。

2015.04.02
友庆在中央教育科学研究所见到了中国特殊教育的奠基人陈云英教授。陈老师很喜欢友庆，合影留念。

就在刚才，弟弟叫友庆：
"友庆。"
"弟弟。"
"你来一下。"
"干嘛？"（我简直不敢相信自己的耳朵！）

2015.04.03
晚上北京大学国际商学院院长杨壮教授的一席话振聋发聩，回来后我问友庆：

"友庆，今天的讲座你学到了什么？"

"学到了实现梦想的各种要素，比如认真、努力、多思考、多阅读、发挥自己的优势。

今天晚上还看了自由女神的相片、还看了早上朝闻天下主持人的照片。"

他还讲了铁杵磨成针和不要虚度光阴；还讲了一年之计在于春，一天之计在于晨，一生之计在于勤；还讲了要发愤图强和精益求精！"

友庆到中央电视台《天天饮食》节目的录制现场，和王雪纯阿姨及国际烹饪艺术大师屈浩师傅合影留念。

2015.04.06

友庆第一次尝试用语言应对困境。弟弟说郝姨早上的菜真好吃，郝老师问友庆：

"友庆，郝姨怎么没听到你说好吃呢？你说了吗？"

"我说了。"友庆笑着答道。（以往友庆会呆呆地看着对方）

这还不算完，紧接着友庆又跟了一句：

"郝姨，早上的饭真好吃！"

2015.04.07

友庆见到了国际巨星成龙，还见到了他的偶像白岩松老师。

我告诉友庆："不要总以为别人尊重你，是因为你很优秀。

有时别人尊重你，是因为别人很优秀。"

"明白了，叶叔。"

2015.04.09
友庆见到了美国财政部副部长 Frank N.Newman，合影留念。

2015.04.12
今天开始对友庆进行电脑游戏的训练。杀1人，排名第8（共8人）。

在一开始，弟弟看到友庆的一些奇怪的举动，就在一旁笑，但很快我就让他明白了我们是一个整体，这个整体的效率受每一个成员的影响。比如我们几点能从家里出发，取决于我们中最慢的那个人，他人对我们的评价也是如此。弟弟听到这里表示赞同，之后的日子里，弟弟把越来越多的注意力放在了友庆的身上，提醒友庆、帮助友庆。友庆和弟弟的感情进一步升温，他们建立了牢固的伙伴关系。

2015.04.13
友庆今天晚上 CF 的记录杀30人，排名第4（共8人）。

2015.04.14
友庆下午在北大见到了牛津大学的 Henrietta Harrison 教授，晚上见到了加拿大的大山老师。

2015.04.18

今天上午我带着友庆去政协礼堂参加会议。在礼堂大厅，我详细地介绍了发生在政协礼堂的历史事件，还让友庆和弟弟站在当年毛主席站的位置照了相，友庆很激动，胸挺得很高，我站在一旁，看着友庆和弟弟这样的年轻一代，深感欣慰。

随后我提醒友庆：小便的时候不要解裤带。

下午我问友庆：

"友庆，你还记得《杨三姐告状》这个故事吗？"

友庆看了我一眼，说道："叶叔，我正在擦地。"（意思是不要打扰他，我突然感觉很惭愧）

2015.04.20

友庆早晨在黑暗中看小人书，没洗漱也没叫弟弟起床。很奇怪。

下午锻炼，中途路过报刊亭，买了几本杂志，弟弟经过计算发现店主多收了我们2元钱，友庆立刻去把钱要了回来。

友庆妈来家里看儿子，喜悦之情溢于言表。

友庆在CF的个人竞技最好成绩28/93。

2015.04.21

弟弟问友庆："友庆哥上游戏吗？"

"友庆哥上！"友庆面带笑容，旁边的人差点儿晕倒。

2015.04.23

晚上睡觉前，郝老师让弟弟把豆包从冰箱的冷冻室拿出来化开，过了一会儿楼下就传来"咣咣"的声音，那是弟弟想把冷冻室的抽屉放回冰箱，可反反复复弄了将近十分钟也没搞定，之后楼下传来哀鸣：

"叶叔，叶叔，抽屉放不回去了，您来看下好吗？"

我下楼，见弟弟额头渗汗，友庆站在一旁面带笑容，我对友庆说：

"友庆，你来试一试！"

弟弟不敢相信自己的耳朵！友庆上前，只一下就弄好了。弟弟的脸上露出了复杂的神情，呆站在冰箱旁说道：

"完了，今天晚上睡不好觉了！"

我说："你友庆哥神奇的地方还有很多呢！"

2015.04.24

友庆的状态今日跌落谷底。

央视的敬一丹老师是少数几个印在友庆幼时心灵中的电视人物，所以友庆对她是备感亲切的，明天是她告别中央电视台退休的日了，我们有幸受邀前往。

2015.04.25

下午，在中国传媒大学，我们见到了敬一丹老师和当当网的副总裁，友庆全程面带微笑，弟弟惊讶地说：

"第一次看到友庆哥这么兴奋,参与度这么高!"
我们和敬一丹老师合影留念。

2015.04.26
早上友庆拿着毛巾去洗手间洗漱,发现弟弟在里边,友庆很自然地转身回到房间,换好衣服,出来拿起垃圾桶,开门出去倒垃圾了,这是我第一次看到友庆这么随机应变地利用时间,真替他高兴!好样的!

2015.04.27
弟弟最近经常向友庆提问。今早他问友庆:
"友庆哥,你最近看的书上面写的什么?"
"额,上面讲了……"
刚才,友庆拿起一个香蕉走向弟弟,突然又转身把香蕉放了回去。郝老师好奇地问:
"友庆,你在干什么?"
"额,郝姨,我在把香蕉拿给弟弟。"
"那为什么你又转身把香蕉放回去了?"
"因为我看见弟弟的桌子上放了一个香蕉皮,郝姨。"
很好!

2015.04.28
早上友庆在 6:30 突然叫弟弟起床,我很好奇地问友庆为什么早了 1 个小时，友庆说："弟弟昨晚睡前告诉我今天早点叫他起床。"

2015.04.29

"叶叔，我有一个计划。"弟弟在友庆哥下楼以后神秘地说。

"哦？说说看！"

"我想等下回友庆哥去超市的时候跟在他后面看看为什么每次我们一起去只需要半个小时就回来了，而友庆哥单独去一趟超市就得至少一个小时。"

"好，不要下回，马上行动。"

半个小时后弟弟回来了说道："哈哈！有这么几个问题：

1. 友庆哥在去的路上手舞足蹈，脸上还带着傻笑。

2. 他特意绕路到商场南门，因为那里有一个旋转木马，他一边看着木马一边走进商场。

3. 平时我们一让他问路他就语无伦次，可这回他独自问路非常好，表情和动作都很正常。

4. 叶叔您让他买鸡蛋，他买了一个最贵最大的礼盒装鸡蛋，我忍不住赶紧上前制止，友庆哥竟然很诡异地对眼前突然出现的我说了一句：'弟弟你终于来了。'

5. 结账之前我就假装提前离开了，我观察发现，友庆哥就愣愣地站在结款台，陷入了幻想中，任凭后面的客人插在他前面的队伍里，这持续了很长的时间。"

2015.04.30
我们到中央音乐学院考察学习。

2015.05.01
弟弟再次超市跟踪,结果令人满意,上次的问题没有再出现。友庆陪我去长江商学院上课。

———————

贾老师:"我发现友庆在照相的时候永远站在您的右侧是吗?"

叶老师:"我跟友庆说过,叶叔和狒狒一样,都喜欢攻击站在自己左边的同类。"

2015.05.11
友庆主动把装辣鸭脖的袋子口用夹子封上了。

友庆最近说了很多恰当的话,非常流畅、得体,每次都是事发突然,未能记录,实在遗憾。

2015.05.12
晚上友庆他鹏叔来家里做客。我讽刺之前的友庆,学友庆站在门口,探着头,眼睛直勾勾地看着他鹏叔,问道:

"鹏叔您从哪儿来?您怎么来的?"

友庆闻听此言,不紧不慢地问道:"鹏叔,您最近身体怎么样？这是昨天我去给您买的酸奶！"这是友庆第一次展开新的话题！太棒了！

郝姨晚上从门外进来，看见友庆正在洗手间水龙头处冲水洗脚，郝姨问：

"友庆，你怎么不用脚盆洗脚呢？"

友庆看着他郝姨回答道："郝姨，我还没来得及用盆，等我明天用盆！"（非常自然流畅！）

过了一会儿叶叔我在学院开完会回家，进门后问友庆：

"友庆，你郝姨回来了吗？"

"叶叔，郝姨刚回来~不久。"（注意"不久"二字，这简直就是神回答！这是友庆的神回复令她郝姨惊叹的第一次！）

2015.05.15

刚才他郝姨说中午要好好吃一顿，友庆闻听此言十分激动，大喊："我特别喜欢吃郝姨做的饭菜！"

2015.05.16

友庆现在越来越主动地表达自己的想法。刚才友庆要倒垃圾，他郝姨把厨房的垃圾桶递给友庆，友庆对他郝姨说：

"郝姨，还少了楼上的垃圾桶和卫生间里的垃圾桶。"（这话说得非常流畅，给他郝姨高兴坏了！）

2015.05.17
友庆刚才看电视,突然说道:
"我不喜欢有文身的女人!"

2015.05.18
就在刚才出门之前,友庆突然问我:
"叶叔,咱们去干什么?"(这太厉害了,友庆居然开始关心我们出行的目的了!要知道之前的友庆只知道在我的身边,紧紧跟随,不论去往何方。)

友庆刚才问他郝姨:
"郝姨您去哪儿啊?"
"我去练车。"
"您去哪儿练车啊?是公主坟那儿吗?"(这话问的,令人震惊。)

友庆刚才下床关窗户,但我发现友庆并没有去关窗户,而是把背心儿脱了。我问友庆为什么这么做,友庆回答说:
"叶叔,我发现背心穿反了。"

2015.05.20
友庆今天的状态非常令人担忧。我在车上问友庆:
"友庆你一般在什么情况下会惊慌失措呢?那个时候你在干

什么?"

"在发呆。"

"哦?也就是说你在发呆的时候别人让你做一件事,你就会失水准是吗?"

"是!"(青少年的问题,他们自己最知道答案!)

2015.05.21

我带着友庆去拜访教育家魏书生老师。我成长过程中遇到的许多老师都深受魏老师的教育思想影响。

魏老师穿着白衬衫坐在客厅翻看我写的第一本书,魏老师的爱人陈桂琴阿姨热情地在一旁招待我们,我发现魏老师胸前的像章不是毛主席而是周总理。

过了好一阵,魏老师放下书,然后注视着我,面无表情。气氛有些尴尬,我感觉魏老师可能不太喜欢我,但这反而给了我勇气,抓紧时间问了魏老师一个问题:

"您说我做的这些是教育吗?"

魏老师没说话,墙上的时钟在"嘀嗒"作响,一旁友庆在"咔咔"地啃着苹果,时间过得真慢。

"你做的是最基础的教育,最根本的教育,最能称之为教育的教育。"魏老师突然发声。

如此评价,永生难忘。

友庆倒是和魏爷爷一见如故,中午吃饭的时候,二人有说有笑,饭后,魏老师还将自己的著作《好学生 好学法》送给友庆，并在上面题字：

静能生慧　乐在学中

题完字，魏老师将他的笔送给我留念，我将这支笔珍藏在开宗博物馆。

2015.05.22

我们准备离京，友庆站在我身后，看着地上的东西，突然说道：

"现在是一片狼藉啊！"（此语一出，四座皆惊！）

下午，友庆对我的母亲说：

"我做事就是要风风火火的。"（老太太吓了一大跳）

2015.05.23

"友庆，你饿了吗？"

"饿了！我一到中午就饿！"

2015.05.28

友庆的沟通又进步了。

今天友庆在郝姨从家里出发前问道：

"郝姨，您要去哪儿？"

"去工商银行，友庆。"

以前友庆见郝姨从外面回来，通常会常规地问这两个问题：

"您去哪儿了？"或者"您怎么去的？"

可今天的友庆过了一会儿见郝姨从外面回来，居然问道：

"郝姨，工商银行离哪个地方近呐？"

2015.05.29

为别人着想已经成了友庆生命中的一部分。

今天早晨，友庆当着郝姨的面拧开了煤气罐的阀门，郝姨很惊讶地问：

"友庆，你为什么要开罐？"

"郝姨，我昨晚关的。"

"这是什么话？你为什么要现在开罐？"

"郝姨要做饭。"

"你的意思是？"

"郝姨要做饭，我帮郝姨打开罐。"

2015.05.30

就在刚才，我们从郝老师的姐姐家出来，友庆临走的时候回头对大姨和大姨夫说道：

"大姨、大姑父再见！"（友庆的溜号是随时随地的。）

友庆发现错了以后，被自己逗乐了，哈哈大笑，笑了好久。

2015.06.02

"友庆,人生中最重要的一个字是什么?"

"叶叔,是'干'字。"

"你人生的原则是什么?"

"诚实、认真、守纪律、努力和冷静。"

"生活给我们最大的启发是什么?"

"瞎说没用。"

"你叶叔最大的缺点是什么?"我美丽的水瓶座母亲在一旁赶紧问。

"奶奶,叶叔没有缺点。"友庆答道。

"你叶叔没缺点?哪有人没有缺点的?是人就有缺点。"

"奶奶,我没发现叶叔的缺点。"闻听此言,母亲难以置信地看着友庆的眼睛,她看到了友庆的真诚。

据他郝姨总结,友庆现在已经有好几个过人之处了:

1. 实事求是地赞美别人。他选的点都很恰当,这点让周围的人很愉快;

2. 做事有毅力。交代给友庆的事,友庆会一直干到底,不像大多数人或他刚来的时候那样偷懒或不认真,如果遇上喜欢干的事,他简直干一辈子都不会觉得累;

3. 忠诚。友庆一旦认同了一个人或一件事,他不会改变,也不会放弃。叶叔交代的事,他会一丝不苟地完成,而且不管怎么样,都坚决地要做叶叔的助手,就像婚礼上的誓言,不论贫富、不论贵贱，永远追随。

2015.06.03
前几天变天，气温骤降。我怕友庆着凉，就让友庆在家里穿我的睡衣。今天气温转暖，郝姨下班到家后对友庆说：
"友庆，今天天气好，你不热吗？睡衣脱了吧。"
"郝姨，我不怕热，我还是穿着吧。"友庆愉快地说。

2015.06.04
友庆今天又有进步了。
"友庆，把这个盘子放到叶叔的桌子上。"
"郝姨，您说的是叶叔的哪个桌子？"
"哦，是叶叔的电脑桌。"

2015.06.05
"叶叔午安！"（这是友庆第一次自主地规划自己的作息时间，特此留念。）

2015.06.06
友庆能看出轻重缓急了。
郝老师擅长在最后一刻迈进学校的大门。今早，郝老师在上班的途中又折了回来，她急匆匆地踏进家门。
"友庆啊，郝姨的手机在卧室里，快点帮郝姨拿来好吗？"

友庆立刻去拿，注意，而且是光脚去拿！他郝姨感慨道：

"这是第一次友庆能感受到别人着急，随机应变。友庆从前见此情景会慢慢从台阶上下来，穿鞋，再慢慢向前，到台阶处拖鞋进屋，然后是长时间的翻箱倒柜而不得，之后再满头大汗地返回房间门口搓手，眼睛直盯着我，嘴唇上下翕动……而这回是光着脚跑到卧室，迅速找到手机，嗖嗖嗖地跑回来把手机按在了我的手中。"

2015.06.09

郝老师晚上泡脚，由于忘拿毛巾了，郝姨用脚踩着盆边准备自然晾干。在一旁看电视的友庆突然忽地一下站了起来跑了出去，我和他郝姨在屋里莫名其妙，不一会儿，友庆回来了，手里拿着擦脚的毛巾，友庆笑着对他郝姨说：

"郝姨，给您毛巾。"

郝老师感动极了，拥抱了友庆。

2015.06.11

晚饭后友庆问了个问题，"郝姨，您是把气罐闭了还是开了？"

"闭了，友庆。"（友庆每天最后一项任务是晚上睡觉前关闭家里的窗户、门和气罐阀门，他说这样自己就不用晚上再检查一遍气罐了！）

2015.06.14

"友庆,咱们家里谁是最善良的人?"

"我!友庆是最善良的人!"砰地一声,友庆用手按住自己的胸口,心绪难平。

"咱们家谁是最可爱的人?"

"郝姨是最可爱的人。"

"咱们家谁是最凶恶的人?"

"叶叔是最凶恶的人。"

"咱们家没了谁就消停了?"

"叶叔,什么是消停?"

"消停就是安静、安稳。"

"咱们家没了叶叔就消停了。"(囧)

"那咱们家谁是最消停的人呢?"

"郝姨是最消停的人。"

中午吃饺子,共两大盘,我们三人吃一盘,友庆吃一盘,过了一会儿,我们盘中的饺子见底时,友庆突然主动把自己盘中的饺子拨到了我们的盘中,在场女性都惊呼友庆好有爱。

友庆包饺子进步了。从前友庆包饺子总会漏馅,因为他的馅儿放得实在太多,但即使是这样,友庆也还是忍不住多放,所以每次包饺子都会听见奶奶在一旁叮嘱:

"友庆,少放馅。"

但今天友庆在包饺子的时候恰到好处,整个过程大大好过从前，我把他包的饺子拍了下来。

2015.06.15

今天晚上有一道菜是炒花生米，友庆负责剥花生，正剥的时候，郝姨让友庆拿个小盆接着，友庆马上问：

"郝姨，拿小盆儿是装皮还是仁儿呢？"

晚上友庆关窗户，今天的窗户和以往有所不同：有一个窗户和窗框之间夹了一个纸盒盖，在黑黢黢的窗户那里很难看清。友庆照例一扇接一扇地关上了窗户，他来到了这扇窗前，刚要关，他就发现了异样。友庆没有轻举妄动，而是赶紧探头仔细观察，发现有一个纸盒盖，并且要想把这个纸盒盖取下来就得先把窗户开大一点，很快友庆就成功了，他有点小激动，我表扬了他。

2015.06.17

我正在工作，忽然听见客厅里的郝老师大声说话，一问才知道，她在表扬友庆。

原来郝老师有一块电瓶需要充电，她把这块电瓶放在了楼道口，希望一会儿到楼上能找到一位强壮的男士帮她把电瓶拿上来，可上楼以后郝老师忙着做饭就忘了这回事，过了一会儿友庆下楼倒垃圾，他识别出了家里的这块电瓶，并把它拿了回来，郝老师大大表扬了友庆，两人的脸上都洋溢着幸福。

2015.06.18

今天中午在我父母家聚餐。临走的时候,郝老师问爸妈中午睡不睡觉,爸妈说睡。过了一会儿,友庆和爷爷奶奶再见,他大声说:

"爷爷奶奶再见!你们早点睡觉!"

爸妈的脸上露出惊讶的表情。

2015.06.19

下午送郝老师去客运站,途中友庆的表响了,我问友庆表为什么响了,设的是闹钟还是倒计时,友庆支支吾吾了半个小时,答非所问,此情此景令人绝望,直到最后,友庆才道出了实情:

他之前把时间设在下午 1:50,那是他郝姨所乘班车的离站时刻,他想提醒他郝姨别晚了。

这么暖心的事就是表达不出来,最后弄得所有人不愉快,友庆啊,任重而道远啊!

下午带友庆去各个酒店看房间,友庆的爸妈要来盘锦看他,友庆不动声色,但我能感觉到他澎湃的内心。

友庆晚饭之后,拿起毛巾去浴室洗澡,整个过程如行云流水,很好!我特别高兴友庆在"自动驾驶",能确定什么样的行为是正当的,并很自然地采取行动,他的生活越来越多地呈现出这种自如,而不再是一连串的紧张。

如果你以为一个人受到纪律的约束,再加上适合他的训练方式,再有老师在一旁尽心尽力地指导,他就能一直保持成长的势头,一直到最后,你就大错特错了。列车只前进了半年,就停住了。友庆进入了衰退期,幸亏我早就清楚这个规律,从整体上看,前进和退步都不是最重要的,最重要的是抓住那个重大教育时机!

时机可遇而不可求。

【荷月逆流】2015.06.20~2015.07.13

2015.06.20

友庆爸妈走后,友庆的状态急转直下,我与友庆展开了长达 23 天的斗争,我称之为"荷月逆流"。

郝老师说我的天才在这段时间里体现为长久的忍耐。

2015.06.24

友庆打了一盆洗脚水,我问友庆水烫不烫,友庆试了一下水,说道:

"确实有点烫!"

友庆第一次用"确实"这个词。

很好!

2015.07.04

进入 7 月,葬礼不断。

郝老师回家说明天还要参加一个葬礼，话音刚落，友庆突然说道：

"郝姨，咱们昨天偶尔去了一次葬礼，您明天又要去啊！"

"偶尔。"我的天！

2015.07.05

郝老师问友庆："你看没看过金刚葫芦娃？"

"看过。"

郝老师拿着手里的葫芦条对友庆说："这葫芦条就是东北葫芦晾干以后制成的，是东北的特产。"

"是东北的特产之一。"友庆说道。

友庆在卫生间洗衣服的时候突然唱道：

"洗~刷刷，洗~刷刷。"

2015.07.09

我和郝老师在衣帽间说话，衣帽间的灯关着，友庆走了过来，他已穿好运动服，开灯来到穿衣镜前360度检查自己的衣着，检查完毕后准备关灯，当他注意到我和郝老师也受益于他刚刚打开的这盏灯，他背对着我犹豫再三，反复想是否要按照习惯关了这盏他照完镜子就该关上的灯，手不断地伸向灯的开关，最后，他下定了决心，离开了，理智战胜了习惯，友庆走向门口，我叫住了他，问他为什么没关灯。

"郝姨和叶叔在聊天，需要亮光！"友庆愉快地说道。

2015.07.12

长时间的正常的家庭生活给了友庆巨大的滋养。

他的内在发生了巨变：从前是友庆身不由己的发呆决定了他的状态，现在是友庆的态度决定了他的状态。

这是因为友庆执行力的提高在生活的各个环节都得到了印证，这极大地提升了他的自信，他越自信，越自尊。

于是我把下一步的指导思想由"坚决打击发呆"，调整为"允许发呆，但要把事做好"。

友庆晚上吃黄瓜吃高兴了，吃着吃着突然大喊：

"卖黄瓜喽！"

郝老师在厨房大吃一惊。

2015.07.13

长达 23 天的"荷月逆流"结束。

友庆越来越主动地说话，他不断地把他的想法和他遇到的事儿说出来，在和周围人的交流中也会积极地回应。

友庆刚才在厨房，我在客厅突然发出了指令：

"友庆，擦这 6 块地砖。"

刚说到"这"字的时候，友庆从厨房出来，迎着我的目光，之后迅速把注意力放到了我的手上，在我划定完区域之后，友庆竟然确认了一下，说道：

"1、2、3、4、5、6，是这 6 块吗？"

我说是的，非常棒！

友庆竟然开始规划晚上吃什么！突然餐厅里传来了噼噼啪啪的声音，我出去一看，友庆居然在剥花生！剥了一小盆。

如果把友庆擦地当成一项工程参加评比，绝对是优质工程。要是产品的话就是信得过产品。郝姨做饭的时候都不好意思往地上掉东西了。

2015.07.21

最近一段时间我经常对正在做事的友庆进行突袭，使他瞬间完成注意力的转移和对我意图的理解，这是非常重要的训练，友庆的能力增长很快。

2015.07.22

友庆居然主动纠错！

友庆短裤晾得有问题，但他假装没注意，坐到了沙发上，过一会儿，友庆看见我走近阳台，开始紧张起来，我没说什么，回卧室，又过了一会儿，友庆在沙发上坐不住了，他"嚯"地一声从沙发上弹了起来，跑到阳台把短裤晾好。这就是目前友庆的想和做之间的距离。而每一次，友庆都战胜了习惯。

很好！

【云上的日子】

2015.07.28~2015.07.31

万物皆有定时。

这四天的经历就像小说,我称这四天为"云上的日子"。

2015.08.02
我想看看友庆和同龄异性如何交流,友庆遇见了网红——萧璇。

2015.08.09
家里来人,友庆发女声于人前,我开始学猫叫,友庆大怒道:
"叶叔您不要学猫叫了!"
"为什么?"
"听到您学猫叫我就很悲伤!"
"为什么?"
"猫叫让我想起了我的童年!"
"你的童年怎么了?"
"在学校被欺负。"
"那我学狗叫吧。"
"狗叫也不行!那样的话我就受不了了。"

友庆之前如果让他去哪里,他会一直在门口等着,直到天荒地老。不过情况最近发生了变化,如果我说一会儿要到哪里去,友庆不会再傻等,他会每隔一会儿提醒我一下:
"叶叔,咱们什么时候出发?"
非常好!

郝老师对友庆说：

"你今天表现很好，咱们一会儿等你锻炼完上阅读课。"

40分钟后，友庆锻炼完，换了套衣服，就主动坐在了学习桌前。

2015.08.17
刚才友庆做注意力训练，我问他：

"友庆你怎么拿个铲子呢？"

"勺子不行，我整不明白！"友庆大喊。

这是他第一次用东北话把事儿说得这么利落。

2015.08.19
友庆突然提出要出去买蒜蓉辣酱，我很惊讶，问他：

"友庆，你为什么要去买蒜蓉辣酱？"

"昨天我听见郝姨说家里的蒜蓉辣酱没了"友庆答道。

"然后你就默默地记下来要今天主动去买是吗？"

"是。"

"很棒！"

"谢谢叶叔！"

2015.08.20
刚才我连着打了10个喷嚏，门口传来了友庆娇滴滴的声音：

"叶叔您得保重身体啊，别着凉了！"

感人!

2015.08.21
友庆进化了。

下午我打了一个电话,但在电话里并没有提对方的人名,友庆在一旁一个劲地说:

"咱们晚上见!咱们晚上见!"

我问友庆:

"你知道对方是谁啊就晚上见?"

"是郝姨。"

"你怎么知道的?"

"因为我在做训练。"

"什么?"

"因为我很认真。"

"这是什么话?你到底怎么知道对方是郝姨而不是你妈或者奶奶?"

友庆无语。

"友庆,你要是能知道为什么并表达出来就好了,没关系,慢慢来。"我安慰他。

我觉得上面的这个问题可能对他有点难,即使他意识到他也说不出来。友庆经常想不清楚事物背后的因果关系,有时候即便他发现了蛛丝马迹,他也无法回过头审视自己的思路,更不用说再把思考的过程表达出来了,也可能是友庆的个性中有神秘色彩，不愿把自己的思路展示在人前。

半小时后，友庆到屋里烧水，就在他走过我身边的一刹那，突然对我说：

"刚才您给郝姨打电话，就是因为×××~~。"友庆胡言乱语说了一堆。但这不是重点，重点是我很激动，因为我能从友庆的身上感觉到友庆这半个小时一直在想这个问题，也就是说他一直在努力检索自己的思路，在回忆和追溯整理思路期间，友庆不断地被自己的混乱思维打断，有不由自主地发呆，还有各种片断的乱入，有投机取巧的心理暗示和铤而走险的冲动，但他一直在努力克服这些不利因素，这是我非常看重的一种男性的素质。友庆没有像从前那样，遇到大的困难就一走了之，而是选择直面，好样的！

之后友庆继续自己的注意力训练，其间不停地表达自己的混乱想法。

15分钟后，我又问友庆：

"友庆，你是怎么知道电话那边是郝姨的？"

"因为您说了一个词。"

"什么词？"

"Honey。"

2015.08.24

友庆的注意力训练是极其独特的。

刚开始的时候，我将一只乒乓球放在球拍上，让友庆端住，半小时内不要让球掉下来；之后我把球放在锅铲的背面，让友庆端住半小时；最后，我将一只乒乓球放在大号汤勺的背面，不准球掉下来，坚持半小时。

友庆必须全神贯注，只要一溜号，球就会滑落。当表面积由锅铲背面的 $25cm^2$ 缩小到大汤勺背面的 $16cm^2$ 的时候，友庆用东北话喊道：

"不行，叶叔，我整不明白！"

21 日的事情过去以后，情况在今天有了转机！当我再次让友庆尝试 $16cm^2$ 的时候，友庆什么都没说，一次又一次地尝试，一次又一次的失败。

不到 5 分钟，友庆成功了。（两把勺和那只球目前作为一级藏品被收藏在开宗博物馆。）

晚上我让友庆把这个绝技演示给郝老师看，郝老师惊讶得说不出话来。

郝老师看着友庆说：

"友庆会笑了！"

"是啊，我笑得像亮着的灯一样！"友庆笑着说道。

2015.08.25

今晚没有萧璇，我们选择了另一位主播"多变佳丽"，过了一会儿，我问友庆：

"你觉得她唱得怎么样？"

"太俗了！"友庆用流利的东北话答道。（这令我震惊。）

又过了一会儿友庆洗漱,路过我身边的时候,随口问了我一句:

"叶叔看什么呢?"(像一个完全正常的青春期少年那样。)

我能感觉得到,友庆近一个月来的持续进步得益于"云上的日子"。

2015.08.26

"云上的日子"继续发酵。

我让友庆去买一瓶浓度95%的酒精,不一会儿友庆兴冲冲地回来了。

"叶叔,阳光大药房没有浓度最高的了,只有天益堂才有!"说完他把我要的酒精交给我。

仔细分析友庆的这句话你就会发现:当他到药房以后,发现阳光大药房的在售酒精浓度和家里的需求不一样,但他没有像从前那样选择妥协,把低浓度的酒精和高浓度的酒精混为一谈,而是坚定地认为那是两种物质;他也没有选择回来报缺交差了事,而是步行奔向了1.2km外的另一家药房。最神奇的是这家药房连我这个本地人都想不起来在什么地方了,友庆说是很久以前和我开车出去的时候曾经路过那里,友庆的印象里有这家药房的位置。

我感觉友庆正在变成一个实用主义者。他做事越来越以结果为导向,而他也一再地收获成功的快乐,这些让他越来越自信。激光制导炸弹般的目标感,近乎偏执的强大执行力让友庆茁壮成长,"成为一个有用的人"是他的心声。

晚上 22:00,我对正在看电视的友庆说:

"友庆睡觉啊。"

"不,我想再看一会儿。"

我问他想看到几点,友庆想了一会儿说想看到 22:05。

过了一会儿,22:05 了,友庆看了看表,朝着我喊道:

"叶叔,到点了,我去刷牙了。"

这话说得沁人心脾,首先语气得体,其次语句流畅,最最重要的是他在规划自己的生活,不但自己树立目标,而且用时间表来管理自己。

太棒了!

2015.08.27

"云上的日子"继续发酵。

友庆竟然向我们展现了他的悟性!注意力训练右手成功以后,左手竟无师自通!

郝老师在晚上对我说:

"我觉得友庆进入新阶段了,刚才我去取眼镜,往走廊走去,友庆看到我,问我:'郝姨,您找什么?'我说找眼镜,友庆就赶紧把眼镜递给我,友庆现在做事特别主动,学东西快,反应还快。"

2015.08.31

"云上的日子"继续发酵。

友庆展现了他的新技巧。

我问友庆：

"累不累？"

"不累。"友庆说。

"吃个梨。"

"干完活儿再吃。"友庆答道。

我故意难为友庆说道：

"那就别吃了。"

友庆没有像他一贯的那样回答"好的"，而是注视着我的脸，他在观察我的表情，过了一会儿他看出了门道，笑着试探地说：

"我想吃。"

很好！

2015.09.01

"云上的日子"继续发酵。

晚上看电影，我问友庆在干什么，友庆说自己在想事，我问他在想什么，友庆说：

"我在想刚才叶叔您说的那种叠浴巾的方法是怎么回事。"

很好！

友庆对自己牙齿上的牙垢感到不爽，晚上刷牙的时候他设了一个15分钟的倒计时闹铃。

2015.09.02

"云上的日子"继续发酵。

"花了多少钱?"

"两块九!"

"找了多少钱?"

"九十七块一!"

"好样的!"(真痛快啊,这账算的!)

我已经忘了昨晚"叠浴巾"的事了,但就在刚才,友庆突然拿着浴巾走过来问我:"叶叔是这么叠吗?"我眼前的正是标准的叠法!友庆竟然回想了这么久!

晚上锻炼,半路上我突然往回走,友庆没有像从前那样默默地继续跟着我,而是边走边问:"叶叔,咱们怎么往回走了?"

好样的!

稍后我们去兴隆四百买米,其间遇到了我高中的化学老师,我向友庆介绍:

"这是叶叔的老师,叫臧伯伯。"

友庆站在原地,看着臧老师,嘴里咽了好多话,他觉得一句接一句映入他眼帘的话都是不恰当的,他抑制着自己的冲动,最后,友庆微笑着说了下面的话:

"臧伯伯好!"

我简直想上去拥抱他。

郝姨蒸鸡蛋羹的时候设了闹铃，当闹铃响起的时候，友庆问："郝姨，用不用我把火关上？"（语气自然时机恰到好处。）之前的友庆在这个时候或者不管或者默默地关火，在协作中与同伴沟通这是第一回。

乐乐已经有3个多月没见到友庆了，她对友庆有如下的评价：友庆不说没有用的话了，反应速度不可同日而语，和友庆沟通起来很愉快。

2015.09.04
"云上的日子"继续发酵。

友庆刚才提着两个大塑料袋站在门外，里面各装着11瓶桃罐头，郝老师从楼下上来，问友庆为什么不开门进屋，友庆从容答道：

"郝姨，我怕罐头碰坏了。"（及时、准确）

很好！

最近我们每天晚上都看一部电影。今晚当我喊友庆过来看电影时，友庆拿来一个凳子，放在了郝老师的身后，郝老师问这是给谁拿的，友庆说：

"这是给郝姨拿的！"

平时友庆只拿自己的凳子，给郝姨拿凳子这是第一次，郝老师很幸福。

2015.09.05

乐乐在家里穿正装,我让乐乐把衣服换了,友庆在远处没听清,他问道:

"叶叔,您是在说我吗?"(语气、时机恰到好处)

2015.09.07

"云上的日子"继续发酵。

郝老师问友庆下午干了什么,他答道:

"我干了很多活,形体训练、能力训练、注意力训练……"

"这哪里是干了很多活儿?"

"哦,那我就说做了很多事。"郝老师惊讶于他的反应。

刚才郝老师端给友庆一碗农家鸡的鸡腿肉,友庆一边接过碗一边问:

"叶叔不吃吗?"(想想这场景)

贾老师:"这些训练都是为友庆量身定制的吗?"

叶老师:"对,那时人们还没有意识到当时的教育即将被后来的'育人'取代。

完全个性化的学习;突破时空限制;学习由记忆变成探索;教师将不再是一种全职职业,'育人'发挥最主要的作用。

在当时只有一些敏锐的先驱察觉到了这四点。"

2015.09.12

"云上的日子"继续发酵。

郝老师在门口穿鞋准备上班去,突然友庆问:

"郝姨,您怎么周末还上班?"

"友庆,郝姨的学校两个星期休息一次。"

"哦。"

我想友庆这是要成精了!

我问友庆:"你的人生原则是什么?"

"诚实、努力、认真、冷静和守纪律。"

"你守纪律吗?"

"我守纪律。"

"那叶叔守纪律吗?"

"叶叔不用守纪律。"友庆迟疑了一下说。

"为什么?"

"叶叔是纪律的制定者。"我简直不敢相信自己的耳朵!

"友庆,纪律的制定者更要守纪律。"

"明白了。"

晚上我出门的时候友庆到门口送我,说道:

"叶叔路上注意安全哦。"

郝老师出门的时候,友庆过去对郝老师说:

"郝姨,您别忘了带手机。"

2015.09.13

今天友庆表达了自己对亲密举动的理解。

下午友庆的注意力训练非常认真，我对他说：

"你努力的时候最可爱，这造型连叶叔都喜欢，更别说女孩儿们了，弄不好女生都会亲你。"

说完我转身就走，走到一半，突然想借题发挥逗逗友庆，于是回去问友庆：

"你说女生能亲你哪儿呢？"

"亲我的嘴。"

"你喜欢女生亲你的嘴啊？"

"喜欢。"

"你要是亲女生你会亲哪里？"

"我喜欢看，不喜欢碰。"

"你就喜欢远远地看吗？"

"我就喜欢看她们的外貌。"

"那不上手吗？"

"不上手。"

2015.09.14

友庆刚才在放垃圾桶，我问他：

"还得放多久啊？"

"搞定！"友庆答道。

晚上看萧璇唱歌，友庆突然问我：

"叶叔，电脑怎么又卡壳了？"

2015.09.17

友庆能对指令上细微的差异做出恰当的反应了！这点我是非常看重。

平时，友庆在刷完水木清华小区的单元门之后就会立刻把门卡还给我，但这次我对他不经意地说了一句："刷完下来给我啊。"友庆说好，转身刷卡开门，上楼，办事，下楼，上车，最后，把钥匙给我。

非常好！

友庆对未来的行动有了展望。

我让友庆去超市取快递，友庆问我：

"叶叔，取哪个快递？"

我心想友庆是不知道去哪个超市取快递吗？不会吧！我问友庆：

"你在问什么？"

"叶叔，我想问是去取谁的快递。"

很好！

郝老师给友庆买了一只德国"骑士精神"牌儿的餐勺，问友庆喜不喜欢，友庆把勺拿在手里对郝老师说："郝姨，我还是用原来的普通的勺吧，等我努力了，再用这个好的。"

2015.09.26

自从友庆儿时学会了直立行走，从没摔倒过。

他是真正把"安全重于泰山"这六个字印在灵魂里的新人类。

所以他身边如果有栏杆，他就不用把手；有把手就不会赤手空拳。当你看见他像马戏团里刚会双腿站立的熊那样从楼上双手扶着楼梯栏杆颤颤巍巍自上而下时，不要惊慌，那就是友庆在下楼。

为了让他看起来像人，我设计了两个行动。

一天傍晚，我邀请友庆到小公园散步，他勉强答应了，跟在我后边。我找到一块草坪，把脸贴近地面仔细搜索，捡走了所有的硬物树枝。

脚下都是松软的地面了，我回过头，冲友庆一笑，他知道自己要倒霉了！他就像被猎枪打中了似的一次次倒在草地上，每次都摔得结结实实。

什么叫结结实实？就是他不会下意识地用手护住脸，而是每次都全身心地拥抱大地！半个小时后，血和泥土混在一起，身上的衬衫也不知怎么变成了条状。

一边摔，我一边安慰他：

"别怕，摔倒没什么大不了。"

对，半个小时后，他从地上再爬起来就健步如飞了。

但他的动作不协调，走路很难看，步履沉重，怎么办呢？榜样的力量是无穷的。

我带友庆来到五道口地铁站 B 口，站在楼梯下，看着从上而下的人群。我用手指出人群中的某个人，让友庆评价那个人走路的姿态怎么样，找出其中英姿飒爽的同龄男性，让友庆向那个人学习，也从上面走下来，走完以后，再拉住友庆旁边惊讶的同龄女孩们，让她们评价友庆的步态，友庆听得是步步惊心。我们就这样来回训练，用了一个下午，友庆已初具人形。

贾老师："为什么要摔友庆？"
叶老师："恐慌是你在人间要理解的最重要的障碍。"
贾老师："为什么要找同龄的女孩来评价友庆？"
叶老师："男人改变世界，女人改变男人世界观。"

成人对青少年讲的话，会像刻在大理石上一样永远刻在他的心中。但友庆不同，他的每一天都是新的，所以，为了他能记住点什么，大声地叫喊骂詈吧，大胆地评价他吧！

友庆爸妈来盘锦看望友庆，友庆妈晚上要带友庆跟她一起回酒店，友庆拒绝。

由于这一年多我一直在树立友庆爸的威信，所以想趁这个机会检验下效果，我就转向友庆爸：

"友庆爸，您说两句！"

"友庆，收拾行李，跟我和妈妈回酒店吧。"友庆爸试探性地提议。

"好！"友庆立刻转身回屋收拾行李，友庆爸和友庆妈目瞪口呆。

我心大喜，看来友庆爸的高大形象已深入友庆内心，我建议友庆爸在生活中大胆掌舵，把握航向。

2015.09.27

友庆和爸妈回太原做"飞船返回大气层着陆试验"去了。

15个月了，我们第一次分开，无限的惆怅与孤独一齐涌上心头。

到家后友庆妈日志如下：

2015.09.28

今天早上吃早饭时，友庆心事重重，吃饭慢吞吞，我知道他在想心事。饭后，回到友庆房间里，他又一次提出不愿意回山西，爸爸制止也不管用。我想了想，还是尽量以理说服他，于是，就问友庆："你知道你到叶叔身边多久了吗？"友庆数指头算了算，说："15个月了。"我说："这么长时间了叶叔没有休息过了，叶叔很累了，你心疼叶叔吗？"友庆说："不心疼。"我又说："叶叔累坏了，怎么带你？"友庆想了想，说："心疼叶叔。"我说："你回家住几天，让叶叔好好休息几天再回来。"这次，友庆同意了，高兴地随我们离开酒店。

到了火车站，我把他的身份证交给他，嘱咐他自己保管好，并鼓励他自己取票。我先示范了一次，友庆自己来，结果按错了键，主动重来，这次会了，他挺高兴。我们请友庆带路进站，他快步走到了我们前面，顺利验票，进了候车室。让他从大屏幕上找我们车次的候车区域。没有找到，我教他询问工作人员，他问到了，告诉我们在二楼，我们于是随他上了二楼。在二楼，人不多，大屏幕上信息很详细，我问他关于我们车次的信息，他说不上来，看来不会看。于是，就仔细地讲给他听。我讲了两遍，他基本会看了。我又询问他是否需要爸妈换票换到与他同一车厢，他说不用，他自己能行。他在 6 车，爸爸在 4 车，我在 16 车，离他较远。我们想这是一次锻炼和观察他的机会，就没有换票。检票后，我与他们父子分两个方向上了车。

旅途期间我和爸爸通电话，得知友庆自己找到了座位，心想或许可以试试让他自己返回盘锦。车到太原站，与他们父子碰头，听说友庆听到广播就提前到车门口等候下车了，这小子，看来不会下错站。打上出租车时，友庆对司机说的话很不恰当，司机用异样的眼光看了看他。到了家，我们又教了一番。

回到家，友庆一刻不闲，要拖地，我累得快散架子了，就劝住了他，稍微休息了一会儿，有了点力气，我和友庆一起收拾了他的房间，我负责规整东西，友庆负责拖地，他还打扫了卫生间，干得不错。晚上，我烙了韭菜馅饼，友庆吃得挺高兴。

晚饭后，我们聊了一会儿，发现他老毛病开始犯了，说话不靠谱，在白板上写人名，翻旧书欣赏他在书上的涂鸦，我们严厉批评了他，他有点嬉皮笑脸。很快他自己弹起琴来，自我陶醉式。还好，五线谱还认得。家里重又响起他的琴声，感觉得到他对音乐的热爱和敏感，感觉还是应该继续让他学习音乐。

2015.09.29
友庆昨晚睡得很好，早上吃饭时他就把今天一天的活动安排好了。上午在家收拾卫生，然后弹琴看电视，下午去超市买东西。吃过早饭，友庆主动收拾碗筷，涮碗，擦桌子，干得很好。

我上班之前嘱咐友庆10点和11点给我打电话，等了一上午也没等到他的电话，我并不担心他自己在家，因为郝老师说过没问题的。中午回到家里我问友庆为什么没打电话给我，他说忘了。搞不清楚是他嫌烦不想打还是真忘了。下午临走时给了友庆100元钱，嘱咐他要买的东西，给了他家里的钥匙，并约定2:45打电话给我。还是没等到他的电话，忍不住打家里的电话，没人接，似乎是没回来。打到第三次，他接了，已经是3点多了。询问为什么没按时打电话，他说得不很清楚，但是我听明白了，是回来晚了。我想别管那么多了，完成任务回来就好。晚上回到家，才知道他在超市卖书的摊位上看书了，还买回了一本成语书，儿童读物，还是旧时的爱好。

下班回来带友庆去了美容院，美容师给他清理了脸上的黑头。我知道很疼，问他，他说不疼。美容师很感动，说没见过这么勇敢的顾客。等清理完，友庆从美容床上起身，我发现他的上衣湿透了，这孩子，真够勇敢的。回家的路上，滴了几个雨点，我和他商量叫上爸爸去吃喜家德水饺，他死活不同意，非要回家吃。我十分不解，要知道他是非常爱吃喜家德水饺的。晚上吃完饭我继续询问，他说因为要变天了。天哪，想得怪周到的。

2015.09.30

早上我打电话给友庆大妈，告诉她友庆回来了。大妈很高兴，邀请友庆去她家，友庆坚决不去，还说不喜欢大妈，明年再去看大妈。我很纳闷。昨天下午，徐教授与友庆通了电话，友庆很痛快地邀请徐伯伯到家里来看他，而且告诉伯伯他想吃香蕉。据徐教授讲友庆见了他很热情，让座，挽留等等。我一开始想不明白，今天下午忽然明白了，他这个年纪的男孩子一般和女性长辈没有交集，他们不会喜欢大妈大婶婆婆妈妈的做派。这就对了。不再强迫他了，不喜欢和大妈、姥姥聊是正常的。

2015.09.31

上午友庆先做形体训练，站立半小时后，开始收拾卫生，把家里的地板拖了一遍。拖完地板，去超市买果汁。我规定了时间。这次很快回来了，让我惊讶的是除了果汁和豆腐，还给自己买了一瓶啫喱水。回来后，他可能发现了地板不是很干净，又用抹布擦了起来。这次戴了手套，这也是我建议他的，被采纳了。

中午午饭时间，他爸爸从单位回来了，见到爸爸，友庆很高兴。我蒸了包子，爸爸买了扒鸡回来，正准备吃午饭时，发生了一件事。友庆姨妈发来微信问候友庆，友庆急着抢我的手机从通讯联系人中找到一个号码，点开不打电话只是看着，我想制止他，手机在我俩争抢过程中摔到了地上，我发火了，告诉他如果想联系别人，就大大方方地打电话过去，不要搞这些小孩子把戏。然后让他给姨妈打电话。友庆拨通了，和姨妈聊了几分钟，没有说一句不靠谱的话，也没有用他的小宝宝腔调。

下午，我们一起去移动营业厅给友庆办手机卡，他坚持用移动的号码。我让他上网查了叶叔的号码，是电信的，劝他选一个电信的号码，他不同意，坚持用移动的，就依他了。办完后，我们打车去广场，这是友庆以前最爱去的地方，他不想去，要回家弹琴，硬劝着才去。他跟出租车司机交代目的地时，还是不够自然。下了车，他爸爸耐心地教他该怎么说。

玩了一下午，给友庆买了一身衣服，穿上更精神了，他很高兴。

2015.10.01

上午友庆照旧做了半小时形体训练，收拾了卫生，弹了一小时琴。我们和他商量下午去看电影，他很痛快地答应了。下午，到了电影院，开演没多久，友庆就睡了，不知他是困了还是因为看不懂。电影实在是很糟糕，好容易挨到结束，我们就坐公交车回家了。在车上，友庆很注意听着报站，并提前到门口等候下车。

晚饭后，我们一起去操场锻炼。人很多，熙熙攘攘的。锻炼后回到家里，与他商量明天去王伯伯家做客，他很痛快地答应了。

王伯伯是他爸爸的同学，两家关系很好，我想看看友庆与人沟通交流中有哪些进步，还有哪些问题。

2015.10.02

早上，友庆与爸爸一起去早市买了早点和菜。吃完早饭，大妈的女儿李珍打电话给我。原来友庆用我的手机给姐姐打电话了，但是只是拨通了，没说话就挂断了。爸爸告诉他今天下午必须去看大妈和李伯伯，他答应了，但是很快又说不愿意去，爸爸告诉他不愿意去也得去。

上午9点半左右，我们出发了，带友庆去王伯伯家串门。友庆一路上很高兴，到了王伯伯家楼下，王伯伯亲自下楼来迎我们。友庆一脸坏笑，果然，见到王伯伯，他大声说："王振民，你好。"到了家里，见到刘阿姨，大声说："刘慧宁，你好。"这种时候，打预防针，批评，都不管用。他一门心思想把自己设计的恶作剧演出来。中午一起吃饭，友庆放开肚皮大吃一顿。告别的时候，友庆又一脸坏笑地说："王振民再见，刘慧宁再见。"

下午午睡起来，爸爸告诉友庆该去看大妈了。友庆还是老调调:"我要在家弹琴,不想去看大妈。"爸爸说:"少废话。"他就乖乖地拿起我给他准备好的礼物去了,我警告他要有礼貌,不许管李伯伯叫老李,他答应了。中间我打电话给他大妈询问情况,大妈很高兴,告诉我友庆很有礼貌,说话比以前进步了很多。友庆在大妈家吃过晚饭后被李伯伯送了回来,他们还是不放心他晚上一个人回家。

友庆一回到家就问中午从酒店打包回来的包子哪儿去了,他是担心我和爸爸晚饭把包子都吃完了。这小子,吃的心眼倒是不缺。我告诉他放冰箱里了,他放心了。

晚饭后,我们一起去操场锻炼,期间我们提了不少问题问友庆,有些问题还有些绕,他基本都能答上来,组织语言的能力还是欠缺,但是思维能力已经进步了不少。他甚至会与我们开玩笑了。我们大大表扬了他。

2015.10.03
友庆照例6点钟左右起床,吃过早饭,自觉去弹了一会儿琴。9点左右找我要钱去超市买果汁。我嘱咐他顺便买馒头和挂面,并提出了品牌要求。他出发后,我打电话给他大妈,我们约好在超市制造友庆与大妈的偶遇事件。大约1小时后友庆回来了,买的东西全都符合要求,果汁买的是纯果汁,没有再买果汁饮料。我期待他主动告诉我们遇到大妈的事,但是他没有说。我只好问他:"超市里人多吗?有没有遇到认识的人啊?"他说遇到大妈、林林和陈大哥了。我问在超市什么地方遇到的?他回答说在二楼结账的地方。爸爸又询问了他买的东西的价格,他看了看小票,一一作了回答。我们表扬他是妈妈的好帮手,他很高兴。自己主动做了形体训练,然后又去拖地。他爸爸和我都在忙自己的事,爸爸看书,我准备去韩国开会的报告,没有人提醒他。可见父母的认可对他来说是一种动力。

晚上我们一起去操场锻炼，结束后友庆爸爸故意走了一条平常不走的路线。友庆马上问为什么从这里走。这就是进步。以前，他不太关心这些事，只顾沉浸在自己的幻想中。现在，虽然他也不时自言自语沉浸在幻想中，但是，对外界敏感多了。

2015.10.04

友庆越来越放松了，过去的老毛病逐渐表现出来，比如，高兴时乱说"国旗、于魁智"等等。我批评他，他就嬉皮笑脸，不在乎。我告诉他要有理性，他答应了，过会儿，还是那样。这就是不入心的教育吧？左耳进，右耳出。不过做家务很认真，也很主动。也许，我心太急了，他刚刚跨过了一道坎，不会一下子什么都好起来。

友庆上午在家弹琴，弹错了一些地方，我很吃力地认谱子，帮他纠正。爸爸去单位了，下午还得去，友庆表示不想让爸爸去，想让爸爸留在家里。爸爸给他讲了为什么必须去，他似乎懂了。

晚上在操场锻炼，友庆定了时间，一个人围着跑道走圈，我们旁观。还有两分钟时，他停下来不走了，改在操场门口处来回走，我们问他为什么，他说快到点了。看来，友庆不是不善于思考。我们很高兴他能自己掌控时间，表扬了他，他也很高兴。

2015.10.05

上午吃过饭，友庆爸爸带领我们来了一场大扫除，清理出了很多没用的东西。友庆积极参与，扫地，拖地，扔垃圾，干得挺欢。忙完已经是10点多了，我们想一起出去吃顿饭，因为友庆爸爸明天要去单位值班，友庆后天要回盘锦，算是给友庆送行吧。友庆不同意，要在家里吃。爸爸主意已定，友庆只好随着我们出去了。

我们先去美特好超市买拖把，在楼梯口，刚要进入卖场，不知是什么音乐还是门口服务员不停地说的"欢迎光临"刺激了友庆，他突然紧张起来，捂着耳朵，自己说个不停："姥爷我很想念他，他送我上幼儿园，带我出去玩。"我们很震惊，想制止他，他根本不听。友庆爸爸说回家再说吧，别问他了。我们只好这样了。

本来想带友庆吃他喜欢的喜家德水饺，他却说不想吃了，路过过桥米线店，他说想吃米线，我们就进去了。坐下后，我还想问问友庆是什么东西吓着他了，他一听马上就有点紧张，说不想再说那件事了。好奇怪！

下午，友庆又恢复了正常，很快乐的样子。自己定好时间弹琴，很专心。友庆在弹琴时最专心，看电视时不专心，所以看半天也不知道是什么故事，还是只限于记住电视上出现的人物的名字。我和他爸爸感慨：即使不爱读书，什么时候能专心看电视了，也能学到很多东西，总之，还是缺乏一个获取知识和信息的有效途径。

2015.10.06

早上父子二人出去买了菜和早餐，吃过饭，爸爸和友庆告别，因为爸爸今天值班，明天早上也不能送友庆了。爸爸走后，友庆又问起爸爸不能去送他的事情，我详细地给他解释了，并告诉他我去车站送他。他让我把他送到车厢里，看来他对自己去车站找车和座位还没有把握。

友庆拖地时，我告诉他沙发与茶几之间最脏了，让他好好拖干净，他在拖着，我随口问他："知道为什么这里最脏吗？"他说："滴的东西。"我问："滴的什么东西？"他立刻回答："吃水果时滴的汁。"很好！虽然表达不是很贴切，但是思维是对的，这就是进步。

大妈打来电话，友庆接了，但是不说话，让我和他大妈通话。过了一会儿，我让友庆给大妈打电话道别，这次他打了，和大妈聊了几句。放下电话，友庆又开始乱说一气，我批评了他。

下午友庆弹完琴，我吩咐他去超市买东西，他不想去。问他为什么？他说明天要走了，不想去了，他要洗澡。我很奇怪，问他："不是晚上洗澡吗？"他说："明天要走。晚上洗澡来不及。"还挺有规划呢。洗完澡，我让他去超市买卷饼，明天早饭卷鸡蛋吃，他这才答应。他走后，我马上打电话给大妈，大妈还要与友庆在超市偶遇。

大约一小时后，友庆与大妈一起回来了。大妈一个劲地夸友庆。今天在超市入口处友庆很正常。超市二楼往三楼的电梯坏了，友庆居然能绕来绕去找到了楼梯。到了三楼食品部友庆没找到卖卷饼的地方，就问了超市工作人员，顺利买到了卷饼。友庆与大妈挨着坐在沙发上，很亲热，看得我心里热乎乎的。因为大妈的到来，友庆特别高兴，开始给我搞恶作剧。拿我的手机给熟悉的人打电话，打通后也不说话。最后我恼了，他才罢休。

总　　结

10天的时间，倏忽之间就过去了，我们强烈地感到了友庆的进步，体会到叶老师和郝老师付出的努力。大恩不言谢，都在心里了！

我尽量客观地记录，零零碎碎写下了上面这些文字，但愿对叶老师有用。孩子爸爸和我有一个建议，提出来供叶老师参

> 考。友庆依然对音乐表现出极大的兴趣,后面的日子叶老师能否考虑让他继续学琴,时间也许不必占用太多,一周一次或两周一次,以免他时间久了不接触逐渐淡忘了。友庆在弹琴时注意力是最集中的。音乐无疑也是他最喜欢的,即使成不了才,作为他的一个爱好,也可以陶冶他的情操,对他将来的人生是有益的。

友庆的进步在我的意料之中,友庆爸妈关于看电视的夙愿 4 年以后得以实现。当时的我非常不喜欢来自家长的建议,因为我自认为已经很深刻地理解他们的需求,可深刻不等于接近事实,直到 1 年后我才意识到自己错了。

―――――

贾老师:"您之前说友庆有领导力,在这个阶段有体现吗?"

叶老师:"淋漓尽致。

2015 年 4 月 24 日,友庆的能力体现在解决了弟弟束手无策的问题,弟弟心服口服;

2015 年 1 月 16 日,友庆的责任感体现在批评一位迟到 20 分钟却满不在乎的送餐员;

2015 年 3 月 22 日,友庆在生活中展现了哥哥对弟弟的厚爱。先是把自己吃饭的宝座让给了弟弟坐(这在之前是无法想象的,友庆的座位是谁都不能坐的,如果你坐了,友庆会毫不客气地请你离开),接着在下午的锻炼中又对在后面呼呼直喘的弟弟喊道:'弟弟,你过马路要小心!'

友庆吃苦在前。2015年3月23日，主动帮弟弟做家务；

友庆享乐在后。2015年4月28日，好吃的让弟弟先吃；

友庆具备监督职能。2015年4月1日，'弟弟，都快到9点半了，你怎么还不收拾呢？怎么还不洗漱呢？另外你明天还得洗澡别忘了！'

有能力，有责任感，关心群众，吃苦在前，享乐在后，这就是友庆的领导力。"

附录 3
要有所成就
你必须冒险
这是志存高远的代价

自立之旅第二阶段　第 470 天—第 530 天　计 61 天

四项原则：
1. 同一切不正确的思想和行为做坚持不懈的斗争。
2. 不断制造来之不易的成功。
3. 成为榜样。因为榜样的力量是无穷的。
4. 用两种东西改变人：劳动和评价。

一个规则：
对了奖励，错了惩罚。
四项训练：
注意力训练、体能训练、形体训练和执行力训练。

2015.10.20
　　今天友庆走到他郝姨面前说道："郝姨我有两件事，第一件事就是我没有衣服架了，您帮我找衣服架，我挂衣服；第二件事就是我正装上的扣子掉了，您帮我缝上好吗？"

2015.10.24
　　从前如果你问友庆一件糗事是不是他干的，即使不是他干的，他也会说是自己干的。这时的友庆总是上下嘴唇一并撅起，挺胸扬起左手，双眼紧紧地盯着你，大吼一声：

"是!"

今天友庆居然很平静地说:"嗯,这个凳子不是我放的。"

我下午对友庆说:

"友庆,咱们出去锻炼。"

友庆没有像往常一样亢奋地挺胸回应:

"好!"

而是感慨道:"叶叔咱们好久都没出去锻炼了!"

2015.10.25

友庆今天向我"告白"。

"友庆,你喜欢看书吗?"

友庆没有像从前一样直愣愣地看着我,而是看了我一眼,然后把视线转向别处说道:

"不喜欢。"

"你从小到大基本上一本书都没看明白过吧?"

"是。"

"那你拿起书之后会发生什么?"

"会发呆。"

"那为什么你还会一直在看书呢?叶叔去你家里的时候,你好像一直在学习,手里一直拿本书。你是在做样子吗?"

"是。"

"那你小的时候也没看明白过什么书吗?"

"是。"

"但你能读得出来,却不明白文章的意思是吗?"

"是。"

2015.11.01

奇人奇事。

我和郝老师带友庆去商场,给他买了一串糖葫芦。友庆吃完以后,把签子拿在手中,到了停车场,我故意刁难友庆,让他把签子找垃圾桶扔掉,郝老师表示反对,因为"方圆百里"之内是没有垃圾桶的。我也知道这一点,但我总是觉得友庆有与生俱来的解决复杂问题的能力,尤其会得到很多异性的帮助,就坚持让友庆找垃圾桶扔掉。

友庆寻了一圈无果后,看了我一眼,径直走向离我们最近的一家五金店,进门直奔老板娘,伸出手对笑脸相迎的她说:

"来,给您,拿着,扔了吧。"

说完转身离开,老板娘催眠般地照着友庆的话做了,脸上没有任何不悦。

郝老师不小心把橘子落在了超市的封包处。

"友庆啊,能不能帮郝姨把橘子拿回来?"

"能。"

"那你去兴隆四百,跟封包处的人说我来拿郝姨落在这儿的橘子,总共三个塑料袋,其中两个塑料袋各装一个丑橘,另一个塑料袋里装的是小橘子。"

"好!"

友庆转身离去,过了一会儿,友庆空手而归。

"友庆,橘子呢?"

"郝姨我忘了,忘了到哪个地方取橘子了!"

"封包处。"

"封包处!"友庆重复了一遍,转身离去。

过了一会儿,友庆又空手而归。

"橘子呢?"

"服务员让我到北面的封包处去取。"

"那就去吧。"

"橘子都碎了。"(郝老师每次买橘子,都要每种橘子先买一个尝一瓣,试吃过后再大量地买,所以看起来是碎的。)

"碎的也拿回来。"

友庆第三次离去,不一会儿友庆就拿回来了。

"以后让拿什么就拿什么,让去哪里拿就去哪里拿!"

"好!"

2015.11.07

友庆见郝老师在穿衣服,便迟疑了一下,问道:

"郝姨今天是周末您怎么又去上班?"

好问题!

2015.11.14

我让友庆把阳台的窗户关上,再把灯打开,友庆迟疑了一下,先伸手按了身旁的开关,然后走到远处关了窗户。

2015.11.17

上午我问友庆:

"友庆,餐桌怎么没擦呢?"

不出意外的话友庆会反射性地大声说道:

"擦!马上擦!"

但这次没有。友庆走到我身边,很自然地对我说:

"叶叔,您以前告诉我,桌子的这一半,每天只擦一回。"

"那你准备什么时候擦?"

"我准备中午再擦。"

友庆为自己进行有逻辑性的申辩,这是头一回。

2015.11.24

今天发生的事标志着友庆进入了全新的阶段。友庆刚才主动为自己的训练设定了倒计时 20 分钟,并提前 2 分钟完成了任务。之后通过了验收,奖励一个香蕉。

2015.11.28

友庆第一次独自乘坐高铁从辽宁盘锦回山西太原看望父母,友庆妈日志如下:

2015.11.28 傍晚

友庆从天而降，给了我们一个大大的惊喜。友庆一见到我，就迫不及待地把数据线给了我，让我给他买一双运动鞋。看来，把叶老师嘱咐要办的事记得很扎实。随后，就从衣兜里掏出一把大勺子，一个小球，忙着做注意力训练。刚一做完，就找出画写板以及一些他以前的书，说是要撇了。我问他撇了是什么意思，他说是扔了。这是在改正上次回来时犯的错误。晚饭吃的不多，在吃饭这件事上依然很节制。吃过饭我们商量第二天出门短途旅行，友庆不想去。爸爸做了决定，我们订了高铁票，他还是说不想去。晚上，友庆弹琴时，弹出了刚刚我放给他听的英文歌曲 Scarborough Fair 的主旋律，这方面他很有灵性。

2015.11.29

友庆起床很早，大约 6 点左右。吃过早饭，友庆爸爸要去单位，友庆不想让他去，我们给他解释爸爸作为领导的责任，他似乎懂了，不再说什么了。爸爸走后，友庆先擦饭桌，我注意到他擦得很仔细，然后洗筷子，再洗碗，很有条理。干完后，我检查，告诉他以后要把洗干净的碗放在离水龙头远一些的地方，把盆里的水倒掉，他记住了，再做这些的时候，都改正了。

11 点左右，爸爸从单位回到家，我们便出发去南站，友庆似乎很高兴。出发前我告诉友庆乘坐公交车的路线，并让他做向导。路上，他走在我们前面，先坐上了 K98。车上人很多，友庆主动把座位让给了一个带小孩的妇女。很顺利转上 38 路，途中出现了公交车报错站的现象，友庆无法判断，差点下错站，我便告诉他除了听报站，还要记住一些重要的参照物。估计这需要多次乘车才能做到。约 2 小时后，我们到了南站。取票时，友庆不太熟练，爸爸提示他，我认为应该给友庆时间，让他自己反应。后来,友庆给我们俩取了车票,还算顺利。到了目的地,出站时友庆明显表现出来轻松愉悦的情绪,我们表扬了他。

我们坐了一次公交车,车上有位青年学生在大声朗读英语,给我们留下了深刻的印象。回到家后,友庆主动提起这件事,看来,他也注意到了。

返程时,本来想让友庆操作自动售票机,因为时间紧张,爸爸急于购票,未能完成。回到太原南站,时间充裕,让友庆在自动售票机上购买返回盘锦的车票,不知售票机出了什么故障,总买不成,只好以后有机会再练习。回家路上,出租车司机不停地用对讲机和同伴闲聊,友庆坐在旁边,应该听进去很多。我想这是个反面例子,得找机会给友庆说说。

晚上回到家很晚了,友庆照例弹琴,然后睡了。

2015.11.30

吃过早饭,友庆主动做他该做的事情。9点左右,我们出门给友庆买鞋。在商场内,友庆对于买什么款式的鞋漠不关心,似乎买什么样的全凭爸妈定夺,试鞋时发呆,让服务员帮忙脱鞋。看来,他还是会经常沉浸在遐想之中。我提醒他,出门一定瞪起眼睛,不能发呆。才能保证安全。

下午,午休起来,友庆在客厅做注意力训练,这时,家里要来客人,友庆坚持要在客厅里继续托球,被爸爸呵斥。友庆回到自己的房间里,对我说:"爸爸不喜欢我了。"我给他解释,爸妈永远喜欢他,但是他那样做不妥当,爸爸批评他是对的。客人走后,爸爸去了单位,我和友庆在家,我与他聊起了昨天的那个出租车司机。在我的引导下,友庆意识到了粗鲁举止的特征。我启发他,要多读书,书中有很多有趣的故事,读书不是为了考试,而是为了充实自己,成为举止文明的人。我随便找出一本杂志，引导他读。他一口气读了4篇，感觉到了一些趣味。问题在于他读过的内容马上问他，多数情况下回答不上来，需要再从书上找答案。我告诉友庆这并不重要，重要的是从读书中体会到乐趣。我让他看了我床头厚厚的一摞书，启发他爸爸妈妈都有很好的阅读习惯。

晚上，我让友庆用手机充值卡给他自己的手机充话费，他明显地表现出对于充值卡上的说明不能理解，所以，无法完成充值。我引导他反复阅读，他对于充值卡密码等名词不理解，这意味着友庆对于规范汉语的说明文体文字理解不了。晚上，友庆睡下了，我悄悄走进他的房间，他闭着眼睛还没有入睡。我发现他是和衣而眠，就叫他起来脱了衣服再睡。这孩子，是对明天的单独出发感到紧张吗？

2015.11.31
友庆起得很早，大约5:30之前就在洗漱了。吃过早饭，我没有多说，只是提醒他坐上火车给我发个信息。他答应了。6:30友庆出门了。

叶老师，我认为友庆需要在文字理解上下大功夫，我建议可以先从培养阅读兴趣入手，逐渐提高他的语言理解和表达能力。提高语言表达能力，将方便他与别人的沟通和交流，有利于他的自我认可和进步。在出行及购物过程中，我观察到他一张口说话，别人就会侧目而视。也就是说，由于他的语言表达问题，很容易被别人轻视。不知叶老师什么意见？

友庆爸总结如下：
接触了一天，我觉得友庆的确取得了明显的进步，能够主动帮忙做家务，愿意学习新东西，敢于挑战自己（自己回来，出乎意料），而且讲公德，公交车上能主动给别人让座，予人惊喜。这是你们辛勤、科学有效的付出带来的，要特别表达我们的谢意。

建议：我觉得可以考虑在此基础上推进标本兼治，即启迪他的内在主动性，做基础性、根本性修正的同时，可以就他日常表现中不妥当的细节直接予以纠正，如一喊他，他就答"爸"或"妈"，而不是直接答应"哎"之类。当然，是否合适，还请叶老师酌定。

友庆爸妈是强者，他们有自己决定价值的能力，他们的意志能支配自己从而也支配万物。他们不愿把自己的责任委之别人，也不愿别人分担。他们不再是那对除了无条件地爱友庆，其余桩桩件件都茫茫然无对措的友庆爸友庆妈了，他们和友庆共同成长，最终，他们成了自己命运的主人，此后岁月，我们并肩战斗，我们默契配合。

———————

贾老师："友庆自己坐高铁不危险吗？"

叶老师："在第 88 天，友庆第一次自己步行到附近的餐厅吃饭，0.5 公里；

到了第 107 天，友庆第一次自己步行去爷爷家，5 公里；

第 222 天，友庆第一次自己乘坐北京地铁从 1 号线大望路站回到 10 号线巴沟站旁的家，24 公里；

第 531 天，友庆第一次自己购票乘坐高铁往返盘锦和太原，1700 公里。

我们必须冒这个险，因为人，是有必要强大，才会变得强大。"

附录 4

真正的帮助
是唤起他的自尊自强之心

自立之旅第三阶段　第 531 天—第 599 天　计 69 天

四项原则：
1. 同一切不正确的思想和行为做坚持不懈的斗争。
2. 不断制造来之不易的成功。
3. 成为榜样。因为榜样的力量是无穷的。
4. 用两种东西改变人：劳动和评价。

一个规则：
对了奖励，错了惩罚。
四项训练：
注意力训练、体能训练、形体训练和执行力训练。

友庆在 1200km 独自乘坐高铁试验成功返回后的第二天，就陷入了严重的倒退之中，各种能力一夜之间全部消失，几乎退回到起点。

今天，我受邀给首都师范大学附属中学党员及先进教师讲课。在酒店的电梯里，友庆伸出手，看着电梯墙上镜子里的自己，指着脑袋问：

"我的脑袋怎么不够用了？我怎么了？"

"友庆，傻的是你的行为而不是你，但在人类眼中，一个人的行为决定了他是谁。"

贾老师:"这话好像包含了两层完全相反的意思。"

叶老师:"和小真理相对的当然是谬误,可是和伟大的真理相对的仍然是伟大的真理。"

2015.12.15
友庆今天能做 20 个标准俯卧撑了!好样的!

2015.12.19
友庆有了进步,今天我让友庆帮我把手机拿来,友庆在洗手间说道:"叶叔,现在不行,我手上有肥皂泡!"

2015.12.20
友庆在今天的注意力训练中出了错,我问他:
"是不是训练的时候又发呆了?"
"不是发呆,是因为不小心。"

2015.12.23
我突然发现家里厨房用的 12 只方巾被叠得整整齐齐摞在一起,而且用的是我的方式,我惊讶地表扬了友庆,友庆站在远处,面带微笑。

2016.01.06

友庆之前的纠错系数是 20，就是说您得纠正他 20 次才能出现第一次的改进，今天友庆第一次做到了有错就改。

以前喊友庆来吃饭，友庆无一例外会回答：

"好的，我先洗手！然后再吃饭！"

今天中午郝老师纠正他不要再这么说了，当别人喊吃饭，你只需回答"好的"即可，友庆在吃晚饭的时候就改过来了。这是第一次，全家都为他高兴！

2016.01.13

友庆擦了地和窗台，之后喊我验收，我仔细检查了地面以后，对友庆说：

"很好，很干净！"

"您说的是地还是窗台？"友庆立即问道，我在心里大吃一惊。

2016.01.18

友庆越来越认真了。

郝老师对友庆说：

"友庆呐，电热壶里的水这几次都灌得太多了，都超出了最大值很多，这样水壶很容易坏。"

"哦。"友庆答道。

郝老师转身离开。过了一会儿，友庆拿着水壶走到郝老师身旁，问道：

"郝姨，您说水应该接到哪个地方呢？"

"到 MAX 线这里，MAX 就是最大值，不能超过这条线。"

"明白了。"友庆答道。

"是你让他来问我的吗？"郝老师问我。

"没有，是他自己问的。"我笑着答道。

2016.01.20

以往友庆看见垃圾时，会把垃圾装到一个固定位置的垃圾袋里。如果当时那个位置没有垃圾袋，他就会在那个位置徘徊，像一个失灵的机器人。今天家里又没有垃圾袋了，友庆停了一下，想了一想，就找来一张纸，把垃圾放到了纸上。

2016.01.31

郝老师今天总结了友庆这几个阶段的变化：

友庆刚开始来的时候说什么都不懂；过了一个阶段以后是说了也不懂，偶尔懂了也不做；现在是一说就改，改完再犯，犯完再改，千锤百炼。

友庆妈日志如下：

2016.02.05

今天是友庆回家的第二天。早上我们醒来看到他的房间一直没开灯，以为他还在睡觉，就没有立刻起床，想让他多睡会儿。等 7 点钟我起来做早饭时才发现他居然在客厅里坐着。原来友庆早上4点起夜，然后就一直坐在客厅里。

吃过早饭，友庆开始打扫卫生，他还是习惯用手去捡落在地上的脏东西。我教他尽量用工具，比如，可以用扫帚，也可以用纸，将地上的头发等细小物品收集起来。他很快学会了。干完这些活，他开始弹琴。我注意到他总是从简单的练习曲开始，就提醒他接着练习上次回家时开始练的新曲子——舒曼的《梦幻曲》。我知道这首曲子有点难，友庆不愿意练，我告诉他要敢于面对困难，这样才能不断进步。

下午，友庆要去看望大妈，这是他刚一回到太原就主动要求的。我陪他一起去超市给林林买了玩具，他要求我和他一起去大妈家，我们就去了。在大妈家里，友庆很放松，很喜欢林林的玩具，一会儿玩玩这，一会儿弄弄那，看来心理上还是个小孩。大妈留他吃晚饭，他不同意，而且拒绝得很生硬。回家路上，我问友庆爸妈再生一个小宝宝好吗，他说不好。我问为什么？他说那样家里4个人会很挤，还说他会很悲伤，最后跟我摊了牌：如果那样他就离家出走。

这一天总的来说不错，但是，偶尔还会在我的手机上，或者电脑的百度搜索上，拼写诸如小桃红，三德子等过去他常挂在嘴上的无聊的话，被我狠狠批评了。

2016.02.06

晚饭我包饺子时问他愿不愿意和我一起干，他说愿意。出乎我的意料，他居然能包饺子了，而且包得还可以。晚饭时，我和他爸爸争着吃友庆包的饺子，他很高兴。我把他包饺子的照片以及饺子的照片发到朋友圈里，并让他看大家点的赞，友庆很高兴。

2016.02.07

早上友庆收拾卫生时我规定他半小时完成任务。友庆于是就把家里分成两部分，半小时内完成南面卧室的卫生，剩下北面客厅和厨房等就不管了。我问为什么？他说下午再弄。果然下午午睡后就把北面打扫了。

下午我拨了姥姥家的电话，还未接通时友庆就问是给姥姥打电话吗，电话结束后我问他是怎样知道我给姥姥打电话的，他就开始兜圈子，一会儿这样说一会儿那样说。我就盯住他一直问："自己怎么想的能不知道吗？"最后他终于说实话了，是听到了电话里的广告判断的。我想不通，这样简单的问题他自己心里很清楚，为什么还要绕来绕去？很多类似的问题都是源于他不能如实回答问题，让不了解他的人感觉他很奇怪。晚饭后，爸爸建议他出去散步，友庆不同意，他说要洗澡。我说可以明天洗澡。友庆回答明天除夕了要看节目。还挺有计划性。

2016.02.08

早饭后，我们全家一起准备午饭以及回老家要带的东西，友庆说这叫作忙年。他参与了包水饺，弄得越来越好了，爸爸表扬了他。期间，爸爸跟他谈了爸爸这一年里做的工作，不管友庆能否听懂，聊聊这些事情总是好的。

下午爸爸要去单位值班，友庆不让爸爸去，爸爸给他解释了这是他的责任。

下午友庆要去超市买果汁，我给了他三十元。回来后，买了一堆东西：果汁，画写板，字典和两听红牛。他用了卡包里的那一百元钱。画写板、字典和红牛是对过去生活的回忆。我心里清楚这一点，但并没有批评他。

我们一起读了两篇文章，友庆兴致很高，理解力比以前好了。

晚上爸爸从单位回来时已经很晚了,友庆在看春晚,劝他去睡觉,他不去,一个人一直看到12点多。这是第一次。

2016.02.09

今天是大年初一,友庆虽然昨天很晚才睡,但早上6:30就起来了,他很期待今天的出行,渴望见到亲人们。

在火车站,友庆替我们取了票。时间还早,我们在站前广场晒太阳,看到阳光下长相英俊、气质文雅的阳光少年,忍不住给他拍了照,并发到了朋友圈里,我想如果朋友们点赞,给友庆看了会增强他的自信。果然,收获很多赞,拿给友庆看了,他很开心。

进了车站,我们让友庆做向导。他先看大屏幕,找到检票口,带我们过去候车。在等待过程中,我提醒他要注意大屏幕的检票提示,他说听广播。恰巧那天我们的那趟车没有检票的广播,我告诉他这是车站的疏忽,让他注意还是以大屏幕的提示为准。

到了奶奶家,友庆大声给爷爷奶奶拜年并问奶奶几岁了。我们告诉他这样问老人不合适。在家里吃饭时,友庆神情很沉着,若不开口说话,真像是一个成熟的大小伙子了。婶婶说今年友庆看上去很放松,不像去年回来时很紧张的样子。

到姥姥家时,友庆除了给姥姥拜年,也问了姥姥的年纪,这次就没再问姥姥几岁了。傍晚,爸爸要出去参加一个聚会,友庆想跟随爸爸,被爸爸拒绝。很快,友庆就做了错事,像以前那样撕了姥姥的扑克牌。我们一起批评了他,我说这样做不像是叶叔的助手,对他有所触动。

2016.02.10

吃过早饭，友庆主动收拾卫生，倒垃圾，很勤快。

下午我发现带来的杂志已经被友庆涂改了两页，就像他原来那样，我严厉批评了他。

下午家里来了两位客人，友庆只跟他们打了个招呼，就安安静静地坐在那里看电视，但是在客人要求与我拍照时，他突然过来加入了我们，好玩儿！

2016.02.11

今天是姨妈和舅舅他们来姥姥家团聚的日子，友庆早上5点左右就起床了。问他为什么起这么早，他说等他们来，热心肠的孩子。准备午饭时，没有人提醒，友庆为大家摆好了酒杯和饮料。中午大家来时，友庆热情地跟每一个人拜年，但是比以前稳重了很多。吃饭时，不多说话，吃完就离开饭桌。

晚饭后我们出去散步，他也不多说话，一个人想事。

晚上，到了睡觉时间爸爸还未回来，友庆坚持不睡觉等爸爸，给爸爸开门，我费了很多口舌劝他去睡了。

后来后悔了，该让他等着，他是想有所担当。

2016.02.12

今天我的好朋友来访，友庆跟她熟悉，见面后很亲热，把头靠在阿姨的肩膀上撒娇。下午爸爸派友庆独自去姥姥家的小区的饮水机处给姥姥打来了一桶纯净水，15斤，很重，友庆是抱在怀里弄回来的。

晚饭在姨妈家吃的。期间他的表哥开车把友庆爸爸送到了同学聚会的地方，我跟友庆说快快长大像哥哥那样做事。

2016.02.13

今天是返回太原的日子。我们在火车站让友庆带领我们找到候车区,检票后找到我们应该走的方向,并找到我们等车的地方。

在车上,友庆一句话也不说,只是看着窗外。我想考考他,就问他,我们来时 10:40 上车,12:10 到达目的地,我们返回时,1:40 开车,大约几点到太原?他立刻回答 3:10 到,反应很快。

到家后,我忙着查看邮箱并处理工作邮件,没顾上做饭。友庆过来问我几点吃晚饭,我很高兴他能以这样的方式提醒我。

2016.02.14

一大早起床,天降大雪,友庆爸爸一起床就去单位值班去了。友庆很希望爸爸在家,这与以前是不一样的。友庆告诉我家里没有卫生纸了,要去超市买。这在以前他是不会关心这些事情的。

我与友庆一起读书,读到一篇关于穷人与富人的文章。我让他比较了几家他熟悉的亲戚朋友,他都能说出来他们之间的相对穷与富。问他想当穷人还是富人,他说想当富人。

读到一篇关于人的信誉的文章,他想起了很多年以前的一件事。那时他还上小学,我带他到徐教授的办公室。友庆喜欢撕瓶子上的塑料纸商标,徐爷爷教育他,他答应不再撕,可是转眼就又撕掉了一个。没想到他现在联想起了差不多 10 年前的事情了,而且对号入座了。

午饭前,我让友庆打电话问候奶奶,因为我们走时奶奶感冒了。友庆起初不肯,经过劝说还是打了电话,奶奶很高兴。

中午午休前,我告诉他睡到 1:30 再起,可是到了 12:45 又起了。看得出他在坚持他在叶叔身边养成的作息时间,只好由他了。下午友庆去超市买卫生纸,我给了他50元。回来后,我看发票上有退了的两个芭比娃娃,每个95元,很奇怪,就让友庆把买东西的过程说了一遍。原来友庆拿了两个娃娃,钱不够,就退了。那种娃娃我带他给林林买玩具时他拿过,很性感的那种。为什么买这种娃娃?

晚上,友庆把买来的两袋酸奶分给我一起喝,我问他为什么不买三袋和爸爸妈妈一起喝,他很快回答,因为爸爸不在家。不错,说话越来越靠谱了,我表扬了他。

2016.02.15

吃过早饭,与友庆一起去太原火车东站买车票。因为担心他自己下了公交车找不到东站,我以前也没有去过,告诉他让他做向导带我去。在公交车上他很注意听报站名,到站提前起身准备下车,我随着他。没想到下车后一眼就望到了车站售票处,我还是跟在他后面。他选择人工售票,我把400元钱交给他,他自己排队等候。友庆准确地说出了时间、车次、起止车站,售票员告诉他车票346元,他迟疑了一下,可能觉得手中的400元有点多,只递给售票员300元,犹豫了一下,又把另外100元递了过去。买到票,友庆很开心,带着我找到返回的公交车站,顺利回到家。

中午我提醒他,今天情人节是否该给叶叔发个信息祝贺一下。他拿出手机,开始拼字,我提示了一下情人节的性质,他自己想到了"爱情美满"四个字,我说再想四个字,他又说"平安幸福",还不错,挺靠谱的。

下午,我问他想不想晚上去看电影,他说想。我们上网查电影广告,他说要看爱情片,我建议看卡通片,他不同意,坚持看爱情片。好吧,舍命陪君子了,就看爱情片吧。

2016.02.16

今天上午友庆陪我去医院复查,在路上我问他为什么昨晚看电影时睡觉,他说看到叔叔阿姨接吻就闭上眼睛,闭上眼睛就睡着了。

我问他看到叔叔阿姨接吻为什么闭眼睛,他说那样很下流,原来如此。

医院里人特别多,我们挤来挤去费了很大劲才挂上号,挂号的地点与年前不一样了,别说友庆,我自己都晕了。找到地方,我让友庆替我排队办交钱、审核等手续,期间遇到了一个熟人,我让友庆问阿姨好,他居然冲着阿姨噘起嘴做亲吻的样子,我很生气,严厉批评了他。

下午我让友庆自己去医院取我的化验报告,他坚持我们一起去,医院里的人实在太多,而且自助取报告的机器不好用,他一个人恐怕难以完成,我们就一起去了。我告诉友庆去化验室 15 号窗口取结果。友庆到 15 号窗口,没有护士在那里,他居然也大声喊着取报告。我把他叫走,最后还是在自助机器上取到了结果。机器上的使用说明是错的,这样的大医院居然有这样的错误,真不应该。

晚上我开会去了,友庆爸爸带友庆去医院看了耳朵,因为他怀疑友庆听力有问题,经常喊他没反应。原来是耳朵里耳屎太多。晚上我回到家 11 点了,友庆已经睡了,昨晚没能陪他,总觉得心里不踏实。

2016.02.17

今天早上友庆起得很早,爸爸让他在沙发上又睡了一觉,到 6:30 起床。

总结：

友庆在做事、语言理解力上有了进步，逻辑思维明显提高，从神情上看成熟了很多，为家人服务的意识很强，很乐意做家务。

在待人接物上原来的一些问题还有，比如撕扑克牌，亲阿姨等，读书时注意力不够集中，对语言的理解以及常识性的知识明显欠缺等等。

友庆爸对春节友庆回家的表现总结如下：

友庆的进步：

1. 自己一个人坐火车从盘锦回到太原，从太原南站打车回到家，随身携带的行李箱和背包一样也没有丢失。

2. 坐有坐相，站有站相，神态稳重，气质文雅。

3. 积极承担家务，不嫌脏，不怕累，乐意为家人服务。

4. 做事有计划性，爸妈交代的事情都能记得去做。

5. 大年初二在姥姥家，客人来访，友庆有礼貌地打招呼，没有乱说话，给客人们留下了很好的印象。

6. 与我们交谈时，能做到实事求是地回答我们的问题，有些问题回答得很好。比如回答为什么不愿意让妈再生一个小宝宝、为什么看电影时睡着了、为什么去美特好超市只买了两袋酸奶等等。

7. 思维能力提高了。比如，在从老家返回太原的火车上，妈问了一个问题：我们来时10:40上车，12:10到达老家，我们返回时，1:40开车，大约几点到太原？友庆立刻回答3:10到，反应很快。

8. 情商提高了。比如，在奶奶家奶奶、婶婶给压岁钱时，不是无所谓的态度，知道自己把钱收起来了。

9. 有责任感了。初一的晚上主动要求等着我外出吃饭回家，给我开门。

10. 与姨妈等亲人见面时举止有分寸了，不再像以前那样大喊大叫了。

11. 改正错误的能力提高了。做错了事情，我们纠正后很快改正。比如，见了奶奶问奶奶几岁了，爸妈纠正后，见了姥姥改正，问："姥姥您多大岁数了？"

需要提高的地方如下：

1. 有时还会在画写板、电脑等上写小桃红、三德子等很无聊的话。
2. 用妈妈的手机给别人拨电话。
3. 见了阿姨噘嘴，举止很不得体。
4. 语言表达能力需要提高。
5. 阅读时注意力不够集中。
6. 阅读完不知读的是什么。

友庆对别人的呼唤反应迟钝是回太原之前在我身边就开始的，我觉察到了，但迟迟没有行动，最终是友庆爸解决了问题。这件事对于我来说，真是奇耻大辱！

之前每一次危机，人们都会在现场看到完整的我：在场、忠诚、能创造性地解决问题。

我明白，这是退化，是第一次，在从教的第 14 年。

附录 5

务必提升你的立足点
提升了立足点
你就提升了一切

自立之旅第四阶段　第600天~第655天　计56天

2016.02.20

爷爷奶奶给友庆准备了丰盛的午餐，席间友庆对奶奶说他前两天回家犯错了，在白板上写"小桃红"和"三德子"了。

我突然问友庆：

"公安局会不会因为这件事把你抓起来？"

"这不是公安局的事儿，是爸妈反感的事儿！"友庆难以置信地看着我。

友庆晚上居然主动找郝姨聊天！

我们看完当晚的韩剧《蔘生》，我说道：

"好了，到时间了，该刷牙了。"

友庆看了我一眼，说：

"我还想和郝姨说句话。"

"你想说什么呢？"

"郝姨，今天下午您是怎么去坐10路车的，走的是哪条路？"

之后，友庆就向郝姨讲起了他第一次坐10路车的情形：车开得很快，比军车还快……

第一次！他回忆了从前和我在一起的点点滴滴，全是细节。二人你一言我一语，好神奇的景象，两人聊了将近10分钟，郝老师陶醉在友庆语言的流畅性和恰当的表情中，快结束的时候，友庆看了看表，郝老师问他为什么看表，友庆说他的时间要到了，之后他们就结束了谈话。

我躲在暗处，没敢打扰。很羡慕郝老师。

2016.02.24

友庆第一次在回答问题时自我纠错。

我突然问了友庆一个问题：

"都做完了吗？"

友庆一下子卡住了，大口喘气，嘴里发出：

"诶！额……叶叔，我这……诶我这……！"与此同时，左手抬至胸前，手型似凤爪，指着南方，眼神发直。突然，友庆好像意识到了什么，迅速把手放下，想了一下，用平静的声音说道：

"都做完了。"

一瞬间，两个人。

2016.02.25

友庆今晚在看完韩剧《蓼生》之后，突然说道：

"这个影片真让人感动。小女孩很能干，扫地、收拾碗筷、帮大人干活。"

"是不是还帮别人干活来着？"

"是，她对家人很好，大家都喜欢她。"

这是友庆第一次发表观后感。

2016.02.27

友庆前些天因为烧水不认真,水位超过了 MAX 线被批评,结果这几天下来,每次水位都控制在 MAX 线下 1mm 的位置,相当精准,不知道还以为他出身瑞士钟表世家!

2016.03.01

几天前,友庆喜欢上了郝老师带回来的包子。今天友庆又想吃,郝老师让他去买。这是一个挑战,因为他完全不知道在哪里,我们只是向他描述了一个大概的方位,让他买酸菜和芹菜两种馅的包子,同时回来的路上需要买香雪牌的挂面。不一会儿,友庆激动地回来了,包子和挂面的种类都是正确的,数量也是正确的!更重要的是报账的时候,友庆的账目脱口而出,钱分毫不差。令人惊讶的是,友庆还拎着一个超市收银员用的墨绿色帆布袋!我问他是哪里弄的,友庆说是东西太多他怕有闪失,就拿了一个最结实的袋子,我的天!真难以想象他是怎么从超市把这个收银员用的帆布袋拎出来的!我让友庆把袋子送了回去,并向收银员道歉。

2016.03.04

友庆看完《蓼生》,说道:

"太感人了,我流下了眼泪!"

闻听此言,我高度重视,立即开展调查,结果发现:感人是真实的,流泪是因为友庆打了个呵欠。

2016.03.05

我问友庆之前在老家整天不正常是什么原因,友庆说:

"是因为不认真!"

"哦,是因为不认真。"

"其实还有懒惰。"友庆诚恳地说。

2016.03.06

友庆进入了全新的阶段,我们的口号也从"诚实、认真、努力、冷静、守纪"变成了"诚实和不懂就问"。

2016.03.07

"从前文章读不懂是因为你根本不想明白还是真的没法弄明白?"

"压根不想弄明白!"

"是因为弄明白很费劲吗?"

"很费劲!"友庆激动地说。

"然后你就不想弄明白了,是吗?"

"是!我很费劲!"友庆脸上带着坏笑。

"整篇文章都很费劲,是吗?"

"是!是!"

"读书和做事比起来你喜欢哪个?"

"办事!"

"喜欢办事?"

"办事情!"

"你喜欢各种事?"

"是,包括各种训练!"

2016.03.08

今天对友庆来说是个大日子 —— 一个巨大的教育机遇出现了,并被牢牢地抓住!

上午 11 点,友庆突然穿戴整齐,对我说:

"叶叔,我要拿钱去买蒜蓉辣酱好吗?"

"你怎么知道蒜蓉辣酱没有了?"

"额,叶叔我去买吧!"

"我是问你为什么突然要去买?"

"蒜蓉辣酱没有了,我去买一袋吧!"

我们僵持了一小会儿,我又做了一个调查才弄明白!原来友庆看见垃圾桶里有一个蒜蓉辣酱的包装袋,就认为家里的蒜蓉辣酱用完了,便自告奋勇要去买一袋回来,以避免供应断档,但他没办法把来龙去脉说清楚。我意识到这是一个天赐良机,便出台了一个新规定,我称之为"新三条":

一、一件事要分解成三个部分:

1.看到或听到什么;2.心里是怎么想的;3.你要怎么做。然后把这三个部分表述清楚。

二、小到家中饮食起居,大到随行外出办事,以后只要是话说不明白,就变换不同的方式说,直到表达清楚为止。

三、如果实在说不明白了，比如词汇缺乏或未掌握某个句型，就定要在友庆山穷水尽之后，再传授给他。就像如来所说："经不可轻传，亦不可空取。"

得之太易，必不珍惜。

友庆听完这些，立即开始组织语言，十五分钟后友庆说：

"叶叔，我看到垃圾桶里有蒜蓉辣酱的空包装袋，我想一定是家里用完了，我去买一袋吧！"

2016.03.10

"新三条"出台后，我过上了"新生活"。

家里整日各处都会听见友庆的声音，我则在一旁不停地启发、纠正和鼓励，从早到晚，天天如此，每天下来精疲力尽，口干舌燥。

下午，友庆从房间里走了出来，跟我说了下面的一段话：

"叶叔，我刚才听到您用削皮器削皮的声音，我想果皮一定是在托盘里，您用不用我把皮倒掉？"

2016.03.14

友庆看见了我电脑里存的 2014 年 5 月我在友庆的家里做调研的录像资料。录像里的他当时看起来很疯狂。我突然来了灵感，问友庆：

"你看到自己从前的样子有什么感觉？"

"叶叔，我感觉到很舒服。"

"很舒服是吧。"

"是!"

"是现在的生活舒服还是原来的生活舒服?"

"原来!"

"那原来你的那个样子是什么原因造成的呢?"

"欠揍!还挠这挠那的。"

"那胡言乱语也是这个原因吗?"

"是,胡言乱语,还在家看京剧。"

"还有什么奇怪的地方?"

"拿着画写板写这写那,用妈妈的手机乱拨电话。"

"哎呀!还有吗?"

"还打老奶奶眼镜,还让人摔跤,还用脚踢曹伯伯家的门。"

家里到处都是友庆的声音!到处都是我纠正的声音!

郝老师在厨房,友庆在厨房边的餐厅,我在内室叫他郝姨,郝老师没听见,友庆听见了,但友庆无动于衷,我把友庆叫到身旁,问他:

"我刚才叫郝姨你听见没有?"

"听见了。"

"我问的是什么?"

"您问郝姨可不可以吃饭。"

"我当时是怎么问的?"

"可以马上吃饭吗?"友庆学得惟妙惟肖。

"如果我叫你郝姨,她没听见,而你听见了,你该怎么办?"
"我该去叫郝姨。"友庆看了厨房一眼说道。
说到这里,友庆冲着厨房大喊:"郝姨,什么时候能吃饭?"
"你应该说郝姨,叶叔问什么时候能吃饭?"
"再等几分钟。"郝老师答道。
友庆看了我一眼,没吱声。
"你该怎么说?"我问友庆。
"叶叔,郝姨说得再等几分钟。"

晚上我一拎水壶,发现没水了,我故意刁难友庆,冲他嚷道:"怎么又没水了?水哪儿去了?你刚才喝水了吗,友庆?"
"水我喝了。"
"你怎么总喝水?"
"因为我渴了!"友庆大声回答道。

2016.03.16

今天是友庆的 18 岁生日,郝姨早起给他做了超级大虾长寿面,友庆爸、友庆妈发来贺信。

友庆爸写道:

> 友庆,今天是你的十八岁生日,先祝你生日快乐。十八岁就意味着成年了,走向成熟了,希望你有这种意识:自己是个男人了。

友庆妈写道：

> 谢谢郝老师慈母般的关怀！祝友庆十八岁生日快乐！

友庆回复道：

> 谢谢爸妈对我的祝福。叶叔告诉我，我的生日是娘的苦日，感谢爸妈这十八年的养育之恩，我要跟着叶叔继续认真努力，做个成熟的男人。

下午友庆对我说家里的香皂用完了，他问我用不用去买一块香皂。我故意刁难他，问道：

"去吧，但你需要拿多少钱呢？"

友庆愣了一下，用手指着电脑说：

"叶叔，上淘宝，看看！"

2016.03.17

今天我让友庆去买尖椒，友庆马上问：

"买大的还是小的？"我心里一惊，郝老师对我说：

"友庆这么问是因为之前我让他去买白菜，不一会儿友庆带回来一棵小娃娃菜。"

2016.03.18

刚才友庆问郝老师：

"郝姨，您为什么讽刺叶叔？"

"我怎么讽刺叶叔了?"

"您说'下午不是有课吗?怎么还能再看一集呢?'"

"这不是讽刺,这是质问。"

"哦,明白了!"友庆高兴地说。

下午门口传来了友庆断断续续娇滴滴的声音,我让友庆把要说的话在心里过一遍再说出来,友庆试了一下,效果很好。

晚上,友庆对我说完晚安就回屋睡觉了,过了一会儿,我来到友庆的卧室,我问友庆:

"友庆,你希不希望叶叔在你睡觉前给你讲故事?"

友庆犹豫了一下说:

"不想,我想听评价。"

我正纳闷是什么评价,突然,我想起从前我们最艰难的时候,白天友庆的状态非常低迷,有好多个夜晚,我睡不着,来到友庆的房间,发现他也没睡着,我就坐在他的床边,对友庆这一天的各种细节进行客观的评价,安慰他、鼓励他,他也许指的就是这些吧。我把灯打开,走到友庆的床边问他:

"你是想听叶叔像从前那样在晚上评价你这一天的行为是吗?"

"是。"

"友庆你今天表现得非常努力认真……"

突然,友庆说:

"要坚持一辈子!"

这并不是友庆的原创,今天上午,我监督友庆做注意力训练,我走到友庆身后,对他说:

"友庆,就是要这么认真,就是要这么勤奋,要把在叶叔身边学到的这些,坚持一辈子。"

友庆迅速转身,看着我说:

"好的叶叔!我要坚持一辈子!"我不禁含泪转过身去,友庆在晚上还记着这句话。

2016.03.19

我去厨房,身边的友庆突然说道:"叶叔,您的胳臂上沾满了面。"话音刚落,上来就拍。

中午奶奶包饺子让友庆去吃,友庆在厨房帮厨,奶奶把煮饺子的锅晃了晃,问友庆:

"为什么摇晃锅呢?"

"怕饺子粘住。"友庆很自然地说。

友庆觉得自己下楼的时候声音很大,想学习如何悄无声息地走路,我让他脚尖先着地,友庆练了一会儿,越来越有门道了。

下午,友庆走到我跟前对我说:

"叶叔,郝姨刚才让我去新玛特买包子,我看到鞋柜上有钱,您是让我拿包里的钱还是鞋柜上的钱?"

很好!

2016.03.20
门外的快递员连续 9 次违反了安全条例,友庆一直捍卫着纪律,中间有好几次,在门外快递员的对抗中友庆都想放弃了,但他一直坚持到最后。最后快递员妥协了,按着友庆的逻辑出了牌,垂头丧气地走了。好样的友庆!

2016.03.21
友庆带着 15 元,买了正好 15 元的东西,我刁难他:
"友庆,找回来的钱呢?"
"没了!"
"找回来的钱呢?"
"拿了 15 元花了 15 元!"
"对啊,钱呢?"
"没剩!"

我引入了一种我称之为"拍电影"的崭新训练方式,创造场景,不符合"导演"的要求就重拍,实在不到位,就由"导演"讲戏,演给"演员"看,直到完美为止,友庆兴趣高涨,反复反复地练习,近来的生活就像在片场。

友庆自我进化出了统筹的观念。他从外边回到家后,不着急脱衣服,先把垃圾袋拿到楼下,再回来换衣服。

友庆晚上总结了自己不合时宜的词汇:我发现、我要、我想要、我准备、我今天、在哪里啊、水(有地方口音)。

2016.03.22
今天友庆买的东西有些复杂,回来报账的时候他对我说:
"叶叔,一共花了22块5,找回来77块5。"
友庆第一次在他不渴的情况下为我倒了一杯水。
友庆第一次在帮我拿书的时候又递给我一支划线笔。

2016.03.23
我要擦圆珠笔油,让友庆帮我拿纸,友庆走进屋,问我是要纸巾盒里的纸吗?我没回答,友庆想了3秒钟,给我拿来了一团之前擦过圆珠笔的纸。
我故意午饭后迟迟不说午安(说完就可以午休30分钟),友庆一看时间不早竟第一次主动跟我说了午安!
友庆下午用策略掩盖自己的失误,当玩砸了的时候友庆迅速大声喊:
"叶叔,用我把窗户关上吗?"
黄昏时分,我突然袭击,问道:
"赖我吗?赖我吗?"
友庆平静地问:

"叶叔，您说什么事赖您？"

普通男人一天说2000到4000个字，普通女人一天说8000到10000个字，友庆每天说20000个字以上，晚上友庆一阵猛咳，我问他什么原因咳成这样，友庆断断续续地说：

"白天说话说多了！"

这真是对我最大的夸奖，当时的友庆每天保守估计要说40000字以上。

2016.03.25

友庆每次说错话被纠正以后都会自己悄悄练上好多遍，纠错的效果越来越好，现在的指数是4，就是纠正4遍能彻底改正。

2016.03.26

友庆看我安装花架，半天才安好，友庆在一旁激动地说：

"叶叔您总算成功了！"（这文字表达、这语气！）

中午在奶奶家聚餐，全家都注意到了友庆近来巨大的进步，爷爷点评道：

"友庆的思维越来越敏捷，语言表达确切，能越来越多地抓住事物的本质，另外声音也很好听。"友庆吃着春饼，得意地说：

"我现在可立整了！"大家哄堂大笑。

友庆的羊毛衫袖子剐坏了，友庆想找他郝姨缝一下，他组织了一下语言，问道：

"郝姨，用不用我在您缝衣服之前先把衣服洗干净？"

2016.03.27

中午我告诉友庆午休半小时,友庆说:

"不用了,叶叔,刚才我在车上睡了。"

"那你现在在干什么呢?"

"我正在做训练,该干什么我得赶紧干!"

友庆晚饭后从卧室走出来站在衣帽间的过道上对我说:

"叶叔,我想给我妈打电话!"(这是友庆第一次在没有别人提醒的情况下要求给家人打电话。)

"为什么想给你妈打电话?"

"我想她了!"(太感人了!)

2016.03.31

友庆明天回家,再次进行飞船返回大气层着陆试验。非常期待看到友庆回家后的表现,期待看到友庆爸在友庆身上施加新的影响,期待友庆妈设计出更新颖、更深入的话题,期待我们的相聚。

2016.04.01

友庆回家接受"检阅",友庆妈日志如下:

> 下午 16:36
>
> 晚上,本想多做几个菜,友庆坚持吃青菜喝粥,只好依他。爸爸回来,商量第二天出去春游,友庆不同意,说想在家做训练,弹琴,不想出去玩。晚饭后,收拾完碗筷,友庆打电话给大妈,

约定第二天 12:35 去看大妈，然后友庆弹了半小时琴，主动给我们打水洗脚。把客厅沙发上的小被放到我们卧室的床上，说想让爸爸在床上睡觉，不想让爸爸在沙发上睡。

晚上让友庆给姥姥打电话，友庆不肯，说不喜欢姥姥。我拨通后让他说话，他对姥姥说要去陈姥姥家看姥姥。挂了电话，我问他为什么这样说，他说有一次姥姥去过陈姥姥家。我问他为什么这样说，他说搞笑。问他为什么不给姥姥打电话，他说不想姥姥。我突然明白了，孩子说的是实情。从春节去见姥姥到现在不过一个半月，不想也是正常的。

2016.04.02

友庆不到 5 点就起床了，我们只好也起床了。三人一起去早市买菜买早点，友庆主动提东西，我问他为什么，他说要为家人服务。因为友庆今天要去看大妈，我们在早市上买了两大串香蕉，一串给大妈，一串给友庆吃。吃过早饭，友庆想要吃香蕉，问我这是给大妈的吗，我说不是，友庆自己拿了一个也给了我一个，我问他为什么问这个问题，他的意思给大妈的他不能吃，我听明白了，但是他的表达不是那么顺畅。

因为一直在刮大风，我们没有出门，友庆在家先做了俯卧撑，又做形体训练，期间，脑子可没有闲着，不时自言自语几句，还是那老一套，真够顽固的，这么多年了，总也难以彻底改掉。弹琴时定时半小时，我告诉他这样不合适，练琴一次至少一小时，否则没有什么效果，他不听。

今天上午，爸爸穿了一件与平时风格迥异的上衣，友庆一见马上让爸爸脱掉，问他为什么，他说看上去很吓人。

下午友庆要去看大妈，爸爸午睡，我问友庆怎么还不去，他说等爸爸醒来，我问为什么，他说要跟爸爸说下午好。看来是想跟爸爸说一声再去。

友庆在大妈家待了整整一个下午。后来听大妈电话里说友庆与以前相熟的邻居们说话很好，大家都表扬他说话比以前进步了。

晚上友庆读书，还是老问题，刚刚读过的句子马上问他，他也不知所云。我多次开导他，要专心，专心才能有效率，才能有收获。后来，试着让他读一些短一些的文章，效果好一些。

2016.04.03

今天天气好些了，我们决定去晋阳湖踏青。友庆要在家做训练，弹琴，我们做了他的思想工作，他同意去了。有趣的是，出门下楼时一蹦一跳的，看来还是愿意出去放松一下的。只是内心里感觉要严格要求自己，不能懈怠。

在晋阳湖，我提议坐游船，友庆不同意。我问为什么，他说不喜欢。我刨根问底，他终于说出是因为那天有风，他想到船上会冷，所以不愿意。看来考虑问题很周到，但是不能一下子说出内心的真实想法。

当走到一个博物馆的院子里时，人挺多，友庆恶作剧，把院子的门给关上了，还很夸张地大声打喷嚏。

2016.04.04

今天上午友庆自己去买了枣糕，找回的零钱非常仔细地按照面值大小排好。他准备洗澡时，我走上房间的踏步，友庆问我要去找什么，我说不找什么。我突然意识到这里面有事，就问他以为我要去找什么，他说以为我要去找浴巾，他自己已经从阳台上拿过来了。

这些天友庆下面的进步让我和他爸爸感到很高兴：

1. 那天我们一家人一起吃饭，我们正埋头吃饭，友庆突然一本正经地说："爸爸你吃饭不要吧唧嘴。"我们两个人呆了，爸爸缓缓神后说："好的。"然后就不会吃饭了。我激动得快要掉泪了。友庆第一次这么自然、这么恰当地指出家长的错误。

2. 友庆回来的第二天，我们早上去早市买了两大串香蕉，一串准备让友庆拿着去看大妈，另一串我们自己吃。友庆要吃香蕉，在伸手掰香蕉之前，问我："这是给大妈的吗？"我说不是，他便掰下来吃了。这说明友庆考虑事情还是挺周到的。

3. 友庆主动烧开水。这说明友庆不只是有服务意识，而且知道哪些事情需要做。

4. 我们出门走在街上，有人说脏话，我问友庆这样好吗，他非常坚定地说："不好！"友庆在公共场所举止文明，是一个有教养的青年。

5. 友庆主动给爸妈打洗脚水，还帮我搓脚，让我很感动。

6. 友庆吃东西时总是先问爸妈是否要吃，心里想着别人，我们很欣慰。

7. 从外面回到家里，友庆主动给爸爸拿拖鞋。

8. 爱读书了，尤其对于一些短小精悍的故事有兴趣，逐段总结还可以，太长则有困难。

9. 钱包里的钱总是注意放整齐，买菜支付也没有问题。

10. 主动给他大妈打电话问候。

我和他爸爸都觉得友庆已经成为对家人有益的人。

对了，还有一件事，那天晚上和叶叔、郝姨聚会回来，我问友庆为什么喜欢跟着叶叔，他说他要做叶叔的助手，我问为什么要做叶叔的助手，他说叶叔是好人。我说妈也是好人，做妈的助手不行吗，他说不行，我问为什么，他说叶叔教他的东西他能记住。

2016.04.06

看完友庆妈写的日志,我回复如下:

友庆爸、友庆妈:

感谢你们在太原的盛情款待,今天看到你们的《2016年清明节见面》一文,心生感慨,借一篇网文,稍作修改,一吐为快。

教育效果 = 对儿童现状的理解 ×(教育策略 + 教育主导者的自我认知)

教育效果是教育主导者(家长或老师)以他的整体投入到教育中运作的结果。教育主导者的价值观对教育效果产生决定性的影响。

儿童是一面镜子,他反映出真实的你。你所有的掩饰都毫无用处。甚至法律都没有教育的效果公正。一名教师短期的教育效果有一定的偶然性,但长期的成败一定源于他秉持的信念。

意识与无意识

友庆妈妈在《2016年清明节见面》一文中记录道:

因为一直在刮大风,我们没有出门,友庆在家先做了俯卧撑,又做形体训练,期间,脑子可没有闲着,不时自言自语几句,还是那老一套,真够顽固的,这么多年了,总也难以彻底改掉。

我问友庆为什么会这样,友庆说:

"我控制不住自己了。"

这个"我"就是有意识的头脑,这个"自己"则是内在无意识的冲动。我们的内在分为有意识和无意识两个部分,我们既是控制者,同时又是被控制者。

人的意识部分只占 10%，无意识却占 90%。无意识就像冰山隐没在水下的部分。

人的意识来自后天的培养，如社会规范、礼仪、观念以及学校的教育。

意识不稳定，经常处于摇晃、犹豫不决的状态。意识不是先天就具有的，而是人在成长过程中家庭和学校强加上去的，它只是一个面具，所以它没有什么决定性的力量。

无意识是盲目的冲动。它是与生俱来的习气，所以它有着强大的力量。我们内在的傲慢、嫉妒、暴怒、懒惰、贪婪、色欲和暴食这些都属于无意识。这些习性是文明社会所谴责的，所以这些无意识被我们压抑在内在的暗处，但它们仍然在内部沸腾，随时跃跃欲试要挣扎出来。就像友庆所说：

"我瞎说是因为我喜欢瞎说。"

我们行动的力量往往出自我们的无意识，而不是有意识的决定。这和我们通常所认为的恰好相反。当我们内在意识和无意识发生冲突的时候，最后占上风的往往是无意识。因为意识可以做出一个决定，但这个决定的背后却没有力量的支持。有一个寓言非常能够说明这一点。一天，一只乌龟来到河边准备过河，这时一只蝎子上来搭话说："我也要到对岸去，你能不能把我放到你的背上载我一起过去？"乌龟笑着对蝎子说："你以为我是傻瓜吗？你在我的背上的时候咬我怎么办？我可不想冒这个险。"蝎子不屑地说："我看你白活了这么多年，你连基本的逻辑都不懂，如果过河的时候我咬了你，我不也跟着淹死了吗？"于是乌龟就同意背蝎子过河，刚到了河中央，蝎子就咬了乌龟。乌龟临死前问蝎子："你的逻辑哪里去了？"蝎子说："我也后悔，我自己也活不成了。我是承诺过不咬你，但这不是逻辑的问题，我可以那样说，但实际上我做不到，这是我的本性，理智上我知道不应该咬你,但我没有办法不这样。"

所以在本性上友庆与正常的人类没有任何区别,而从表面上看,唯一的区别可能就像我在和友庆共同度过的最艰难的那段时光里说的那样:

"友庆,别难过,我们所有人和你一样,都是傻瓜,我们和你唯一的区别就在于我们掩饰。"

认知力与欲望的关系

叔本华说:"智力是欲望的工具。"

人有限的认知力为欲望效劳。为生存意志服务。当人的欲望完全平息冷却,智力才能完美工作,才能清晰客观。友庆也是如此。

当智力脱离欲望的摆布就成为纯粹的认知力,认知力能够看到和领悟真理,能在诸多事物中看到整体和本质。

我问友庆:"为什么你在爸妈和大妈身边就管不住自己,在叶叔身边就能管得住自己从不瞎说呢?"

"因为爸妈对我没有大帮助,叶叔对我有帮助。"

"你是说你爸妈的方式对你没帮助,但叶叔的方式有帮助是吗?"

"是。"

"你同样是瞎说话,在叶叔这里的后果和在爸妈那里的后果一样吗?"

"不一样。"

我们都带着童年的伤痛成长,我们都希望孩子能避免遭受自己的不幸,希望孩子在和谐民主的氛围中自然成长,这种希望的本质就是欲望。

带着童年伤痛的家长无法超越被欲望驱使。被欲望驱使的认知力必然是主观的，为狭隘的个人目的服务，纯粹而客观的认知力对他们来说是一种奢望。被欲望驱使的智力只能看到现象、个体和局部，不可避免会造成扭曲和片面，最终造成教育失败。

水面平静时相当于镜子，这就是心如止水的意思。如果水在加热沸腾的情况下就会失去镜子的功能，无法清晰映照事物的真实面貌。这时的镜子如同哈哈镜。一切反映在里面的事物都被扭曲。

欲望是热情，是热是火，认知力相当于水。因为智力是欲望的工具，在欲望的骚动中，智力必然失去清晰和客观。在少数情况下，认知力可以作为欲望的冷却剂，用水熄灭欲望之火，这样就产生了无欲无求的圣人，修行人。但无欲无求的达成不是通过压抑而是了解和领悟，领悟到欲望带来的痛苦和欲望最终的无用。

友庆的进化

宇宙进化的过程就是从无意识进化到有意识的过程。无机物的石头是完全的无意识，植物已经有了一点意识，动物里面的意识更多一点，所以更活跃。到了人的阶段意识变得更多一些，但人内在是分裂的，意识和无意识之间，认知力和欲望之间有很大的冲突，所以人是最痛苦的。而人一旦把自己内在的无意识完全转变为有意识，他就开悟了。

所以意识和无意识可以互相转化，智力和欲望可以互相转化。一个人意识的成分越多，那么他内在无意识的成分就越少。一个人的智慧越高，欲望的成分就越降低。无意识是内在的黑暗和混乱，无意识的状态就是痛苦。意识是一种光和照明，是一种内在的清晰与和谐，意识是本能地充满喜悦的。所以我们一直致力于通过各种途径提升友庆的意识状态，而在这一过程中对纪律强有力的捍卫对友庆意识状态的提升是一种保护，是一种负责任的行为。

人性的缺陷

大多数家长在教育上失败的最重要的原因是对自己人性上的盲点毫无察觉，他们多次掉进同一个陷阱中。

一、主观、扭曲的智力。大部分情况下，智力受欲望的操纵，尤其在你一厢情愿的情况下，相信这样的智力就等于相信一个盲人的眼睛。

二、就家长们的内在而言，她还没有一个中心，我们的内在是由很多不同甚至相反的部分拼凑而成，有很多不同的声音在叫嚣，我们的内在是乌合之众。我们常常做出一个决定，但很快又后悔了，因为没有一个中心能够做出真正的决定。一个人无法承诺，因为他的内在有很多相互矛盾的东西各自为政。我们容颜憔悴和难以入睡就是因为各种矛盾的思想在头脑里不停地撞击。

三、头脑会制造幻觉蒙蔽你，安慰你。如果你过分渴望一个东西，头脑就会制造幻觉欺骗你，给你一个虚假的满足。

我们就是带着一个经常扭曲的智力，一个会制造幻觉的头脑和一群心底的乌合之众贸然闯进教育这个期货市场，难免失败。所以为了避免悲剧的发生，在进入市场之前，我们也要在整合自己的心态上下很大的功夫。

在教育过程中智力与欲望的运作

付款前,一般人都能够保持相对客观的态度,但付款后我们往往无法保持相对客观,大多数人绝对主观。智力被欲望所收买,这时的智力无法被信任。头脑无法理性地思维,无法公正客观地分析。

相反欲望操纵了思维,欲望寻求头脑思维对自己的错误决定给予支持,寻求合理化。

这时的头脑思维在这样一个前提下展开工作,它排斥任何相反的观点,对任何缺乏了解的教育片段耿耿于怀,这时家长的思维有倾向性,因为染上了欲望的色彩。

我们所有的理论、分析、策略等理性的部分只属于有意识的头脑,但这部分很脆弱。而非理性的部分即欲望的部分却是非常强有力的,它有它自己的愿意和不愿意,喜欢和不喜欢。理性的头脑只能建议,决策权和行动的能力属于非理性的部分。这就好像专家没有决策权,而掌握决策权的人又什么都不懂。正是因为这样,策略至关重要。

通过对友庆漫长的教育实践,一种高效的教育策略清晰地浮现出来:

友庆一旦行为失当,由友庆爸爸处理,友庆妈妈支持友庆爸爸的一切言行。

这就是理性。

我们理性的部分,有意识的努力那部分就像是一个菜农,他小心而勤劳地耕种和照料着自己的一块菜地。我们内在无意识的冲动犹如一头狂躁的野猪,它随时都会闯进这块菜地,把整个菜地糟蹋得一片狼藉。大多数情况下,人非理性的部分、冲动的部分无法约束自己。它常常不是根据理智上的对错、事实上的对错来行动，而是按照自己的本性和喜好来行动。就像那个寓言里的蝎子。我们明明知道对老师的喋喋不休是不好的，与老师赌气是不对的，但是我们还是没有办法不这样。所以无意识的冲动对交易活动的最终结果有着非常大的破坏力。其实野猪和菜农都是我们内在的部分。谁占据主导地位将决定我们教育的成败。

所以友庆妈妈唯一需要做的就是坚定不移地使用上面的那种策略。我对友庆妈妈能否做到这一点是坚信不疑的，不然就不会在此浪费笔墨了。但这不是件容易的事，我们还要向下继续探讨。

如何去了解和超越自己内在的无意识

几乎每个人对自己的定位都偏高，因为他们认同自己有意识的头脑，他们压抑、回避自己本性中那些阴暗、负面的东西。

但这些东西仍然存在，在里面沸腾。随时要冲到外面。因为我们压抑和回避的态度，这些东西就无法进入我们的意识，从而在暗中操纵着我们，这样事情就变得更加糟糕。因为我们如果对它们没有察觉的话，就没有办法预防。

人的无意识的冲动是一种习惯。习惯的力量非常强大，它一旦形成就不再需要你的帮助，而能够自己运作。通常我们只是它的奴隶，那就是为什么我们总是犯同样的错误而不能自拔。

压抑和回避是无法超越的，只有和无意识面对面的接触，有了彻底的了解，才有超越。

"我"是所有发生在"我"身上事情的原因。但自我总是向外找借口，一旦什么事情出错，我们通常首先要保护的就是自我。自我会去怀疑一切，唯独不去怀疑他自己，其实我们的自我才是最可疑的。所以一个人首先要变得真实，这是在教育上能够成功的首要条件。

抗争的心理

在人性中有这样一个几乎是最顽固的倾向，那就是捍卫自己的观点和不情愿承认自己在判断上出现的失误。所以一个人不管自己是对是错，都会把自己的态度坚持到底。因为那个观点是自己的观点，所以他捍卫的不是真理，而是他的自我。

说'不'，一个人的自我就会被增强。通过抗争他会觉得自己是强有力的，觉得自己是个人物。顺从、屈服、说'是'却很伤一个人的自我。那就是为什么有那么多的人喜欢跟别人抬杠。那就是为什么只要你去政府部门办事，在每一个办公室，你都会听到'不'。

人性中的这种抗争的天性，这种不愿意屈服、不愿意放弃自己错误的态度是教育的最大障碍。

我们从小所受的教育都是建立在抗争和竞争的基础上，如征服自然、战胜各种艰难障碍，与困难搏斗。这种意识已经深深地扎根于我们的内在。我们常看到各行各业的成功人士在教育子女上失败了。这是因为这些成功人士都有一个很强烈的自我，他们的成功使他们的个性变得很强硬，所以当他们理解不了别人的教育方法或不喜欢别人的教育方法时，他们不懂得冷静和等待，而是采用抗争的态度，直到再次遭遇失败。

所以，鉴别教育方法正确与否的唯一标准就是友庆言行的改变。

数钱的心理

这是一种患得患失的心理。我们一旦付款，就时时惦记子女状态的瞬间起伏变化，并被这种变化左右了情绪，忽略了整体。

我们更应该注重过程的正确，结果会随之而来。如果提前去考虑结果，就会扰乱整个过程，从而导致动作变形。人的头脑总是提前跳到远处想着虚幻的结果而忽略当下真实发生的事情，这是我们生命中最大的荒谬和颠倒。在这一点上友庆爸妈已经展现出了杰出的一面。

预测教育结果

任何预测都是主观的，不可能是客观的，甚至许多著名的咨询机构的预测都是错误百出。一旦你预测了行情或者相信某个大师的观点，你就无法看到教师的良苦用心和孩子的汗水，因为你会把自己的主观看法投射到教育上，不论孩子的教育取得了什么样的进展，你都会有自己的解释，永不满足。你会形成一个情结，这个情结就像一块乌云一样笼罩在脑海里，最后这个情结就变成了死结。你会带着扭曲的观点看待教育数月甚至数年之久，从而导致孩子的教育陷于瘫痪。

此外，一旦预测了教育进展，你就不愿意接受教师的劝告，也不愿意改进自己失当的行为，因为你相信任何对你不利的波动都是短暂的，事情最终会回到你预测的方向上。许多家长在试图预测教育进展之后神情沮丧。

承认自己在教育上的不擅长，放弃那些不合适的举动。

人的身体，心理情绪，智力存在一个高低起伏的周期，它们的周期分别是 23 天，28 天，33 天。教育上出现反复是意料之中的。

家长们常常因为耐不住寂寞而跃跃欲试。其实你可以保持中立的态度，静观其变。任何行业中的大师都绝不轻举妄动，他们擅长把握时机，一旦真正的机会出现，他们立刻就扑了上去。平时我们做了大量不该做的工作，当真正的机会，真正属于你的机会来临时，你却正深陷不良的情绪当中，根本无暇顾及。这是最大的教育事故。

结　　语

请不断提升自己的意识状态，达到一个更高的立足点。

有些问题无法在同样的层面被解决，因为在解决这个问题的过程中会产生其他新的问题，所以这类问题只能被超越。

我们的心已经在欲望中变得过于迟钝和坚硬，我们本性中细腻、敏感和灵悟的那部分已经被埋没。我们几乎失去了所有的悟性和洞察力，因为我们过分依赖理性和头脑。但理性永远是局部的、片段的，它永远是间接的，它只能一步一步推理，如盲人用手杖在黑暗中摸索。而悟性超越头脑，来自你的整体，它是突然的、直接的。一下子你就对很多事情开窍了，这就像禅宗的开悟。

内在的提升是长期渐进的过程。当我们提高我们的立足点，我们将会有一个全体的视角，就会以一种超然的心境看待整个事情。

所以请务必提升我们的立足点，提升了立足点，我们就提升了一切。如果我们降低立足点，那我们就会补足所有的悲惨。

叶志刚

2016.04.06

友庆妈回复：

　　叶老师你写得真好！正如你所写的，很多潜意识或者前意识里的东西让我在友庆的教育上迷失了。以后我会注意。教育的确是一门很深奥的学问，我需要慢慢去了解，去学习。感谢你深入的分析，我受益匪浅。祝好！

附录 6

完美的结局
取决于故事什么时候结束

自立之旅第五阶段　第 656 天—第 807 天　计 152 天

四项原则：
1. 同一切不正确的思想和行为做坚持不懈的斗争。
2. 不断制造来之不易的成功。
3. 成为榜样。因为榜样的力量是无穷的。
4. 用两种东西改变人：劳动和评价。

一个规则：
对了奖励，错了惩罚。
四项训练：
注意力训练、体能训练、形体训练和执行力训练。

2016.04.23

家里吸尘器的配件掉在屋外的平台上，我让友庆捡回来，友庆徒手翻过 2.5 米高的大墙，登上平台，又跳下。我给友庆在拿破仑油画前拍照留念。尽管他有此进步，但这次从太原回来，友庆状态一直低迷。

2016.04.25

"你长得帅吗？"
"一般。"
"你怎么掌握的这个词的用法？"

"上次我问您我的地擦得怎么样,您说一般,我这回就蹦出这两个字了。"

2016.05.01
"感觉今天过得怎么样?"
"很愉快!"
"以前别人叫你'傻瓜'的那段时光你感觉怎么样?"
"挺爽!想怎么着就怎么着。"
"那你还想当傻子吗?"
"不想了。"
"为什么呢?"
"我想当个正常人,让叶叔、郝姨和爸妈感到欣慰!"

2016.05.07
"友庆,你出去锻炼吗?"
"我不出去,我想在家做宅男!"

友庆在看电视,他郝姨问我:"你腿疼不疼?"我说:"不疼。"然后我问友庆:"你屁股疼不疼?"
"屁股正好!"友庆答道。

"你觉得是北京好还是山西好?"
"都好。"

"北京好在哪里?"

"北京有很多名胜古迹。"

"山西好在哪里?"

"那是我的故乡。"

2016.05.08

"今天是母亲节,你想说点什么吗?"

"爸妈你们好,等我以后上班了,挣钱给你们买东西,陪你们一块去参加聚会。"

今天我故意把凉包子端给友庆,友庆拿起包子看了看,毫不犹豫地走到微波炉前,把包子放了进去,热了一分钟。我问他为什么要热一下,友庆说,吃凉包子对胃不好。

2016.05.18

友庆妈来信:

> 叶老师,你好。友庆爸昨晚不胜蚊子叮咬,半夜起来去客厅沙发睡。早上起来告诉我在沙发上做了个好梦。梦见友庆好了,在姥姥家与表哥一起谈话,一点儿过去的影子都没有了。全家人都为此特别高兴,姥爷也还活着。友庆爸在梦里激动得掉泪了。他说为了这样的一个好梦,昨晚睡沙发也值得。父爱如此之深沉,我无语了。

2016.05.23

"喜欢当超市收银员吗?"

"不喜欢。钱不够。"

"我去,你还记得呢!以前北京万柳华联的收银员总跟你说钱不够是吧?"

"是啊。"

"然后你听到这句话的反应是管他够不够拿起东西就走,对吧?"

"对!"

"你经常这么祸害他们吗?"

"经常。"

"目前为止被你这么粗暴对待过的收银员有几人?"

"三个。"

"钱不够,拿东西就走,太惨了!"

"是啊。"

"那你喜欢当司机吗?"

"不喜欢。"

"为什么?"

"太危险了。"

"那你就天天在家里坐着吧,在家坐着发呆吧,安全。"

"喜欢劳动和发呆。"

"那一天到晚让你发呆,然后还给你开工资,你干不干?"

"不用了。"

"为什么呢?"

"太枯燥了。"

2016.05.27

我欣赏友庆妈个性中的坦率。

友庆妈来信：

> 叶老师，刚才我与友庆爸电话沟通了，他批评我打扰你的计划了，他建议你按原计划进行。不好意思了。

仅仅 10 分钟后，友庆妈来信：

> 我想收回刚才的话，我还是坚持我的观点，请叶老师忽略我之前的信息。

压抑并不会使欲望消失。

2016.05.29

"友庆你的人生目标是什么？"

"干！"

"就一个字吗？"

"就一个字。"

"什么时候总结的？"

"前两天总结的。"

"前两天你在干什么的时候想出来的？"

"前两天在做能力训练的时候想出来的。"

"是受别人的启发想出来的还是自己琢磨出来的？"

"是受您在北京一句话的启发。"

"哪句话？"

"人生最重要的一个字就是'干'！"

记得在 2014 年 7 月 18 日，我问友庆：

"你能干点啥？你这样的人对社会能有什么贡献？"

友庆的回答让我大吃一惊。

"我可以种地或扫大街！"

有人为自己干，有人为别人干，而友庆为了干而干。他创造了新的道德，除了一心一意把事情做好，别的什么也不去想。

2016.05.31

昨天我腹泻了，今早友庆一起床就问："叶叔，您腹泻好了吗？"感动。

刚才我给手机充电，插好插头后，手机并没有发出"叮"的一声，友庆跑了过来，我是问他为什么跑过来，友庆说：

"我看看是不是电源没开，要不然怎么没声音。"

2016.06.01

今天友庆第一次自己去理发，有三个经典的情节。

1. 理发店老板连问两遍："孩子，之前每次带你来的那个人是你什么人？"友庆无动于衷。

2. 友庆发出了婴儿般的声音："赵师傅～您好～，您来给我～剪～头～"、"赵师傅～，我在这儿办了一张卡～"（依然是娇滴滴的）洗头的小伙计问友庆水温怎么样，友庆仍旧无动于衷。

临走时，友庆回头娇滴滴地说："赵师傅再见。"

3. 友庆刚出理发店的门，就有骗子上来寒暄，纠缠了友庆好一会儿，友庆无动于衷，眼睛盯着回家的路。最后骗子叹了一口气，放弃了。

晚上带着友庆根据录音逐句纠错。

2016.06.12

我让友庆帮我把手机拿来，正在洗头的友庆说："叶叔，我头发太湿了。"

"友庆，以后叶叔不在人世了，你怎么办？"

"叶叔，到时我和我爸妈生活在一起。"友庆一直认为我只能活到40岁，我问他为什么，他说我太操心。

"如果那个时候你爸妈也不在了呢？"

"那我就去敬老院。"

"哎，那你没有妻子和孩子吗？"

友庆茫然地看着我。

"你是没想过这个问题吗？"

"可以没有他们。"

我和友庆爸妈计划让友庆8月中下旬回太原，友庆不愿意回家,但最终还是答应了。最后我问他:"你有可能反悔吗?""是啊,我还是有可能反悔的!"

2016.06.13
"友庆,你觉得这世界上最可怕的一句话是哪句话?"
"我说啥是啥!"
"这话是谁说的?"
"我爸说的。"
"在哪儿说的?"
"在家里。"
"他为什么这么说?"
"因为我不听话,他被气着了。"

2016.06.14
我带着友庆逐句分析总结去小市场买糖饼过程中,他说话存在的问题。
"友庆,咱们总结一下你今天去市场买糖饼过程中说话上的问题好不好?"
"好!"
"奶奶,我叶叔说昨天糖饼里的糖太少了 今天买糖多的~(嗲声嗲气的)这什么毛病?"
"像羊叫!"
"像羊叫,对不对?"

"对!"

"应该怎么办?"

"应该像老虎,声~如~洪~钟~!"

"声如洪钟,对不对?"

"对!"

"这是第一个毛病,你该怎么做已经很清楚了,对不对?"

"对!"

"说话首先要做到的是?"

"声如洪钟!"

"好,咱们往下听。

'好的,下次奶奶给你多包点糖。'

奶奶说下次给你多包点糖,然后你怎么的了?"

"没吱声!"

"应该怎么做?"

"有问有答!"

"咱们继续听,'今天来多少?'

'来~~你好,我今天……'

这又怎么了?"

"又像羊叫了!"

"应该怎么做?"

"声如洪钟!"

"继续听,'你好、我今天……来……买四个……'

这怎么的了?"

"不连贯!"

"应该怎么做?"

"说话要连贯!"

"但是在你说买四个之前你还说了'你好'二字,对不对?"

"对!"

"'你好'放在这里说对劲吗?"

"不对劲!"

"应该什么时候说你好?"

"刚见面的时候说!"

"所以我们要?"

"用词得当!"

"我来买四个糖饼和一个黄馒头~,这话说得又像羊叫了,对不对?"

"对!"

"应该怎么做?"

"声如洪钟!"

"继续听,'下回给你多包点儿,明天的行不?'你看奶奶和你说话,然后你还是怎么的了?"

"还是不吱声!"

"应该怎么做?"

"应该有问有答!"

"应该有问有答,不然别人会认为你怎么的?"

"太没礼貌了!(一脸悲愤)"

"最起码你应该说好的或者行,对不对?"

"是。"

"继续听,'奶奶明天给你包糖更多的好不好?'结果你又没吱声,太没礼貌了,是不是?"

"是。"

"然后一会儿在楼道里你看见楼上的奶奶了,你又怎么了?"

"没吱声!"

"又没吱声,见了熟人应该怎么做呢?"

"问候她!"

"应该怎么说?"

"你好!"

"跟长辈应该说您好,但熟人就直接说爷爷好、奶奶好,把辈分加在里面,对不对?"

"是。"

"咱们再整个听一下~,这是非常经典的一段对话,几乎包含了你说话上的主要问题,对不对?"

"对!"

"所以我们下回改进的时候要做到哪几点呢?"

"声如洪钟、有问有答、用词得当、连贯、问候熟人!"

"好,再来一遍,该怎么做"

"声如洪钟~有问有答~用词得当~连贯~问候熟人~~"

"你发没发现又像羊叫了?再来最后一遍!"

"声如洪钟、有问有答、用词得当、连贯、问候熟人！"

"搞定！"

"搞定了！（友庆激动了）"

2016.06.16

"友庆咱们看下你 6 月 13 日改进了以后，说话还存在哪些问题，好吗？"

"好！"

"这是 6 月 14 日的录音。

'阿姨您住几楼？'

'我住你们家隔壁。'

这话有必要吗？你不认识她吗？她不就是天天都能见到的隔壁阿姨吗？这话有必要吗？你还引导她问是 882 那儿吗？说这些有意义吗？"

"没有。"

"下次见到熟人该怎么做？"

"直接打招呼。"

"怎么说呢？"

"阿姨好！"

"就完事儿了，对不对？"

"对！"

"如果对方在车里，就再加个手势，不然对方听不见，对不对？"

"对!"

"咱们继续听。之后你来到了市场,见到了卖糖饼的奶奶,奶奶好,我来买糖多的糖饼!这话说得特别好,像羊叫吗?"

"不像!"

"正好,做到了声如什么?"

"声如洪钟!"

"说得好!继续听,'来多少?'

'来四个!'

人家问你来多少,你说来四个,回答得很干脆、准确,做得好!"

"谢谢叶叔!"

"'那你稍微等会儿。'

'好的!'

你看人家和你说点什么,你马上有回应:好的!对不对?"

"对!"

"做得好!继续听,你打喷嚏了是不是?"

"是。"

"今天天冷,出去应该穿什么?"

"穿长袖衣服。"

"嗯,下回要记住啊。"

"好!"

"咱们继续听。

'给你。'

'谢谢~'

什么毛病这是?"

"又学羊叫了。"

"应该怎么说?"

"声如洪钟。"

"继续听,一旁有人在吵架,你该怎么做?"

"该离远点。"

"好,继续听,你过马路用了5分钟,是吧?"

"是,当时车很多。"

"继续听,后来在大门口看到你郝姨了,我听说你在问候郝姨的时候把头像乌龟一样探了出去,有必要那么干吗?"

"没必要。"

"应该怎么做呢?"

"挺直腰杆,抬头挺胸。"

"咱们继续听,

后来你到了商场的超市,

'你好,我来买5个酸菜包子和5个芹菜包子。'

这话说得怎么样?"

"说得很好,声如洪钟!"

"结果对方怎么了?听到了也不回应,慢慢吞吞,根本没把顾客放在眼里,对吧?"

"是!"

"能这么做事吗？工作第一啊！这几个工作人员这是干什么？"

"继续听，过了一分钟，一个女服务员过来了，问 5 个酸菜 5 个芹菜是吗？你回答，哦，5 个酸菜 5 个芹菜。回答得干脆利索还很有礼貌，对不对？"

"对！"

"她递给你 5 个酸菜包子的时候你说谢谢，这很好，但你等得有点着急，就问她，5 个芹菜的呢？她不耐烦地回应你说，这不给你拿 5 个芹菜的吗！"

"是。"

"然后你还是感谢了她，这很好。之后你来到了收银台。
'您的会员卡号是多少？'
'13399999999！'
'今天说手机号不好使，会员卡号是多少？'
'13399999999！'
'今天说手机号不好使。'
'为什么不好使？'
'今天系统升级不好使。'
'13399999999！'

你看你又说了一遍手机号！人家都告诉你今天手机号不好使，你还又说了一遍，人家会怎么想？"

"会认为我有点傻！"

"还有必要报手机号吗？"

"没必要了。"

"那应该怎么回应呢?"

"哦或者好。"

"之后你对她说了谢谢,但她没听见,结果你又像乌龟一样伸长脖子,把头探过去,凑到她耳边说了声谢谢,给人家吓一跳!吓人不?有这个必要吗?下回说一遍就完事,没听着是她的事,明白了吗?"

"明白了!"

"咱们继续听,你从商场出来以后准备过马路,在路旁等待的时候你说了一个字,什么字?"

"干!"

"你想起哪句话了?"

"叶叔说的人生最重要的一个字就是干!"

"这话是真理没错,但首先你在马路边发呆是不是很危险?其次你想什么有必要说出来吗?"

"没必要。"

"如果你看见身边的另一个人手里拎着菜,嘴里突然说'干!'你会怎么想?"

"那个人有点不正常。"

"不光是不正常,你想象一下,一大帮人在路边等着过马路,你身边站个男的,这小子突然说了个'干!'吓人不?"

"吓人。"

"尤其还这么高大威猛的男人,嘴里突然说个干!手里还拎着10个包子,你说吓不吓人?"

"吓人。"

"这要是小女孩都得吓哭了,是不是?"

"是。"

"好,咱们继续听。回家后开始报账了,钱和小票都对上账了,没有啰里啰唆说一堆没有用的,声音也很好,对不对?"

"对!"

"挺好啊!"

"谢谢叶叔!"

"总结一下今天出现的问题。"

"好,1.见了阿姨应该说阿姨好。2.学羊叫了,应该声如洪钟。3.报手机号不好使的时候就不该再报了。4.不该探头打招呼,应该抬头挺胸。5.过马路的时候幻想,自言自语了,应该保持清醒,不乱说话。"

"好,明天应该怎么办?"

"要改进!"

"跟前天比,已经有很大进步了,对未来有没有信心?"

"有!"

"好!马上洗漱!"

"好!"

2016.06.20

"你在你妈面前故意犯过哪些错误?"

"瞎说过,说了什么鹏儿啊、廖婶儿啊、什么宁叔啊,还在画写板上乱写,什么三德子、小桃红和福星临门,还到美特好超市里买了两罐红牛和芭比娃娃,还故意管孙爷爷叫小孙,还故意对我爸的同事噘嘴,还故意把公园的大门关上了。"

"这些事你敢不敢当着你爸的面儿干?"

"不敢。"

"为什么?"

"因为如果那样干我爸会揍我。"

"你妈不会揍你吗?"

"不会。"

"要是你妈也揍你你还敢吗?"

"还敢。"

"为什么呢?"

"因为在妈面前这么干感觉很舒服。"

"那你以后怎么打算的?"

"以后不这么干了。"

2016.06.26

我洗完澡后发现浴巾忘了拿进卫生间了,就准备开门出去拿。一开门,发现门外站着友庆,手里拿着浴巾。

看着友庆脸上的微笑,感动。

2016.06.28
刚才我问友庆:"你和你鹏叔最像的地方是哪里?"
友庆反问道:"是行为还是身体?"

2016.06.29
今天外面暴雨,他淋成了落汤鸡,但此后他学会了带伞。

2016.07.11
友庆从6月中旬状态就持续低迷,我今天一天都没和他说话。下午5点58分,友庆第一次主动找我说话,和我分享了下午他的经历。友庆说很喜欢在晚饭后和我说会儿话。

2016.08.17
友庆从8月1日到15日在我父母家进行脱离试验,这15天里,友庆没有瞎说过一句话,没有瞎写过一个字。这令我和友庆爸妈欣喜若狂。

2016.08.29
友庆的爸妈准备让友庆回太原上学了。我们的叔侄生活要告一段落了,我录下他每天晚上睡觉前都会对我说的:"晚安,叶叔!"
晚上18:30,友庆爸发来微信:

叶老师，这两年您在友庆身上倾注了诸多心血，使孩子有了如此巨大的变化，孩子将终生受益，我和友庆妈也将永存感激，相信友庆将会永远视你们为亲人。

我回复：

　　感谢友庆爸对我的肯定！刚和友庆做完校园防暴防侵害训练，友庆明天回太原，我心里十分不舍，总感觉现在说分手，还为时尚早，但还是感谢友庆爸的肯定。听说您下个月在中央党校进修，我特别高兴。我认为祖国特别需要您这样理想坚定、品格高尚、廉洁实干的青年官员，让我们一起为中华民族的伟大复兴而努力奋斗！

友庆爸回复：

　　感谢叶老师的鼓励，我们是志同道合，我们保持联系。

友庆妈回复：

　　叶老师，我刚回到家，回来的路上一直想着明天友庆就要回家了，我们要开始新的生活，心情很不平静。感谢叶老师在友庆身上倾注的心血，感恩您的辛苦付出，我们保持联系！

友庆和爷爷奶奶告别。

――――――――

贾老师："友庆爸竟然用了'志同道合'这个成语！"
叶老师："家长购买的不只是你的服务，而是你的信念。因此你的目标不是要和所有需要你的人打交道，而是与你有相同理念的人打交道，这是最精彩的部分，充满喜悦。"

2016.08.30

早上，我录下了每天早上友庆都会对我说的"早上好，叶叔！"

上午9点整，最后的时刻到了。友庆在火车站的进站口对我说："叶叔再见！"说完就拖着行李箱向里面走，突然，他转回身，伸出右手，一把抓住了我的左手，看着我的眼睛，郑重地说："叶叔，让我握一握您的手吧！"

两个1米8的正装男子默默地紧紧地拥抱在一起，就像人们在战斗前临死前拥抱那样。这一拥抱压住了他们想要说的话、眼泪和感情……

友庆妈：太感人了！友庆长大了。

友庆爸：友庆又成长了。

【友庆临别赠言】

遗憾不能　陪着你走

虽然你说叶叔再让我握一握您的手

一抹斜阳　你不在门口

月如钩

26个月

我的身旁

总有一人 风雨里追随
说愿意做我的助手

他注视着我
我挺直腰杆 暗暗提醒自己
我是他的叶叔 是他的榜样
你说睡前总希望能和我聊聊
我意识到
我是你唯一的朋友
今晚没听到你说的晚安
我发现
你是我唯一的牵挂

请原谅我总是不够温柔
不愿分担你的善感多愁
这些话我一直说不出口
为了使命
只能把对你的关切放在心中

回去的路有些黑暗
担心让你一个人走
但既然选择了
就纵身一跃吧

那就这样吧
无论叶叔在天涯海角
都会想起你
想起我们互相依靠的日子
总有一丝温暖涌上心头

附录 7
天才就是坚持不懈的意思

贾老师:"您和友庆背影那张照片是谁拍的?太有意境了。"

叶老师:"是我的妻子郝老师。

我是幸运的,在家中优美的环境里,做着我想做的事情。这里有我温柔贤惠的妻子,告诉我世界本来的样子。

很少有人能比我从生活中得到的更多——更多真实的快乐和满足。我把这归结于我对工作和家人的热爱,这些因素使我获得了成功。

我爱我的妻子,她也爱我,全心全意地支持我,但我时常想起在那大城市蜗居于地下室的青年,他自我怀疑、不善言辞、孤身一人,可他也愿意用心底的光照亮世人,当他读到我的书时,会不会因为自己孑然一身而绝望呢?

所以我决定,从这一天开始,由我一个人完成友庆的饮食起居和各种训练。我坚信,干教育靠的是单枪匹马。

我身后的青年,你可以生而一无所有,但你可以改变世界。"

2016.09.22
胡老师带着友庆上了一个小时课。

2016.09.23
一位钢琴家对胡老师说,像友庆这样的孩子得慢慢来。反对权威!

2016.09.24

"你放那儿吧。"

"叶叔,再给我一次机会!"天呀,想不到他会说这句话!

2016.09.26

练了 6 个小时。

2016.09.27

练了 6 个小时。

郝老师问友庆今天是几号了,友庆说是 26 号,这是友庆第一次记错日期,友庆越正常,特异功能就越弱。

2016.09.28

练了 5 个半小时。

2016.09.29

上午上了两个半小时的课,唱了 15 分钟谱,音乐鉴赏 50 分钟。

上午学完了《八度练习曲》,胡老师送给友庆一个指力器。(指力器作为一级藏品被收藏在开宗博物馆)

下午练琴 2 小时 55 分钟,音乐鉴赏半个小时。

2016.09.30

今天练琴5个小时,《谐谑曲》开头部分练习121遍。胡老师授课1小时,晚上半小时指力训练,两个半小时音乐鉴赏。

2016.10.01

我凌晨4:10起床,友庆4:35起床,4:55到琴房,练琴3小时35分钟,音乐鉴赏1个小时。

晚上17:00—20:10请胡老师和他的妻子在小时候2013餐厅用餐。

————————

贾老师:"叶老师,您怎么每天都很精力充沛的样子?"

叶老师:"如果你在尝试改变世界,那么你正在做真正重要的事情。相信你每天都会在兴奋中起床。"

贾老师:"那个时候您自己开车吗?"

叶老师:"是。"

贾老师:"您开的什么车?"

叶老师:"那时开的是一辆07款的上汽大众帕萨特领驭。"

贾老师:"那应该是一辆很普通的车。"

叶老师:"什么车送你到目的地并不重要,重要的是你要去哪里、准备完成一件什么样的事、谁在你的旁边。"

2016.10.03

今天休息一天。

2016.10.06

胡老师应我的要求布置了家庭作业。

"友庆。"

"叶叔！"

"每天5个小时练琴、2个小时听力训练、半个小时指力训练，再加上体能训练和能力训练你感没感觉到辛苦啊？"

"不辛苦，很幸福！"

2016.10.07

早上友庆5:30起床，6:02到达琴房练琴。今天胡老师改肖邦曲为另一首，带来了考拾级的教材。

2016.10.09

今天休息。

2016.10.10

晚自习我改变了策略。所有的整体都是由部分组成的，我把考级曲按两小节一组分组，每组照谱弹20遍，之后盲弹20遍，只有100%正确地弹出来才算一遍，效果很好，友庆越发有精神了。

今天心脏疼。

2016.10.11

早上 5:16 起床,心脏疼。

友庆撒谎对我说胡老师已经教到了《谐谑曲》第 8 页上半部,而实际上胡老师只教到了第 7 页中部,我刚开始毫不知情,严格监督,友庆情急之下竟无师自通,胡老师后来上课听完啧啧称奇。

2016.10.13

下午快下课的时候,胡老师让友庆弹最后一遍,《八度练习曲》和《谐谑曲》。不一会儿,曲子便从钢琴中流淌出来,我不禁屏住了呼吸,太美了!胡老师转过身对我说:

"累了一天,刚才是最幸福的时刻!这样下去,拾级没问题,这才学了 20 天啊!"

我刚才也是跟着享受了好一会儿,对友庆充满了信心。胡老师指着一段琴谱说:

"这一段很难,但友庆弹得非常好!"

我对胡老师说,这一段友庆上午练了 80 遍,胡老师拍了拍友庆的肩膀,叹了口气。

2016.10.14

我计划以后每周六休息,每周五下午用手机拍摄友庆的演奏,存档。

这周是友庆学琴的第三周,今天下午开始录像。胡老师说自己周日课多，建议周六正常上课，周日休息。最后决定周六录像，周日休息。

胡老师说友庆已经进入了新的阶段，他不再是机械的记忆，而是用心去体会、去悟。弹错的时候友庆会反复比较错音和对音，主动反复练习断点，这是本质的不同。

2016.10.15

我早上 4:30 起床做早饭，友庆 5:30 起床，我们 6:02 到琴房。今天胡老师教友庆《谐谑曲》的最后两页，没到半个小时学会了一般孩子半个月的量。

我在课后和胡老师交流了一下，统一了思想：

1. 友庆是视觉动物，而榜样在教学中不是主要的东西，它是唯一的东西。所以今后上课，胡老师演奏三首拾级曲，我录像，刻碟，搬来电视和 DVD，让友庆反复看。

2.《八度练习曲》以后不再用谱，卡壳后直接看录像。

3. 明天准备第三首曲子的谱。

4. 胡老师说他得好好练一练，我说如果实在没时间就用友庆上课的（17、18 日）两个小时练习，18 日录像。

5. 友庆在拾级考试的时候必须盲弹。

6. 三首曲子都学完后再回过头一起打磨。

睡觉前我在网上找到了欧洲高手演奏的《谐谑曲》，叹为观止。

2016.10.16
今天休息。

2016.10.17
今天《八度练习曲》和《谐谑曲》都学完了。

2016.10.18
电视、移动式挂架、DVD 和 U 盘都到位了,我让友庆经常看高手视频,友庆很兴奋,见贤思齐。

2016.10.19
我突然发现友庆弹琴的依据——琴谱里竟然有若干错误!奇耻大辱!竟然照着错谱弹了一个月!上午我将所有的琴谱都换成了中国音乐协会官方教材上的谱,拆了一本教材。

琴房的温度是 19℃,友庆练琴时,我鼓励友庆,手轻拍了一下他的后背,却发现汗水已经湿透了衣服。

友庆下午把自己练成了琴痴,忘记了上厕所,胡老师在一旁也浑然不觉,直到站在这对全神贯注的师徒身后的我闻到了臭酸味。

2016.10.20
明天录像,切记!
友庆用 15 分钟学会了一般小孩半个月都学不会的一段曲子,

胡老师大喜,连称"天才"!

计划明天将《博士》学完,这样的话三首拾级考级曲就都搞定了。

和胡老师约定以后周六休息,周日正常上课。

2016.10.21

今天下午录像。

胡老师在听完友庆复习昨天所学之后说友庆进步了,不需要反复了,之前学完一段以后需要反复指导,现在不用了。

很好!

今天上午进行得很艰苦,友庆一看见高音谱号和低音谱号就分辨不清,错误百出,胡老师来之前的一段时间还出现不守纪律的现象,看下午吧!

中午吃饭的时候我告诉友庆下午不准练《博士》,友庆点头答应,我又强调了两遍。

友庆下午 13:20 起床,13:30 拿着我的水壶步行去琴房,临走的时候,他看见叶叔正在午睡,就在大门关闭的那一刻,我冲出卧室,开车绕路直奔琴房,车停远,锁复原,隐身钢琴后,静等友庆的到来。

友庆来了,开门、开顶灯、开琴灯、开窗、开净化器、设表,坐下,想了想,直接把琴谱翻到了《博士》的上午最难处,反复练习,直到他发现了站在自己身后的我,友庆微微一笑,说:"叶叔,您来了!"

我问他为什么弹《博士》，友庆说自己又不听话了，我义正词严地警告他，但心里很赞同友庆的毅力。

胡老师来了，为了打这场硬仗，胡老师也是憋了一口气，时间很快就过去了，胡老师带领友庆打赢了这场仗，有两个细节：

1. 友庆十分勇猛和积极，遇到卡壳和错误反复练，根本停不下来；

2. 胡老师给友庆做演示，一曲未完，就感觉有人捅了他一下，此人不是旁人，正是友庆，友庆说：

"胡老师，我来！"说完就用屁股拱胡老师。

胡老师慨叹道：

"这样的学生能不成功吗？"

2016.10.22

今天下午友庆学完了三首拾级曲：卡本良斯基的《八度练习曲》、门德尔松的《谐谑曲》和德彪西的《博士》。胡老师很激动，傍晚我们在琴房聚餐，胡老师说，如果他尽全力，完全可以创造半个月学完三首曲子的奇迹。

了不起的教育奇迹，无不是家长仰仗优秀的青年以无比的雄心和精力创造出来的。

成功的关键是老师的热情和技巧。

下一阶段是打磨。

2016.10.23

今天是周日,按计划休息,友庆很痛苦。

我问友庆今天是休息还是去琴房。

"琴房!"友庆充满期待地回应。

2016.10.24

友庆今天状态不好,一整天丢三落四、顾此失彼。但在课上胡老师说友庆是天才!

2016.10.25

友庆上午练琴迟到。

友庆下午练琴迟到。

弹错音、轻重缓急不当。胡老师要求友庆只能弹《八度练习曲》和《谐谑曲》,后来在下课时要求友庆从明天开始只有在胡老师在场的情况下才能碰钢琴,试行一周。

2016.10.26

友庆又迟到了。

友庆上课时谱背得不准,胡老师憋了一股劲,眉头紧锁,友庆的进展陷入僵局。

我向胡老师献上一计:让友庆照谱弹20遍,再盲弹20遍;胡老师不要在友庆身边站着,不然他紧张,40遍后考核,赏罚分明,胡老师一试,笑逐颜开。

2016.10.27

友庆又迟到了。

上午我没有按照胡老师的规定不让友庆碰琴，而是友庆一到琴房就弹，还是按我的方法来，照谱弹 20 遍，背弹 20 遍，最后我来考试。我俩紧锣密鼓，一切顺利，但我发现友庆表面上把《谐谑曲》的第二页背弹下来了，但在倒数第二行的两个小节有心理上的畏惧，这种畏惧是稍纵即逝的，在弹奏时，是靠着思维的惯性和肌肉的记忆再加上一点幸运完成的，我马上制造事件，瞬间加大友庆的心理压力，让他在巨大的压力下再弹一遍《谐谑曲》。果然，惯性、幸运和记忆消失了，断点出现了，不是一个点，而是一段缺口，这段缺口是他不习惯的，不能较容易掌握的，我让友庆针对这一小段反复弹 40 遍，不行，60 遍，还是不行，80 遍，搞定！上午 10:20，当最后完美的琴声响起时，我发现友庆在这一段缺口弹得格外自信，整个部分没有一个错音。

友庆激动地和我握手，颤抖。

胡老师上课时激动地说，友庆《谐谑曲》第一页和第二页已经能完美背弹，他对友庆在考拾级时背弹三首拾级曲充满信心，胡老师说我发明的学习方法太适合友庆了，我心想，如果胡老师能像我一样在友庆身上付出同样的心血，友庆会成长得更快、更强，而且胡老师一定能发现更有成效的学习方法。可惜胡老师有一个"正经的"工作，只能利用业余时间教友庆。

2016.10.28　周五　今天录像　第五周

中午吃饭。

"友庆你看盘子里的油！这么多，幸亏分离出来了，要不都吃到肚子里了！"

"太壮观了！"

"友庆你……"

"叶叔您吃饭的时候少说话，多思考！"

上课的时候友庆有一个音总是在背弹的时候忘掉，胡老师一筹莫展。该我上场了，一边施加压力一边鼓励友庆，不一会儿，友庆就搞定了，之后开始录像，友庆又卡壳在了这个音上，他反复揣摩，最终顺利过关！但最令人欣慰的是，录完像以后友庆并未就此罢休，而是马上再次针对这个地方反复练，看着他的背影，我想这就是友庆家的希望吧，这就是中华民族的希望吧，这就是人类存在下去的理由吧。

2016.10.29　周六　休

2016.10.30　周日　新的一周开始了　第六周

我和友庆凌晨 5 点钟赶到琴房开始练琴。

下午我和胡老师交流了一下，回顾上个月的工作，我做了自我批评：我和胡老师都有对武术的共同爱好，我们越来越频繁地切磋，这对友庆的学习造成了干扰，因为时间有重叠，这样很不好，我建议，必须严格保证友庆的授课时间，在这个时间里，我们的注意力必须聚焦在友庆身上，除非胡老师能再拿出别的时间，否则武术上的训练与切磋中止。

胡老师完全同意，并表示愿意在早上抽出时间，我们一致决定在11月6日，也就是下周日开始早上的切磋，37分钟后，胡老师大声宣布：他找到了教育友庆的新方法，那就是以后让友庆先听胡老师弹，之后再凭记忆弹，抛弃琴谱，我认为这很适合友庆的记忆模式，看着身旁胡老师专注的神情和友庆紧紧跟随的样子，一种幸福感涌上心头。

胡老师带领友庆把《谐谑曲》最难的两个部分搞定了，盲弹的节奏感也很好，胡老师带着友庆着实费了很大的气力。

2016.10.31　周一

上午友庆懒洋洋地出发了，结果迟到被批评，这一趟从家到琴房用了25分钟，之后被遣返；按要求再来一次，第二趟竟用了75分钟！马上施加压力，全程监督遣返，不多不少正好20分钟，问其原因，友庆答道："走路发呆。"

后来胡老师上课，友庆很努力，胡老师见好要收，我提议继续努力，又搞定两页，争取今天拿下《谐谑曲》的全部，这首曲子从照谱弹到盲弹竟只用了5天的时间！

胡老师计划三首盲弹顺序为《谐谑曲》-《八度练习曲》-《博士》，我建议改为《谐谑曲》-《博士》-《八度练习曲》，这是按由难到简的顺序，友庆做事适合由难到简。胡老师称善，开始!

友庆表现神勇,顺利拿下《谐谑曲》和《博士》的第一页,我在一旁录像存档,一个多月前我向胡老师描绘的友庆考级时身穿大衣戴墨镜盲弹三首拾级曲技惊四座的画面成为现实已是指日可待,当时胡老师说他还得在一旁帮着翻谱,我认为是画蛇添足的,一个人能独立完成的绝不用第二个人!

刚才我和友庆研究了一下,决定晚上上晚自习,练习《博士》,为明天盲弹打基础,现在是晚上 17:47,这段时间以来,真可谓日月如梭!晚上想起早上的事,仿佛就在刚才一样,只要一躺在床上就会昏睡过去,第二天又是从早到晚,声声入耳,在这飞逝的时光中友庆的琴艺突飞猛进,我心甚慰!愿苍天有眼,不负友庆!

2016.11.01 周二

友庆今早没有迟到,但状态差,4.5 分,昨天我提议对友庆的状态每天打分,这样友庆就可以直观地了解自己的状态。胡老师也觉得这样好,积极响应。

下午友庆迟到了,罚!练琴状态不错,胡老师建议改变策略,以后胡老师来了再让友庆来琴房,胡老师不在琴房的时候不让友庆碰钢琴。我亦不必陪友庆上课,原因有二:

1. 今后是打磨阶段,分毫必较,胡老师不在时,友庆反复练习,其中有错,久而久之,习惯成自然,再难改正,这两次上课,发现有好几处这样的地方。

2. 友庆与我心连心，我的一举一动，都牵动着友庆的注意力，所以上课的时候不在为妙。

听完胡老师的分析，我决心试一下。

2016.11.02

友庆妈赋诗一首：

> 一夜西风起，千里念别离。阑珊共秋意，祈儿早着衣。
> 细雨润离绪，红叶寄相思。何日再聚首，寒梅抱雪时。
> ——深深地祝福儿子：萧然物外，自得天机

2016.11.03

今天友庆上课的时候，我在家里，胡老师发来短信："叶老师，友庆上午《谐谑曲》4.8分。"

"不是努力了吗？"

"也不是，喜忧参半。他已经熟悉的地方趋于精致，有难度的地方还是会出现错误，我只是很客观地给他打分，我继续观察。"

下课后，我和胡老师在院子里碰了一下。胡老师认为友庆在《博士》上进展缓慢的主要原因还是在不熟练上，建议我继续全天监督友庆练琴，昨天的策略取消，我舒了一口气。

我很喜欢胡老师在对友庆不断深入了解的过程中随时调整策略的做法，他解决问题的主动性和坦率令我十分欣赏。

2016.11.04

友庆今天把《博士》最难的部分啃了下来，胡老师很高兴，他昨天郑重地对我说："如果友庆考不过拾级，那不是友庆的责任，而是我胡老师的责任，是我无能。"今天胡老师又把这话说了一遍，我欣赏胡老师的勇气和坦率。

胡老师晚上 21:26 发来短信：叶老师，如果明天您和友庆时间宽裕，我想给友庆加节课，今天他背的那段实在有些难！我想了想，还是巩固一下。

2016.11.05　周六　第六周录像　休

2016.11.06　周日　第七周开始了

我和友庆凌晨 5:30 到琴房。

胡老师说他的策略十分奏效，友庆明天就能搞定《博士》，争取这周把三首曲子都拿下来并能熟练盲弹。

友庆这几天在家里状态不佳，但在琴房的状态很好，学得很扎实，他和胡老师的配合越来越默契。

2016.11.07　周一　小雪

上午友庆练琴状态不错，但一直以来，友庆总是存在弄错音区的问题，这越来越引起了我的注意，下午争取把《博士》拿下。

今晚我带友庆上晚自习，18:16—21:01 友庆状态很好，练了

28遍《博士》。

2016.11.08　周二

友庆今天算是基本拿下了《博士》，胡老师说《八度练习曲》先不用背了，友庆已能拿下，直接进入第三阶段，也就是精练阶段，这个阶段按《博士》-《谐谑曲》-《八度练习曲》的顺序，一个音符一个音符推进，反复演练，以从头到尾一个不错为目标，今天是第一天。

2016.11.09　周三

友庆状态低迷，带测井市场卖黄馒头的乔奶奶进入琴房。

胡老师问我友庆总是在几个固定的地方出错怎么办？弹了好多好多遍都没有用，反复练习的结果是熟的地方越来越熟，容易犯错的地方仍然犯错，怎么办？

我回复：

1. 压力是关键。巴甫洛夫临终前在遗稿中写道：若要让那些失去心智的人恢复心智，必须施加大量的压力。

2. 鼓励。我们把乐谱当成通关游戏，友庆就是走在棋盘上的小人儿，容易错的地方就是一道道关卡，快到关卡的地方，我们鼓励友庆注意，以便顺利过关，要渲染：

"这很难啊！99%都卡在这里过不去，只有什么钢琴王子之流才能潇洒通过！"

我俩一左一右一起鼓励，但要先在琴谱上标注出这些易错音的位置。

3. 惩罚。惩罚是教育的一种手段：

这样通过在游戏中的鼓励与惩罚相结合，我们必将在第三阶段取得胜利。

2016.11.10　周四

胡老师发短信给我：

"叶老师，我们的小天下回家了，您说的方法很奏效，我今天对他太满意了，很兴奋，一种由内而外的喜悦。"

"被喜悦冲昏了头，'小天才'打成'小天下'了。"

看到这两条短信我给胡老师打了电话，那一头的激动通过听筒扑面而来。

2016.11.11　周五

胡老师有一个发现：如果一个小节错了，只练习这个小节的效果不如练习这个小节所在的整个段落的效果好。

2016.11.12　周六　录像

胡老师下午给友庆加了一节课，我晚上带友庆上晚自习，一直弹到晚上 21:30。

2016.11.13　周日　第八周开始了！

早上早自习。

上午带友庆回太原。

下午抵达太原,友庆爸妈热烈欢迎,他们已经被昨天录像中友庆的琴艺所倾倒。友庆在大妈一家来观摩时,弹得十分认真,但也暴露出三首曲子的破绽,家里的琴和琴房的琴手感不同,手感不同,肌肉记忆消失,大脑中的记忆稍有不牢就会出错,但靠着平时的勤学苦练,他还是完整地弹完了三首曲子,平时易错的地方都没有问题,还得到了大家的一致好评!

2016.11.14　周一　从太原回盘锦

一出火车站我们就直奔琴房,胡老师来琴房分析友庆在太原的视频,他说友庆的适应性很强,在断裂处没有像有的孩子那样冷场,而且他始终没有把注意力放在周围人身上而是专注于钢琴曲本身,在断处更是反复琢磨,临场发挥稳定,胡老师深感欣慰。

明年2月的考级我想在盘锦考,但胡老师说他同盘锦考点的负责人关系紧张,之前因为表演赛的场地问题发生过冲突,建议友庆在沈阳考试,也只好这样了。

晚上带友庆晚自习,弹到20:55,友庆今天手很生。

2016.11.15　周二

累,友庆皮鞋换底。

上午友庆状态很好。我和胡老师约定,一个接一个地把易错点弄清楚,我俩一起努力,我称之为"大扫荡",胡老师赞成。

我问胡老师为什么上周我们已经定下了这个方案这周却不了了之了呢？胡老师笑称："我怕占用您太多时间。"我于是同胡老师作如下约定：

1. 友庆学琴一事，来不得半点松懈；

2. 胡老师在时，扫荡错点；胡老师不在时，三首轮番照谱弹，提高熟练度。

3. 只要胡老师有时间，随时随地告诉我，我们马上加课，一有时间我就把友庆送到琴房。

胡老师赞同。

2016.11.16　周三

胡老师在《谐谑曲》上划出 5 处难点，《八度练习曲》上亦有 5 处，这 10 处需要挨个克服，而每一处都是那么顽固，难以克服。友庆学琴与在生活中一样，改掉错误难于上青天！

胡老师说友庆从太原回盘锦后状态一直很好。

2016.11.17　周四

胡老师带着友庆课上攻克了两个难点。

2016.11.18　周五　录像

胡老师继续改变策略，今后胡老师不在时只练习指定的某一段难点，今天胡老师上课前友庆只弹《谐谑曲》的第二处难点，方法改为照着弹一遍之后背着弹一遍，如此反复，因为胡老师发现如果友庆练 10 遍和练 20 遍是一样的效果，那就说明友庆没走心，都是在发呆的状态下弹出来的。

上午背弹《八度练习曲》，胡老师计划用与之前的《谐谑曲》和《博士》完全不同的策略激发友庆，他要在学习中制造一种狂热的氛围，感染友庆，让友庆激情澎湃地弹出每一个音符，用这种方法让友庆刻骨铭心。

今天录完像后，胡老师感叹道："友庆能在一个半月多一点，也就是 7 周的时间里，学到这个程度，实在是一个奇迹！"

"友庆学琴的过程中有没有呈现出他之前的那些奇怪的行为特征？"

"完全没有！"

胡老师计划用一个小时搞定《八度练习曲》，但未能完成，还剩一页。

胡老师发现友庆最喜欢《博士》，其次是《谐谑曲》，最讨厌《八度练习曲》，友庆说是，我问胡老师是怎么发现的，胡老师说是从友庆的状态中感觉到的。

2016.11.19　周六　休

2016.11.20　周日　第九周开始了！

早上 5 点起床，6:06 赶到琴房。

友庆自学成才，《八度练习曲》最后一页搞定！

2016.11.21　周一　友庆体重 66.55kg

我和胡老师为友庆的考级之路规划了下面的五个阶段：

1. 无中生有（9月22日—10月22日）。友庆从零开始到能照谱弹下来用时31天。

2. 脱谱盲弹（10月23日—11月8日）。用时13天。

3. 小节清障（11月8日—11月20日）。友庆在盲弹中出现了固定小节的错音、衔接不上的问题，必须清除这些障碍，《八度练习曲》有3节、《谐谑曲》有6节、《博士》有8节。总计17节。用时8天。

4. 逐音纠错。今天是逐音纠错的第一天，段落障碍扫除后，友庆在一些特定音符上有反复弹错的现象，这些音符经我的提议胡老师已经在琴谱上标注了出来，《谐谑曲》38个音、《八度练习曲》20个音、《博士》27个音。总计85个音。

5. 注入情感。这是最后的，也是最难的部分，需要我们大家的全心投入。

胡老师上课时说友庆理解了这三首曲子，我问他怎么可以说理解了呢？胡老师说能背下来就是理解了，几千个音符如果不能理解是绝对背不下来的，好比几千个毫无关联的汉字，可是几千字的楚辞汉赋就容易背下来。这是我之前没有想过的。

我带友庆上晚自习18:30—20:55。自习之前我让友庆先不要弹琴，而是在电视上看高手演奏《谐谑曲》的视频。没想到此举激发了友庆超越的雄心，整晚激情澎湃，琴声如行云流水。

晚上和友庆妈通话1小时52分。

2016年11月22日　周二

胡老师下课时说友庆今天弹琴时眼中出现了"专注"的神采，练完琴后友庆把胡老师锁在琴房里，然后回家了。

2016.11.23　周三

革命进入了新的阶段。

目标明确、认识统一、步骤严密。胡老师不在时，友庆提高熟练度。胡老师在时，友庆练习准确性。愿友庆琴艺精进！

胡老师课后发来短信：我要好好确认一下友庆是真的专注而不是边弹琴边发呆！

2016.11.24　周四

今天我一天都没去琴房，友庆迟到，上课打呵欠，胡老师讽刺了友庆，友庆发狂了，在琴房练琴午觉都不睡了。

2016.11.25　周五

胡老师说友庆越发进入状态了。友庆上课打呵欠，经教育好转。今天琴谱拍照留念，友庆演奏录了像，友庆弹得真好！

2016.11.26　周六　休

今天本该休息，但友庆不觉得自己需要休息，胡老师也是跃跃欲试，我于是安排友庆下午去上课。下课后胡老师发来短信：

今天下午友庆弹的《谐谑曲》打出了历史最高分 7.5 分！不仅错音缩减到了 15 个（共 38 个），而且节奏很稳定。下课离开琴房的时候，友庆先是提醒我关空调，出门后又回身问我手机有没有落下，我说谢谢。

从胡老师给友庆指力器的那天起（2016.09.29），友庆每天晚上在看电影的时候都会同时进行指力训练。指力器共有 6 个档位，1 档力度最小，6 档最大，胡老师告诉我今晚将指力器上调至 5 档。

2016.11.27　周日　第十周开始了

友庆的琴艺得到了 20 多位亲友的交口称赞。

2016.11.28　周一　66.30kg

胡老师今天的日志如下：

《谐谑曲》7 分　出现了新的错误的地方；

《博士》6.5 分，出现了较多的错误，出现了反复！

《八度练习曲》很稳定。

2016.11.29　周二

友庆今天《谐谑曲》7.5 分、《博士》6 分、《八度练习曲》7 分。最近友庆很守时，没有迟到。

下午琴房停电了，提前下课了。我突然想友庆是否可以练出阿炳的技艺呢，胡老师说可以试一下。

晚上带郝老师赴胡老师家宴。

2016.11.30　周三

胡老师今日的总结：

《博士》7分，错音问题已经改善很多，现在的问题是节奏。

《谐谑曲》7分，放慢速度好很多，但有些地方还是节奏问题。

《八度练习曲》7分，这首曲子友庆已经驾轻就熟了。

友庆下午在去琴房的路上尿了裤子，地点是在消防队门口。整整一下午，友庆浸泡在自己的尿液中，胡老师则在一旁悉心指导。下课后，友庆又夹着他湿透的裤裆顶着寒风跑回了家，我给友庆开门，发现了异常的味道。

2016.12.01　周四

胡老师今天第一节课的总结如下：

叶老师，友庆今天状态不太好，感觉他有点疲劳。《谐谑曲》7.5分，音的错误越来越少，快到最后一个阶段：情感注入阶段了。《博士》6分，这首曲子总是不稳定，看来三首曲子最难的是这一首了。

胡老师第二节课的总结如下：

叶老师，友庆这节课的水平就可以通过拾级了，我明天再带他精练一下，给他好好录一次。《谐谑曲》7.5分，现在听友庆弹琴已是一种享受。《博士》7分，这才是他正常的水平，虽然还有诸多问题，起码可控。《八度练习曲》7.5分，友庆弹琴的时候，我甚至在想这孩子哪里不正常了？就是那些所谓的正常的孩子有几个能像他这样?! 真闹心考级要在2月份，友庆明明现在就能通过！

我决定明天和胡老师好好谈谈，让他接受我的那个设想：友庆蒙着双眼，身着燕尾服，带着不耐烦的神情登台，三首曲子一音不错、一气呵成，创造钢琴考级史的神话。

2016.12.02　周五

今天下午给友庆录像，对比之前的录像后发现，友庆这几周几乎没有进步。

约谈胡老师，了解到胡老师挣扎的内心世界，从下午16:00到19:30，之后从22:30到第二天凌晨02:28，去胡老师家同胡老师及他的妻子一共讨论了七个半小时，确定了下一步的目标：消灭85个错音，不允许任何新错音产生，最终盲弹一音不错。

这次大讨论我还发现了胡老师妻子诚实的品格，她的存在吹散了笼罩在胡老师头顶的迷雾，让我看到了真相。当时的胡老师还不明白，诚实是最好的策略。没有一位这样的妻子，聪明的男人还真是要多走一段路了。

友庆今天坚持要15个白色的糖饼，乔奶奶只好现做。

2016.12.03　休

晚六点邀胡老师来家里看电影《霸王别姬》，进一步统一思想，给出策略。胡老师下定决心明天开始新的策略，由他来。

2016.12.04　周日　第十一周

新策略的效果立竿见影：临下课时，《谐谑曲》38个顽固错音全都纠正过来了。

胡老师走出琴房时说：

"叶老师，您帮我战胜了心里的恐惧，让我看到了事业的新高峰！"

我也很高兴，我很看重胡老师本性中的诚实和勇敢。胡老师又说：

"唉！我是不是大招放得太快了，应该留着点，慢慢放？"

我说：

"这个经验会阻碍你的进步，你是在为自己工作，创造属于自己的奇迹。"

胡老师听完激动地握住了我的手。

2016.12.05　周一

今天《博士》27个顽固错音全都纠正过来了，昨天纠正过来的《谐谑曲》的38个错音今天全对！

上课的时候我突然来到琴房，胡老师和友庆《八度进行曲》刚进行了一半，我带来的是"情感注入阶段的标准"。这个标准就是"一模一样"。

要求友庆在节奏和姿势上和胡老师一模一样。胡老师觉得这不可能，毕竟自己20年的功底在这儿放着呢。我说试一下，20分钟后，胡老师激动地说：

"叶老师，您又一次让我看到了奇迹！"

我问胡老师是否把最近的奇迹告诉过家里人，胡老师说：

"您的天才已经不需要新的事实来佐证了。"

下午改变策略，友庆以后周六休息时间取消。建议胡老师今后上课节奏紧凑，赏罚分明。

晚上20:29，胡老师发来今年钢琴拾级的报考简章，看来2017年是有史以来钢琴考级最严格的一年。

2016.12.06

今天我建议胡老师每天上课第一件事就是考试，因为友庆在胡老师来琴房之前已经练了好几个小时，不需要一个老师再带着他练琴；考试要赏罚分明，之后迅速进入情感注入阶段，不要耽误时间，节奏要快，造成紧迫感。胡老师接受了。

今天三首曲子的逐音纠错已经全部结束，明天开始情感注入。

我建议胡老师抓紧夯实已经取得的成果，争取周五录像，一音不错。

2016.12.07　周三

下午我撤走了琴房里的电视、DVD、空气净化器和电暖气，因为琴房的消防等级是仓库。

我带友庆去了海边，让友庆放松一下，友庆眺望着远方，脸上带着微笑。

晚上请胡老师在"小时候"餐厅吃饭,胡老师说这段时间感觉很快乐,因为友庆在进步。自己不觉得辛苦,友庆上午弹错后主动起身受罚,让胡老师很感动,觉得这样的学生、这样的态度真让人无话可说。

我给胡老师讲了个笑话,是我昨天带着友庆去拍2英寸报名照时发生的:

摄影师拿起了相机,友庆坐在她对面,挑起了眉毛。

咔!

"咦?你的眉毛?"友庆降下了眉毛撅起了嘴。

咔!

"咦?你的表情?"友庆闭上了眼睛。

咔!

"咦?你的眼睛?"友庆睁开眼睛看着地面。

咔!

"咦?你怎么看地呢?"

"得了得了,我来试试看!"我上场了,对友庆小声说:

"傻瓜!"

咔!

友庆迄今为止最帅的一张证件照出炉了!

摄影师啧啧称奇,但我总觉得照片上还有什么地方不对劲,就把照片发给友庆妈,友庆妈立即回复:

"两肩不一般高!"

胡老师坐在对面笑喷了。

2016.12.08　周四

今天我和胡老师在琴房研究友庆的乐科考试。昨晚友庆已经掌握了《乐科教材》上的基础知识题，而且上课的时候我和胡老师共同见证了友庆的绝对音感上的天赋！万里挑一！

胡老师感慨道：

"我教钢琴这么多年，发现聪明的学生都坐不住琴凳，坐得住琴凳的又不够聪明，既坐得住琴凳又聪明的没有音乐天赋，好不容易遇到个既有天赋又坐得住琴凳的竟被人认为不正常，想想我也是够坎坷的。"

我对胡老师说：

"完美是拼凑出来的。"

2016.12.09　周五

想录一个完美的小样，失败，看明天！

2016.12.10　周六

录像失败！看来还得勤学苦练。

2016.12.11　周日　第十二周

噩耗！考试日期比往年提前了！定在了 2017 年 1 月 21 日，今年史上最严！不但要考三首拾级曲，还要加试一个乐科、一个音阶练习和一个指法练习。

2016.12.12　周一

我在家蛰伏,给友庆喘息的时间(第九、十、十一、十二、十三、十四周),我计划第十五周登台督战(也就是2017年的1月8日)

友庆今天课上的表现让胡老师感动,胡老师下午进行了乐科模拟测试,友庆发现自己做错了一些题,就急着抢胡老师手中的笔改错,而且很关注自己到底得了多少分,胡老师感叹道:"上哪儿去找这样积极的学生啊!"

2016.12.13　周二

胡老师带友庆去了三家钢琴培训学校,让三位权威的老师评估友庆过拾级的可能性。三位中的两位说没问题,另一位担心今年格外严格。

2016.12.14　周三

胡老师觉得友庆的《八度练习曲》弹得有了让他兴奋的感觉。

2016.12.15　周四

今天,沈阳和盘锦的另一个考点老师都传来了一致的消息:今年考级史上最严,过级率会很低。

2016.12.16　周五

友庆中午画出了一个优美的高音谱号。

"郝姨您中午做的什么饭真好吃?！"天大的笑话！一个是一做饭就要掌声的郝姨，一个是过分通人性说话口不对心的友庆，真真天生的一对儿！

2016.12.17　周六　今日录像

2016.12.18　周日　第十三周
胡老师说友庆弹得越来越有感觉了，他感慨一切都朝着我预料的方向发展。

2016.12.19　周一
昨晚和早上我一遍又一遍地对友庆进行乐科基础知识的模拟考试，友庆进步很大。

友庆下午弹奏的《博士》和《八度练习曲》一音未错，令胡老师惊喜，尤其《八度练习曲》还极有气势，《博士》行云流水一般，令人陶醉，《谐谑曲》还需进步。此外，友庆在弹《博士》时，还第一次出现了抒情动作——俯身摇头，叹为观止。

这几天，我一直在帮助友庆背乐科知识，友庆渐入佳境，背得越来越快、越来越准。

今天乐科模拟考试友庆错了很多。

2016.12.20　周二
乐科模拟考试友庆错了三处。

友庆买黄馒头的时候发现平时卖馒头的奶奶没在,从老爷爷手中接过黄馒头后,友庆犹豫了半天,最终还是开口问:

"奶奶去哪里了?"

这可真是情商的重大进展!

2016.12.21 周三

今天重度霾,我早上 4 点半起床,开车来回 60 公里去辽滨把空气净化器取回来送到琴房,心里一块大石头落了地。

乐科考试友庆错了一处,这两天友庆弹琴很努力,我们的目标就是节奏完美,一音不错。我对友庆说:

"友庆,犯错是每个正常人身上都会出现的事,你是正常人吗?"

"不是正常人!"

"不正常是什么意思?"

"不正常就是一个都不错的意思!"友庆郑重其事地回答道。

傍晚友庆出去倒垃圾,回来的时候大声对我说:

"叶叔,我刚刚看到了楼下的阿姨,我很有礼貌地打了招呼,给她留下了好印象!"

"哈哈!"笑喷。

2016.12.22 周四 空气指数:优

友庆连续两天错在"2.3 大二度"这道题上,看明天。

2016.12.23　周五 +7M25

友庆今天乐科测试得了两个 100，到家后，他急着把卷子拿给我看，很激动。

2016.12.24　周六

2016.12.25　周日　第十四周

胡老师的状态令人不安，他陶醉于友庆弹奏的流畅和无误，陷入了自满。我打电话给他，在电话中谈了我对工作的展望，我认为友庆的确进入了令人欣喜的新阶段，但仍有一个问题，那就是对音乐理解的欠缺，这就好比一个腿脚不好的人，早年不能出屋，现在经过医治，他的确能出屋了，还能奔跑，跑得还挺快，但主要矛盾也发生了变化，那就是，现在的主要矛盾不是能不能跑的问题，而是怎样跑得姿势好看，跑得潇洒，毕竟到户外的目的不是奔跑而是融入社会。

现在友庆的确弹得很流畅，有时过于流畅，甚至很闹，甚至没有旋律了，这不是友庆的问题，而是老师的问题，老师应该自我反省。

胡老师承认了自己的失误和自满，之后又给我打来电话和我讨论细节，我们约定明天在友庆的钢琴课上拿出方案。

2016.12.26　周一

昨天友庆拿着牙刷走过来对我说：

"叶叔,这是最后一支牙刷了,用不了多长时间了,过几天有时间我再去买一支吧!"

话说得很自然、很流畅!

下午我到了琴房,我们三人配合得很好,我从明天开始全程跟进,争取一周内让友庆有全新的提升,在我的建议下,胡老师今天才开始尝试让友庆使用踏板,他之前一直认为让友庆学会使用踏板是不可能的。

晚上我请胡老师为友庆报名参加小区的"邻里一家亲"新年迎新晚会,这将是友庆学习钢琴12周以来首次登台献艺。

晚上,在书房的门口黑暗处,突然有一个声音对我说:

"叶叔,我感到很寂寞,我想和您唠唠嗑。"

"你寂寞的感觉是什么时候出现的?"

"今晚。"

"你想唠什么?"

"我今天去测井市场的时候听见公鸡打鸣了。"

这一刹那抵得上一生。

2016.12.27 周二

今天三首曲子作了如下改进:

《八度练习曲》中部停顿,取消踏板,结尾细节的处理。

《八度练习曲》的结尾;

《谐谑曲》开头、中部两处的节奏、结尾处理。

本周把如上部分的处理形成习惯,这样友庆的演奏应增色不少。

乐科教材已经讲完，考试的重点在音阶试听，是友庆的强项。

2016.12.28　周三
周六下午（12月31日）14:30彩排，18:30演出。

2016.12.29　周四
从今天开始，每节课胡老师都要给友庆的钢琴演奏评分并指出不足。

2016.12.30　周五
胡老师带友庆去琴行彩排，彩排时的琴不同于友庆平时的琴，友庆的迅速适应性令胡老师唏嘘不已。

2016.12.31　周六
友庆今天首次登台演出，满分10分，胡老师给友庆8分，现场气氛紧张。

友庆演出前有一系列异常的表现：

1. "叶叔，今天外面雾霾，用不用我把空气净化器闭了？"
2. 上午理发，洗了两次头，还做了造型，造型完回到家后，友庆又洗了一遍头。白造型了。我问他为什么要再洗一遍，友庆娇滴滴地说："因为我爸爸告诉我了~"
3. 在厨房和客厅放屁。

4. 上台前,友庆站姿笔挺,举止绅士得体,他喜欢参加这种必胜的比赛,嗯,人类中的老大就是这个样子的。可上台以后,友庆探出头,挑起眉毛,走路急促,胳膊僵硬虬曲,夸张地向台下的观众行军礼的同时深度鞠躬。

台下的观众迅速意识到台上的家伙是一个傻瓜。

2017.01.01　雾霾　周日　第十五周

今天是第 14 周的第一天,我纠正了友庆昨天登台前的不当行为,继续上路。

音阶练习今天全部学完了。

2017.01.02　周一

友庆今天的音阶练习已经能照谱弹得一音不错了,胡老师计划用一周的时间让友庆背弹,我总觉得友庆能在一天的时间达到这个目标,晚上我和友庆交流了一下我的想法,友庆说:

"明天争取一天搞定!"

友庆的指力训练强度最近一直是六级,也就是最高级,他的手指刚劲有力,据胡老师昨天反映,友庆几乎将胡老师 3 万多元的钢琴弹废,现在友庆弹的是 1 万多元的另一架钢琴。

2017.01.03　周二

早餐时,我在听霍洛维茨演奏的《童年情景》,听完我问友庆:

"叶叔刚才听的是什么曲子?"

"梦幻曲。"

"你怎么知道的?"

"我妈之前告诉我的。"

"谁做的曲?"

"舒曼!"

"友庆,你可不能忘了你妈啊,无论你多惨,你妈始终支持着你,这个女人虽然有不可思议的地方,但她对你的爱是真挚的,甚至是盲目的,你要多多关心她,为她做事,明白吗?"

"明白,我要多给妈按摩,妈始终对我充满信心。"

上午 8:14,我到琴房,发现友庆已能盲弹音阶练习。

友庆做事讲效率,在炉子边等了 8 分钟后,友庆一跃而起,掀起了卖黄馒头的乔奶奶的大锅盖,一边数 1、2、3、4、5、6,一边说道:

"等着急了!"

2017.01.04 周三

2017.01.05 周四

上午 8:14,我到琴房听友庆弹琴,发现友庆弹得比 4 天前更有味道了。

中午,我们全家在"小时候"餐厅欢度腊八节,友庆迷上了丸子,看得紧紧的,打包以后生怕和爷爷、奶奶那一包弄混了。

2017.01.06　周五　录像

2017.01.07　周六
友庆今天三首曲子表现分 8.5 分，创造了有史以来的最好纪录。

2017.01.08　周日　第十六周
今天胡老师发表了他的"高见"：

1. 友庆三首曲子最弱的是《博士》，最销魂的是《八度练习曲》，已达到一定水准。对于《博士》，之前友庆弹得很熟，但无节奏，有好几处让人听完觉得反感，这几处已改掉，但熟练程度已是大打折扣，胡老师说这是正常的，只要多加练习即可克服，熟练重现。

2. 友庆的指力已很大，改变指力训练的策略，力度变为一级（最弱），但要快速地用五根手指轮击，也就是今后要提高熟练度，友庆说以后他先左右手各练半个小时，以后每天的指力训练变为一个小时。我觉得胡老师的策略是对的。

2017.01.09　周一
友庆上午状态差，不认真，尾音拖得很长，下午状态一般，尾音处理得很急促，正像胡老师说的那样，友庆似乎只会两种极端，就是不会恰到好处，我决定采众家之长，看看别的老师有什么好办法。

下一阶段我计划找行内的人从多个角度对友庆的演奏进行评价，提出建议，第一位助阵导师，鄢老师，明晚8点。

2017.01.10　周二

20:00—20:40鄢老师指导了40分钟，收获如下：

1. 一小节一小节左右手对应练习，慢练，精准，最后再整合到一起；
2. 由老师在友庆后背上弹，让友庆感受手指力度的变化；
3. 老师要高标准严要求。

鄢老师是对的。

2017.01.11　周三

今天马上把在鄢老师家的收获用于实践：

1. 用手在友庆肩头打拍子，友庆就找到了节奏。
2. 《谐谑曲》的爬音不够快是因为手指的用力方法不对，友庆是每个键都按到底，我建议友庆在爬音时每个键都按到一半，速度就提上来了，这个办法立竿见影。

我和胡老师都很兴奋，相信使用这两个方法，假以时日，必然成功！

2017.01.12　周四

上午给友庆妈打了个电话，确定了今年过年友庆不回太原，在盘锦和胡老师学琴，准备考试，考试结束后我们再见面商谈接下来的计划,我和友庆妈一致认为现在节奏是友庆最大的问题,决战的时候到了!

2017.01.13　周五
今天和友庆深谈了一次,再次明确重点,重点就是节奏。这个问题必须解决,友庆很有信心,脸上带着坚毅的表情,我提醒他,这几天来,每天胡老师对他的评分都是8.5分,这是一种耻辱,因为没有进步,友庆恍然大悟。

2017.01.14　周六
上午带妈去海边。我问友庆要不要去,友庆毫不犹豫地回答:"想去!"之后就一跃而起,脸上带着舒展的笑容。

下午友庆得分9分!太棒了!

胡老师前天否认友庆存在左右手不对应的现象,而只是节奏的问题,晚上我给胡老师打电话,在电话中胡老师承认了友庆除了节奏的问题外,还存在着左右手不对应的问题。下一阶段就像我之前建议的那样,一小节一小节左右手对应练习,慢练、精练,最后再整合到一起,我很欣赏胡老师的勇气和坦率。

2017.01.15　周日　第十七周
胡老师在电话里激动地说:

"友庆最令我感动的是,如果有A和B两种选择,A比B好,但更艰辛,友庆会毫不犹豫地选择A,而且会全力以赴,这可能就是叶老师您说的'有种'吧!"

2017.01.16　周一
今天在琴房,友庆在新旧两架钢琴上先后弹同一支曲子,完全是两种状态,胡老师百思不得其解,我先把两个琴凳互换,无效,我仔细观察,然后关掉了新钢琴上的台灯,友庆立刻恢复水准。

2017.01.17　周二
友庆明天上午 8:30 开始乐科考试,中国音乐学院钢琴拾级考试即将拉开大幕。

2017.01.18　周三
8:30—10:00　乐科考试

友庆晨起后进退失据,乐科题也混淆不堪,错误十之八九,就这样失败了吗?所有的努力就这样付之东流吗?不行!我要力挽狂澜,扶大厦之将倾,马上逐条复习乐科考试要点,到 8 点时已是口干舌燥,七窍生烟,8:30 看着友庆走进考场,我四肢冰冷,瘫于椅上。

通过这件事我明白了,别闲着,友庆想保持状态就得别停!考完试马上到琴房练琴!从早到晚!

友庆从考场出来以后对我说卷纸上的题他都会,全都答出来了,考得很成功,闻听此言我满腹狐疑。

2017.01.19　周四
全天练琴。

2017.01.20　周五
今天是小年,我们在爸妈家团聚,包饺子。
胡老师发来信息,明天中午 11:51,友庆开始考级。

2017.01.21　周六
友庆考试。

2017.02.16
友庆通过了钢琴拾级的考试。
中央音乐学院音乐学系李晓冬教授对友庆评价如下:
不要说半年一年,就是三年能考得过就算奇迹了。我觉得友庆他能弹成这样的话是挺有天赋的,但天赋不是最重要的,他能这么喜欢钢琴,能这么热爱音乐,这是最重要的。让人很感动。
我建议学琴的孩子不要把目标定在考级上,也不要定在比赛上,而是要定在把琴弹好上,就是把一个曲子弹好。不要讲以后能挣多少钱,最关键的不是技巧,而是态度。

以上是友庆学琴期间的日志,同年的 10 月 5 日,是中秋节,友庆回家与父母团聚,友庆妈写了一份总结,我也一并放在这里。

友庆这次回来,让我们明显地感觉到了他的进步。友庆的语言沟通能力提高了,词汇也较以前丰富了。对话时能够耐心听完对方的话后搭话,基本的与日常生活有关的话题都能答得上来。与大妈、姥姥的电话交流都有了明显的进步。姥姥评价友庆进步很大,能一问一答地对话了,而不是一股脑儿把他想说的说完就挂电话。特别值得表扬的是,友庆心里装着别人,对长辈很有孝心。举例如下:

(1)晚饭时爸爸给友庆倒了一杯啤酒,说:"今天就像是过年了。"友庆答曰:"爸,过年还早呢。"反映出友庆先思考后说话。

(2)第二天上午,陪我在美容院做完面部护理,临走时对美容师说:"阿姨再见,一会儿还要来客人吗?阿姨还要忙着做饭呢吧。"

(3)在单元门口遇到邻居家的哥哥,主动问哥哥贵姓,叫什么名字?还问哥哥他爸爸叫什么名字?按照国人的习俗,显得有些突兀。以后要注意说话的分寸。

(4)爸爸与叔叔通电话,友庆在一边帮腔:"好久没有联系了。"当他听说叔叔十二月回国,他在旁边说:"咱们圣诞节在湖北渔村聚聚。"能够根据对方说的话,做出判断,然后搭话,明显地贴近生活了。

(5)回来后主动提出去看大妈,当得知大妈不在太原后,主动给大妈打电话聊天。

(6)友庆一回家,就把我拿出来给他吃的月饼挑了两个放在包里,说要带回盘锦给郝姨。

(7)提醒妈妈别忘了给爷爷、奶奶、姥姥带月饼。让爸妈很感动。

(8)友庆爱劳动,很勤快,主动承担做饭、收拾卫生等家务。

友庆的进步让爸妈很欣慰，这个中秋节因为友庆回来而变得格外有意义。友庆还表现出强烈的求知欲。自己主动拿出书来读，读的是关于地球运行方面的科学知识。希望友庆保持强烈的求知欲，读更多的书，养成阅读的好习惯，这将让友庆终身受益，并能弥补学校教育的不足。活到老学到老，是友庆应该建立起来的学习方式。

友庆还应该建立起钱的概念，可以让友庆有零花钱，让他学会管理手里的零花钱以及有计划地消费。另外，做家务的时候，提高效率，不要边玩边干活。做任何事情的时候，都要专注，不要顺着自己的性子磨磨叽叽。

附录 8
不停制造来之不易的成功

如果你翻到了这个附录,那恭喜你,这是个彩蛋附录,正文中没有介绍过,这是关于友庆"语言及思维训练"的日志,是沉甸甸的地基。

选用的教材是湖南教育出版社的一本《小学语文阅读训练100篇》(1—6年级)和一本《现代文阅读训练100篇》(初一~初三)。

我们从小学一年级开始,如果你问我为什么做这个训练,那是因为友庆爸发来的一个信息。

2017.12.11

友庆爸发来信息:

> 叶老师,我认真思考了一下,虽然友庆打下了一定基础,也有不少优点,但如果他的一般沟通能力没有较大改观,我觉得实现预期目标难度还是很大的,还是希望利用你的影响力在这方面有针对性地进行一些训练,这个可能是当前最大的问题,请予关注为盼,也请你多保重身体!

语言和思维训练立刻开始!

―――――――――

贾老师:"语言和思维训练的效果怎么样?"

叶老师:"友庆一直在进步,尽管进步的曲线未必像我们希望的那样平滑地向上延伸,最终到达正义。"

2017.12.17

读了14遍,华盛顿是个骗子,华盛顿的爸爸不知道是什么人,马也是骗子。

第18遍读完:华盛顿是聪明人。

2017.12.18

友庆百思不得其解,我把友庆带到了一间黑屋子,打开了灯,问他屋里装满了什么。

53分钟后,

友庆说:"韩愈用味儿装满了整个房间。"

2017.12.20

小蚂蚁是怎么做的。

2017.12.22

今天冬至,昼最短,夜最长。

绝望,还是绝望,一句话也不想说,让友庆回自己的卧室,我躺在床上,一点力量也没有,一句话也不想说,郝老师在敲门,贤惠的她想为我分担,说愿意听我倾诉,可我什么也不想说。

想起之前智力训练的4个月,我和友庆经历了怎样的艰难!当年的我经历了无数次的绝望,但都是闪念,闪念之后继续出发!直奔目标,这次我还会振作起来,但时间会久一些,这事业我会干到底的!

有机构同情友庆,愿意给他份工作,我深不以为然,友庆是强者,需要的不是同情,而是打击。

2017.12.23　1:00AM

现在是凌晨一点,看来我比大多数人更早到达了第二天,嗓子剧痛,说不出话来,但想到友庆语言意识阈的恢复工作,心中充满了信心,新的一天就这样开始了。

"猴子发出的叫声不超过 20 种,说汉语的人却有 56000 个词可以使用。咱们从今天开始丰富词汇,不会就问好吗?"

"好!"

2017.12.26

友庆开始问不会的词了:顺利、登记、荣幸、事情、发生、证据、报告、失踪、管辖区、乐意、症状、静养、难看、年代、服用、化妆、修面、面部、美容、套装、稍微、手续费、面额、兑换率。

问的第一个词是"兑换率",友庆在问到"难看"这个词的时候被惩罚,因为明知故问,如果你问我怎么知道他会的,我想说如果你和学生在一起生活了 3 年半,你也会知道。

2017.12.27

友庆妈感慨：

"友庆赋闲九年后终于开始学习了。"

"九年的学校生活对友庆来说是一场大梦。"

2017.12.28

友庆总结出自己的"六大忍不住"：

发呆、幻想、婴儿腔、看表、看挂历、驼背。

友庆扛桶站在秤上体验"一样沉"。

2018.01.13

【语言意识阈的拓展攻坚战第一阶段】

2017.12.10~2018.01.13　计 35 天

【思维训练】一年级结束　理解 107 篇文章

【词汇积累】积累 472 个常用词汇

【口语训练】12 个板块 68 个场景 2000 多标准句按照"大声迅速准确"的标准朗读 14060 句。

【考察】北上广深汉　飞行 5898 公里

友庆需要熟练掌握哪些日常用语呢？我想了想，买了以下三本书：

1.《终极英语日常用语 1980 句》，中国商业出版社

2.《终极英语口语 900 句》，化学工业出版社

3.《终极旅游英语 900 句》，化学工业出版社

训练大纲如下:

Part1【用餐宴请】

一、一日三餐

二、餐馆就餐

三、宴请客人

四、酒吧消遣

Part2【居家交流】

一、租房搬家

二、房屋设施

三、物业服务

四、居家

五、亲子教育

Part3【职场】

一、求职应聘

二、职场培训

三、出勤迟到

四、请假调班

五、解聘辞职

Part4【校园】

一、开学

二、课堂学习

三、课外交流

Part5【旅游出行】

一、指路问路

二、坐公交

三、坐地铁

四、坐出租车

五、坐火车

六、坐飞机

七、坐轮船

八、自驾出行

九、宾馆住宿

Part6【逛街购物】

一、逛商场

二、逛超市

三、逛书店

四、买家具

五、买家电

Part7【公共服务】

一、在邮局

二、在银行

三、理发

四、在医院

五、博物馆

六、派出所

Part8【人际交往】

一、问候与介绍

二、约会与邀请

三、登门拜访

四、互相帮助

五、祝贺

六、通讯通话

七、恋爱婚姻

Part9【情感表达】

一、高兴与沮丧

二、惊奇与兴奋

三、喜爱与厌烦

四、担忧与恐惧

五、后悔与自责

六、安慰与鼓励

七、愤怒与悲伤

Part10【意愿】

一、肯定与否定

二、同意与反对

三、感谢与道歉

四、意见与建议

五、称赞与鼓励

Part11【娱乐】

一、音乐

二、影视

三、生日派对

四、KTV 练歌房

五、打高尔夫球

六、旅游度假

Part12【闲暇聊天】

一、谈天气

二、谈爱好

三、谈工作

四、谈网络

五、谈经济

六、谈政治

友庆爸看过这个计划后,回复:"很有针对性,很好!"

我立即开始训练。

以下记录为手机转录,当时为了方便记录,词语及日期均为倒序。

下午:详情、封装、劳驾、户头、陈设品、生子、精神、政治、万里、久等、勇气、眼界、预约、游览团、暴风雨、瓢泼、头一次、计划、火热、软件、黑客、涌向、议员

上午:面相、慷慨、抠、保守、会计、神魂颠倒、分手、空缺、面试、相处、薪水、福利、挑战性

2018.01.13

晚上：句型、艺术馆、机位、提领取、护照、入境处、性能、漂流、售书

上午：盲目乐观、贪多嚼不烂、试图掩盖、坦白、不利、瑜伽、露营、印度、华盛顿、分手、暖冬、古代诗词、热衷于、侦探、魔兽争霸、梦寐以求

2018.01.12

晚上：过敏、寿司、芥末、大卫、提神、维持、负责、长官、辞退

下午：百兽之王、千奇百怪

上午：宽慰、分手、开张、至、事业、升职

2018.01.11

晚上：壮丽

下午：藏獒、启示

上午：论文、求婚、高峰期、拒绝、食言、天赋、为此、应归功于、垂头丧气、气馁、难怪、但愿、疲惫

2018.01.10

晚上：感人、侍候、干燥、职员、悠着点、因特网、活力、加倍、改革、好战

下午：部分同意、达成共识、有益、着迷、对此、多亏、人情、

照顾、求同存异

2018.01.09

晚上：顾不上、复活节、来年好运、如意、接待、乐园、花样、粗鲁、建议

上午：深造、录用通知、鸡皮疙瘩、不寒而栗、阴森森、扁桃体、流感、安危、空难、确定、枯燥、迷路、路痴

2018.01.08

晚上：海湾、发现、好斗、面熟、亲自、好运、长寿、和好、头彩、走运

下午：示范、看中、偶像、店庆、劳驾、遗失、故障、钻心、传染、馆长、殴打、报案、逮捕、司法、指控

上午：偏、球星、行不行得通、亮色、室友、后悔"我教你什么是不后悔 就是勇敢往上干"愧疚、弥补、弄砸、亚军、自责、队友、亡羊补牢未为晚、傲慢、自负、自大、已经、义务、立场、省省吧、下不为例、周游世界、及格、灰心、时有发生、同情、不耐烦、抉择

2018.01.05

晚上：兜风、便车、爆胎、宽松、现成、合身、实惠、放心

下午：山芋、一席话、值千金、出手相助、索取财物

上午：定在了、太巧了、惊喜、安好、搭档、久仰大名、消息、

别慌

推一推、回头见、拘束、入席、热情款待、受宠若惊、多保重、收获颇丰、伙食、探病、康复、肠胃、转接、挂电话、中餐厅、度假、噪声、回电、口信、出席、忙音状态、情绪低落、沮丧、"幸运儿"（读音很有趣）

2018.01.04

晚上：团聚、年假、拓展、辞呈、协议、通信、私立、进度、日常、句型、发挥、外地、当心、巴士、扶手、物品、发动、反应、单程、软卧、班机、纪念品、关税、更换、倾倒、为何、调酒、申报、启航、入境处

早上：站名、山姆俱乐部、费城、托运、登机牌、手续、供应、飞机遮光板、抛锚、合同、液体

2018.01.03

晚上：支付、装饰、材质、材质、壁炉、盆栽植物、容纳、赔偿、夜猫子、简历、面谈、机会、薪金、港币、人民币、招聘、文秘、人事部、职位、决定、担任、截止、全力、加班、口气

下午：缓缓

上午：煤气、标志性建筑、拐角、存档

2018.01.02

晚上：经济、措施、趋势、稳定、裁员、升迁、障碍、轰炸、

克服、支持、属于、节食、碎屑、乐意之至、中式、大卫、包涵、缴费收据、风格（说话和姿态）探头的女人、如图

下午：不光彩、投诉、叫醒服务、经理、护照、出产、提拉米苏、拿铁、甜食、卡布奇诺、清淡、精装、地产中介、分期付款、总机、水电费、护照、户型、朝南、雇了、搬家公司、样板间、物件

2018.01.01

晚上：得意、招摇、行为不端、避开、冷不防、争论不休、不耐烦、凑趣、当地菜、特色菜、招牌菜、无烟区、价格、细致、细腻

2017.12.30

天哪、重要、物价、同感、好意、如何、谢意、忠告、抱歉、来信、费心、难得、幻觉、加油、经历、扫兴、生日派对、跑调

2017.12.29

晚上总结：宿营、白头到老、飘飘欲仙、勾引、涨工资、中头彩、简直

友庆总结八大忍不住：看表、发呆、幻想、看挂历、驼背、抠手、胡说八道、婴儿腔

下午：有趣、一张一合、附近、中外、闻名、到处、展望、绚丽、风姿、沉甸甸、菊花、习习、打扮、纷纷扬扬、稀稀拉拉、

清脆、敏捷、玲珑、悠闲、夹杂、争论

上午：喜结良缘、当然、感激、好运、高升、电话不通、驾照、亨通、成就、一帆风顺

2017.12.28

晚上：碧清、服气、代表

下午：清理所有之前课文不会的词：逮、苦功夫、课间、翩翩起舞、顽皮、连忙、园丁、专心致志、"慌"是什么感觉？办法、热闹、各自、咨询、轻轻、半山腰、卫生

上午：安排、方便、邀请、尽兴、梳洗、效劳、客气、亲自、完全

2017.12.27

顺利、登记、荣幸、事情、发生、证据、报告、失踪、管辖区、乐意、症状、静养、难看（明知故问、罚）、年代、服用、化妆、修面、面部、美容、套装、稍微、手续费、面额、兑换率（格式调整）

2017.12.26

就在刚才，我和友庆坐在一起，准备看电影。

我突然问友庆："咱两家是不是有亲戚？你山西的亲戚里是不是有姓叶的人？"

1秒钟后，友庆说了四个字：

"仿佛没有。"

友庆妈:"呵呵,回答得很好!"
郝老师:"我俩惊呆了,又很欣喜!"
友庆爸:"欣慰。"

【语言意识阈的拓展攻坚战第二阶段】
2018.01.14—2018.02.09　计 27 天
【思维训练】
二年级结束　讲解了 107 篇文章
【口语训练】
朗读 3100 句
【考察】
京沪 3105 公里。

2018.01.15—2018.01.26　工作日志
春假、当务之急、野外、野餐、露营、哥们儿

2018.01.26
晚上背诵:1246、1250、1251、1224、1258、1265、1268、1269、1281、1284;

盛装、复活节、圣经、彩蛋、万圣节、有约在先、许个愿、游行、游园手册、最佳方式、出名之处、泰晤士河、黄石国家

公园、熟食

2018.01.25
晚上背诵：1182、1191、1193、1194、1196、1197、1198、1199、1201、1203；

观影要求、着装、有何评价、文摘、社论、评为、年度、交流感想（开始用生词解释生词"感想"-"评价"）受益匪浅、实在

2018.01.24
唯一办法、10磅、瑜伽、苗条、统统、夜店、慢歌、热门电影、持续、指环王、逍遥法外、剧情、悲情电影、爱哭鬼、辛酸、体育赛事、啦啦队、亲眼、冬奥会、古典音乐、话剧、乐迷、狂热、慌张、新奇、困惑

2018.01.23
失眠、空腹、过敏史、说明书、瘙痒、副作用、处方、阿司匹林、绷带、蜇伤、紧急处理、医疗费、打石膏、流行性感冒、赛一盘、徒步旅行、秘诀

2018.01.22
邮资、超重、航空邮件、挂号信、利率、余额、汇率、兑换、转账、存折、挂失、销户、借书证、续借、罚金、展览、画作、

馆藏、恐龙化石、半价、案发的时间和地点

2018.01.20
晚上：自豪、保持、成果、全力、更加、0332、0334、0340、0341、0342、0345、0348、0349、0350
下午：模仿

2018.01.19
晚上：0317、0319、0320、0321、0325
上午：中意、松弛、下陷、内部宽敞、自动挡、配置、仪表盘、天窗、小巧、可靠、灵活、超速驾驶、提车、外形、省油、音响系统

2018.01.18
晚上：饿了
下午：0310、0311、0314、0315、0316（后三为对话）材料、工作经历、贸易公司、秘书
上午：畅销书、死亡圣器、功能、保修期、翻盖、性价比

2018.01.17
晚上：0304、0305、0307、0308、0309
下午：蓓蕾、梭子
上午：税、购物车、标价、大件物品、畅销书、共鸣、礼券

2018.01.16

晚上：0001-0005、0295-0299、面谈、简历、毕业、责任感

下午：迷人、简直、逊色、哨兵、轻微

上午：一定量、水资源、措施、磁盘、决定、压力大、谣言、道听途说、八卦、娱乐、谈资、专辑、南水北调、典型、活力四射、善于、接纳、同情心、窃取、不足、风衣、分期付款

2018.01.15

记得2018年1月30日那天，我让友庆体验文章《驴子走遍全世界》中驴的感受，我用一根绑带把友庆绑在椅子边，用眼罩罩着他的眼睛，让他不停地围着椅子转。

"驴能实现他的目标吗？"

"不能。"

"为什么呢？"

"因为它还是在磨的旁边。"

"为什么？"

"因为他在不停地转！"

"他有没有可能走遍全世界？"

"不能！"

"之前《水滴石穿》那篇寓言讲了一个什么道理？"

"一个人要有目标，加上努力和时间就一定会成功！"

"光有努力和时间会不会成功？"

"不一定成功！"

"驴缺少什么？"

"他没有前进。"

"为什么？"

"它被绑起来了。"

"它得怎么做才能走遍全世界？"

"把主人揍一顿，把眼罩拿下来，把绳解开。"

"揍完一顿出了门往哪走？"

"出东门往北走，一直走。"

"就会走遍世界是吗？"

"叶叔，咱们不要走遍世界。"

"你现在还准备在椅子旁转多久？"

"转几百里。"

"哎呦？这已经成为你的新爱好了吗？"

"……"

"咱俩这道题已经从上午做到现在什么时间了？"

"晚上了。"

"做了一天了，最后实在没办法，让你体验了一把驴的感觉，给你勒上了，眼罩戴上了，这能赖我吗？"

"不能赖您！"

"当驴的感觉怎么样？"

"心里很不舒服。"

"还哪儿不舒服？"

"捆绑和眼罩。"

"现在怎么办?"

"把绳子解开,眼罩拿下来。"

"然后呢?"

"然后把绑我的人揍一顿!"

哈哈!

【语言意识阈的拓展攻坚战第三阶段】

2018.02.10—2018.04.25　计 75 天

【思维训练】

三年级结束　讲解了 107 篇文章

【词汇积累】

解答了 307 个常用词汇

【感觉积累】

惊讶

【俊砺之旅】

并 - 盘 - 哈 - 五国城 - 哈 - 盘 - 并

03.20—03.31　共计 12 天　面试太原 54 家养老机构

04.01—04.29　共计 29 天　在老年公寓实习

总计行程 3302.4 公里

2018.02.10

今天从下午 1:30 开始,友庆做三年级第一篇阅读理解。讲的是华佗学医过程中,有一次他的师父装病,考验他的弟子们,只有华佗诊断出师父没有病的故事。书上的问题友庆基本都答对了，我问了一个问题："师父为什么装病？"难住了友庆，6个小时才弄懂。这期间，我又问了一个关于华佗师父的年纪的问题，友庆答是一个年纪大的人。我问从哪里看出来的？他答不上来。我故意让他反复读文中的一句话"华佗到西山拜一个精通医术的老人为师"，他读了不下10遍，回答不上来。看来他的问题之一还是读过的文字不过脑子。他对于老人一词的含义是知道的，却在若干遍的阅读中，没有在他脑子里留下痕迹，真是超乎寻常的"钝感力"啊！

2018.02.14
友庆回到了太原家中　我和友庆妈通力配合

深夜，友庆妈来信：

　　叶老师好，友庆已完成第一单元阅读，习题基本能做对，今天做了第一单元的真题在线，遇到一道将文章中的故事用第三人称的语气转述的题，突出的问题是不能连贯地转述，另外对第三人称叙述的口气把握不对。我帮他修改了他的叙述，并打算让他背诵后自己再重新写一篇，叶老师什么建议？是否该帮他修改？

郝老师回复：

　　友庆妈，叶老师睡了，他明天能回答您。不过根据我对叶老师教育的观察，好像是他不帮修改，而是想方设法启发他，直到他自己琢磨出来，有时要用好几天的时间来做出一道题。仅供您参考。

友庆妈:"叶老师请看这一篇,第 2 个选择题第一遍错了,后来他自己改对了。其他题目都正确。是否因为改题比较容易,友庆才做得这么好?"

叶老师:"友庆妈我看下哈,友庆发育了!"

友庆妈:"太好了!"

叶老师:"友庆妈帮我提醒友庆:

1. 日期后面应该写明是在哪里完成阅读的;

2. 习题册后面的答案部分您帮我扯下来销毁(神不知鬼不觉地);

3. 从字迹上看友庆很认真,赞!

4.这一页的最下面有一句被擦掉的话:不喜欢天安门广场。

得提醒友庆如果再瞎写,就等着纪律检查委员会的同志登门吧!"

友庆妈:"他写上了,后面有答案,我不知道,他可能看答案了吗?"

叶老师:"我建议咱们不做猜测,只制造事实,团结一致,取得胜利,您觉得呢?"

友庆妈:"叶老师所言极是,我刚刚对了一下答案,不像是看过。"

叶老师:"握手。"

友庆妈:"搞定了!"

叶老师:"是悄悄干的吗? 没伤害友庆的感情吧。"

友庆妈:"他在客厅大声朗读,我在书房把答案撕下来的。"

叶老师："强！"

叶老师："友庆妈，口语训练能否在主卧卫生间进行，并且侧面对着镜子？原因有三：1. 主卧卫生间距离公共区较远，训练时关闭卫生间和卧室门，这样可以避免打扰；2. 卫生间空间有回响，声音效果好；3. 他的侧面有镜子，这样他在训练的间隙会看到镜子中的自己，那就是他洪亮流畅地与人沟通时的样子，增强他的自信。"

友庆妈："好，马上！"

叶老师："在语言训练的一个小时里，再每隔20分钟鼓励他一下，友庆的幸福感就爆棚了。"

友庆妈："好！"

叶老师："每次10~15句话，友庆妈喜欢哪句、觉得哪句有用就让他背哪句，严格考核，一个字都不能有差错，一边考核一边再结合实际生活，给每一句话加上问题或背景，让友庆感受到他背的每句话都是有实际的意义的，再针对每一句话他背诵的准确度、复述的语气以及在场景中的表现给予评价，最后再把每天背诵的句子的序号记录下来。对了，友庆妈有时间写日志吗？"

友庆妈："好，叶老师！"

叶老师："友庆妈，任务有点重，您还得做饭，惭愧，一定以过年为主哈。"

友庆妈："没事，叶老师，友庆比过年重要。今天友庆做了第2单元第13篇'一位母亲与家长会'，读后他爸爸问他作者是怎样考上大学的，友庆回答是因为他妈妈的鼓励，友庆爸很高兴，没想到友庆能理解到这一层。友庆开窍了！"

2018.03.01
"我喜欢在叶叔身边做训练。"
"为什么？"
"我觉得在叶叔身边更加认真！"
"无论在哪里都要认真。"
"明白了。"

2018.03.10
最近友庆有了些变化，每次我让他去做什么，他总是顺路干点别的。

2018.04.14 03/01
晚上做题，友庆的思维有巨大进展：3月22日《一本》（三年级）P094"亮出你自己"第五题：
"想象小螃蟹上岸前的心理是什么？上岸后的心理是什么？"
友庆在3月22日答道：上岸的心理是整个河岸充满了诗情画意，上岸后的心情很勇敢。
今晚友庆用了10分钟重新考虑了一下，写道：上岸前的心理是：别人会不会笑话我。上岸后的心情很快乐。

【语言意识阈的拓展攻坚战第四阶段】

2018.04.29—2018.08.10　计103天

【思维训练】

四年级结束。酷暑、蚊虫叮咬、信号弱,通过手机远程连线,四年级艰难完成。

【语言意识阈的拓展攻坚战第五阶段】

2018.08.10—2018.09.05　计27天

【思维训练】

五年级结束　讲解了87篇文章

我在盘锦,友庆在太原工作,全程由电话讲解沟通。

【语言意识阈的拓展攻坚战第六阶段】

2018.09.05—2018.10.27　计53天

【思维训练】

六年级结束。我在盘锦,友庆在太原工作,全程由电话讲解沟通。

【语言意识阈的拓展攻坚战第七阶段】

2018.10.28—2019.01.31　计96天

【思维训练】

小升初结束。讲解了71篇文章;

初一结束。讲解了43篇文章;

由叶景春老师主导。

1. 周一至周五上午钢琴课；

2. 形体训练，站姿、走姿、坐姿；

3. 每天起床后，播放太极曲和舞曲，强化节奏感，让他心情愉悦；

4. 每天半小时坐禅，静心、养神、定能生慧；

5. 教授太极拳；

6. 晚上复习按摩推拿的知识，提升劳动技能。

在生活上，每天一个鸡蛋，一袋奶，三个枣，一个核桃，一个橙子，一根香蕉。四天换一次衣服，袜子两天一洗，每天晚上热水泡脚，每晚9点睡觉，在6点起床。能力训练只擦自己的屋子。独居一室，中午午睡半小时。半个月搓澡一次。

一、能力训练

擦地、洗碗、做饭做菜、整理内务

二、思维训练

每日一课

三、定力训练

站桩、坐禅

四、体能训练

俯卧撑、引体向上、哑铃

五、按摩推拿

每天保健按摩30分钟。

附录 9

**得之太易
必不珍惜**

下车后跟着我,到门口停住脚步望着我,不停地噘嘴、咬皮、舔嘴、娘娘腔,被保安拦住,交涉胡言乱语。在休息室靠在柜台上发呆8分钟。30分钟才说明白:先把简历投到人力资源部,得到通知再来面试。

到申园康复医院一楼大厅前台后,靠在台面上,说不清应聘职位:高级养老护理员。坐在了施工现场。

人事部门的陈经理过来了,友庆坐在那里纹丝不动。

"你好,你是面试……?"

"(先顿了一秒钟咽了口口水一字一顿地说道)我是来人—力—资—源—投—简—历。"

"简历给我看一下,好吧?"

"好!(说完依旧坐在那里眼睛看着旁边而且跷起了二郎腿)"

"你是来实习?"

"(婴儿腔答道)我是来实习的。"

"什么地方毕业的?"

"我是××大学附属中学毕业的。"

"行,跟我上去。"

友庆纹丝不动,头一直看着旁边。

"你是来还是不来?"

"明天上午再说!"

我连忙上前打圆场,友庆这才答应上楼。上楼以后,友庆开始填表,一顿胡写,过了一会儿,他看见陈总在一旁路过。

"您去干啥?(婴儿腔)"

"哦，表填好了吗？"

"没有，您~她刚才去干什么了？"

"谁去干什么了？"

"穿灰衣服的人~"

"她跟你不一样，她是治疗师，她是别的面试，你是实习生。你是打算来实习是吧？"

"是~"

"你什么时候毕业啊？（友庆坐在对面的椅子上扭来扭去）"

"叶叔让我啥时毕业我啥时毕业。"

"哦，是什么学校的啊？"

"××大学附属中学。"

"那是中学喽！"

"是，初中了。（友庆一直在椅子上扭来扭去）"

"哎，你到18岁了吧？"

"嗯~18~18岁过完了，我现在20了~"

"哦，（之后陈总整整41秒没说话）"

"嗯~（娇滴滴地），我写上了性别男~"

"哦，还没写完？"

"是，政治面貌？"

"政治面貌就是你是团员啊群众啊，就是这种。"

"团员。"

"那就写团员。你怎么知道我们医院的？"

"我来的。"

"你自己来的?"

"是,我跟叶叔来的。"

"叶叔在哪里啊?"

"在楼的下边。"

"就刚刚那个啊?"

"是。"

"他不是你的司机吗?"

"不是我的司机,他是我舅。"

"哦!他是你舅舅?"

"是~你贵姓?你贵姓?"

"我姓陈。"

"陈阿姨。"

"你要叫我阿姨吗?哈哈!你先写啊,写完了我过来,十分钟后我过来。"

"额~您去干啥?"

"你想让我坐在这里陪你聊天啊?"

"你走了一会儿过来。"

"你要我在这儿也行。"

"我想让您走了一会儿过来,都行!"

"哦,好!那我走了一会儿过来好吧?"

"好。"

陈总走后,友庆去洗手间小便,嘴里哼曲儿。之后邓总来面试友庆。

"友庆是吧？我姓邓。"

友庆没吭声。

"你能介绍下自己大概的经历吗？我也大概看了一下。"

"大家好（对面的人虎躯齐震），我是友庆。我今年20岁，我平时都学钢琴、养老、伺候老人，还做了推拿，钢琴拾级，胡老师和宁爷爷都夸我大有进步。"

"友庆，你这边能把你的学习经历大概跟我说一下好吗？我想大概了解一下你这边的学习……"

"情况！"

"哎对，从初中开始吧。"

"初中后……"

"大概是什么时间开始的？从什么时间到什么时间？"

"2014年我从山西回了北京，回了北京我就开始伺候老人。"

"你的学习经历和我说一下。"

"学习经历就是每天我做阅读题，做智力训练，大嚎！不说大嚎了，说每天上口语课。我每天体能训练、口语训练、能力训练。"

"然后高中读了吗？高中读了没有？有没有高中学习的经历啊？"

"……"

"高级康复理疗师这个证是怎么拿到的呢？还有高级护理师，你能说下这个学习经历吗？"

"什么叫经历啊？"

"就是怎么学的?在哪里学的?谁教你的?"

……(录音缺失)

最后邓总同意让友庆做志愿者。

2018年2月9日

叶老师:"从今天起,友庆是我大哥。"

友庆妈:"叶老师说反话吗?"

郝老师:"估计不是,急呀!"

友庆妈:"友庆他爸原打算昨晚在单位过夜,因惦记着友庆的事,快10点了赶回家,我简单汇报了一下,他感觉挺好,就赶紧睡了,因为太累了。"

叶老师:"友庆昨晚睡前说觉得邓总(申园护理部主管)人不错,很喜欢他,让我准备个果篮,上午要自己亲自送过去,我都难以置信了!这情商!于是,他现在在吃早餐,我正前往四季酒店监工制作果篮。"

友庆妈:"完全是他自己的主意?叶老师没有暗示?"

叶老师:"没暗示。昨晚给友庆妈汇报工作,友庆在一旁听见邓总对他的优点的总结,当时就激动了。"

很多人说失败是成功之母,不,成功才是!你只有先获得一次成功,才能燃起心中的自信。如果一味地失败,任谁都会心灰意冷。

知遇之恩。

【第一站】 2018.03.20 14:58

友庆下车，用眼睛悄悄盯着我，我问：

"你跟我走啊？"

"不用！"说完快速闪身进门。

传达室玻璃窗后一个门卫反感地问：

"找谁的？"

友庆旁若无人，径直往里走，门卫跳了起来，从传达室钻出来，挡住友庆，问：

"找谁到底这是？"

友庆看了他一眼，娇滴滴地说：

"我来投简历！"

门卫气坏了，反问：

"投什么简历呀？这是老年公寓！哈！（哈的意思就是行了，别说了，赶紧走人吧）"

友庆呆在原地自言自语道：

"这是公寓。"

"这是老年公寓，啊！哈！"说完门卫摆手示意我们赶紧离开。

我在旁边提醒友庆赶紧说话，友庆说：

"我来投简历。"

门卫突然暴怒，大喊道：

"这是老年公寓，你上哪里投简历啊！"

友庆小声嘀咕：

"上别处。"

门卫继续喊：

"上别处你就上别处！这是老年公寓！这是老人住的地方，哈！"

我在旁边大吼一声：

"你老年公寓不也是需要人干活吗？"

门卫立刻温柔地笑着回答：

"不需要，呃，这里不需要。现在都满着人呢。"

说完，门卫冲着友庆一抬手：

"不好意思小伙子啊！"

友庆娇滴滴地答道："抱歉。"

门卫难以置信了，嘴里一边说着没事没事，一边转身又钻回了传达室。友庆松了一口气，迅速撤退。从始至终，友庆未曾看过门卫的眼睛，一直对着门卫1米外的墙角说话。

叶老师："我感觉你不行。"

友庆："我行！"

叶老师："咱们回家吧！"

友庆："我不回去，我还想继续找工作！"

上车总结经验后，我们开往下一站，友庆在途中进行思维训练。

【第二站】 2018.03.20 15:30

"你好，我来找工作。"友庆进入老年公寓遇见第一个工作人员就主动介绍来意。

"找工作来这边。"对面的人接过友庆手中的简历递给一位老者。

"哦,友庆,你上这干嘛?"老人问。

"您说什么?"

"你是要干什么?"

"找工作投简历。"

"哦,这里不需要人。"

"这里需要人!"友庆急切地说。

"这里不需要。这里人都找好了,人都满了,你再去看看别的吧。"老人回答。

友庆呆在原地,半晌一言不发。

"跟你说话呢!"我催促友庆。

"好……"友庆失落地转身离开。

出了门,友庆方寸大乱,向前狂奔,找不到来时的车。

叶老师:"我感觉你不行。"

友庆:"我行!"

叶老师:"咱们回家吧!"

友庆:"我不回去,我还想继续找工作!"

上车总结经验后,我们开往下一站,友庆在途中进行思维训练。

【第三站】 2018.03.20 15:54

老年公寓动迁,人去楼空。我们开往下一站,友庆在途中进行思维训练。

【第四站】 2018.03.20 15:58

老年公寓动迁,人去楼空。我们开往下一站,友庆在途中进行思维训练。

【第五站】 2018.03.20 16:10

录音材料缺失。

【第六站】 2018.03.20 17:00

"往上上,别老跟着我。"

"好。"友庆推开大门

一股恶臭扑面而来。大厅无人,友庆在厅里四顾茫茫,不知所措。

"友庆你来做什么?"

"找工作。"

"去哪儿找?"

"楼上!"

"是不是得找人问一问?"

"问一问!"友庆循着人声钻进厨房,里面6个人正在闲聊。

"你好,我来投简历找工作。"

"找谁呀?"一个大婶问。

"找工作!"

"啊?找谁?"

"找工作……"友庆小声答道。

"你去那里,那边。"友庆顺着手指的方向来到一个大爷面前。

"我来……你好我来投……投简历找工作。"

"啊?"

"找工作。"

"谁找工作?"大爷吃了一惊。

"我来找……找工作,我来,投简历。"

"额,来找工作,也不缺银(人)啊、找工作,呵呵。你想干活啊?"

"找工作,挣钱。"友庆动情地说。

"干活,领导也不在这儿。"

"挣钱……"友庆冲着大爷点了下头。

瞬间屋里鸦雀无声。

"领导都下班了,明天上午有空,我们都是干活的,不当家,呵呵。"

"明白了。"

"这活你能干吗?伺候老人。"一个大婶儿凑过来笑着问。

"是。"友庆看着远处一个身型奇特的人蹒跚走过,答道。

"友庆,大婶和你说话呢!"我提醒友庆。

"肯定能来。"友庆看着大婶说,大婶站在对面细细咀嚼友庆的话。

"完事没?"我问友庆。

"很快完事。"

"还想唠啥?"

"完事儿了。"

"完事儿了走啊,谢谢人家。"

"谢谢人家!"旁边大叔一听哈哈大笑。

"谢谢人家?"

"谢谢!"

"不客气,慢走啊!"

叶老师:"我感觉你不行。"

友庆:"我行!"

叶老师:"咱们回家吧!"

友庆:"我不回去,我还想继续找工作!"

上车总结经验后,我们前往下一站,友庆在途中进行思维训练。

【第七站】 2018.03.20 18:20

"往里进啊,还瞅啥呢?"

"好!"友庆快速进门,推开门后,友庆惊呆了,转身拉门看着我。

原来老年公寓已经变成了牙科诊所。

上车总结经验后,我们前往下一站,友庆在途中进行思维训练。

【第八站】 2018.03.20　18:50

这是一家建在社区卫生院后面的老年公寓,友庆志在必得,长驱直入,在大厅却怎么也找不到通往老年公寓的门。

"看着门上写啥没?"

"写着老年公寓。"友庆刚说完就激动了,脚跟离地,地板油往前窜。走廊里的门接二连三被使劲推开,咣咣作响。最后,友庆摸到了二楼的栅栏门,开始解锁,工作人员慌忙上前。

"问问,打听打听!"我提醒友庆。

"你好,我来投简历、找工作。"

"啊?"

"办公室在哪儿?"

"办公室在一楼。"

"打扰一下,养老院在哪儿?"

"这不是养老院吗?"对面大婶儿有点害怕了。

"办公室在哪儿?"

"办公室……我不是说下去一楼朝南的那个小屋……"

"好……"

"在哪儿?"我问。

"她说在下边。"友庆小手一指。

"走。"

"好!"走廊里的门又被接二连三地被使劲推开,咣咣作响。

友庆没找到办公室,却在楼梯旁的玻璃门后面发现了一个背对着他的人影,接着,门摇撼,人影动。

"谁?谁?谁?"门里北京口音问。

"打扰一下,办公室在哪儿?"

"你找谁?"人影有点怒,换山西口音问。

"找办公室。"友庆小声说。

"干嘛?"人影改回京腔。

"我来找工作,投简历。"

"什么?找工作!"人影从玻璃门钻出来,一股高度白酒味儿瞬间涌来,盖住了一切异味儿,妙!我心一片光明。

"投简历,找工作。"

"这是养老院!"

"是。"

"这不是医院。"

"额……这是养老院!"友庆补了一句。

"呵呵呵!你就是来找养老院的吧?"

"就找,就找!"

"人家问你是不是就是来找养老院的。"我提示他。

"是!"

"你找养老院?"人影拿过友庆的简历。

"是!"

"你来工作?"

"是!"

"你和他是一起的?"

"哦,我是送他来的。"我答道。

"你是干按摩的是吗?"

"不是按摩的,是找工作的。"友庆委屈地回答。

"你年轻轻的,喜欢什么工作?"

友庆无语。

"你想找一个什么职位的工作?"人影继续问(好标准的京腔,让我想起了在海淀的那些年)

"高级护理师!高级康复理疗师!钢琴拾级!"

"人家问你职位,不是职称。"我有点着急。

"职位就是没有高低……"友庆嘟囔着。

"快说吧!你来找什么工作的?"我急了。

"高级养老护理……"

"还高级呢!"我肝胆已裂。

"养老护理员!"

"来干什么的?"

"来当养老护理员……当养老护理员的!(对面哈哈大笑)当养老护理员的!"

"你和他什么关系?"

"我送他来的。"

"他们走了！都下班了，那医院的领导！"对面又恢复了山西话。

"当养老护理员！"友庆突然又来了一嗓子。

"我知道，关键领导都走了，没办法给你引见这个事儿，关键是。"

"明白了。"

"你明白什么了？"我问。

"人家都下班了，明天再来吧。"

"明天来找谁？"我追问。

"明天来找柴院长。"友庆见我和人影聊天就偷偷地想观察人影的背面。

"他智力没有问题吧？"人影仔细端详着友庆。

"他喜欢伺候老人。"我赶紧打圆场。

"你家是哪儿的？"

"太原。"

"呵呵，哪个区？"

"迎泽的。"

"他以前在哪儿干过？"

"在辽阳伺候过一位 90 岁老人。"

"我们这儿可是两个护工伺候十几个老人。这儿是正规私人企业。一个班 12 个小时，一个月 2000 块钱，周末和节假日都没有。用谁不用谁都是柴院长一句话。"

"哦，好，我们明天再来。"

"好，再见！"人影闪身回屋，友庆一语不发，跟在我身后。

拐过门廊，走了两分钟，我突然问友庆："你也不跟人说再见是吧？"

友庆闻听此言立刻回身冲着身后的墙喊："叔叔再见！"

叶老师："我感觉你不行。"

友庆："我行！"

叶老师："咱们回家吧！"

友庆："我不回去，我还想继续找工作！"

上车总结经验后，我们前往下一站，地图显示就在附近，友庆在途中进行思维训练。

【第九站】 2018.03.20 19:13

公寓位置与地图不符。

"你也不打听路啊，就只是跟着我，到底谁找工作啊？"我边走边嘟囔，一个没留神，踩在坑里，差点摔倒。

"叶叔小心！"说完友庆开始检索路上行人。

"打扰一下，请问这是老年公寓吗？打扰一下，老年公寓往哪儿走？"我一看，友庆正用身体顶住一个看起来面善的人，就是那种不太自信的人，与此同时友庆的手指着天空。

这个不幸的人顺着友庆的手指看了看天，小声说："额……我也不清楚……"

"往哪儿走？"友庆大声追问。

"老年公寓？"

"哦，是老年公寓。"

"我不在这儿住，我不太清楚。"

"有点清楚，往后边儿走。"友庆把路指给对面的人。

"反正这一块儿都是宿舍。"

"是，一直往后。"

"那边就不对了就。"对面的人认真分析道。

"不是不对，这是老年公寓。"友庆用手指着一米外的地面，对面的人又顺着友庆的手指看了过去。

实在是看不下去了，我问："友庆你到底是在问路还是在指路？"

"不问了，告诉人家。"友庆盯着来人说道，对面的人扶了扶眼镜，点了点头。

"哥们儿，再见！再见！打扰你了。"我很果断地结束了这次问路。

"没关系。"

转了20多分钟，最后人们用手指着第八站的那个老年公寓对我说："那就是你要找的老年公寓！"汗！

叶老师："我感觉你不行。"

友庆："我行！"

叶老师："咱们回家吧！"

友庆："我不回去，我还想继续找工作！"

上车总结经验后，我们前往下一站，友庆在途中进行思维训练。

【第十站】　2018.03.20　20:13

"你好，找谁啊？"一个老大爷自信地问。

友庆一语不发。

"你是送他来的吧？"一位大婶出来暖场。

"他是我司机。"友庆突然说话了。

"你找谁啊？"大爷有点着急了。

"2017年10月……"

"你背这干什么？"

"……"

"这简历上是你吗？"大婶难以置信地问。

"是我！"

"哦，快看他是养老护理员！"大婶眼睛放光地宣布，人群一阵骚动，我很惊讶"养老护理员"这五个字为什么对这些人有这样的效果！

"你是不是来应聘的？"大婶笑着问。

"不是来应聘的，是来当养老护理员的！"友庆很认真地说。

"哦！"人群如释重负，大家的疑惑一扫而光。

"你在哪里干过？"大婶又好奇了。

"他在辽阳干过。"大爷看着简历，替友庆答道。

"我获得了高级护理师证书，我还获得了高级康复理疗师证书，我又获得了中国音乐学院钢琴拾级证书！"友庆突然发力，振聋发聩！这回大家都听懂了。

"哦！你叫友庆！"大爷重新审视眼前这位人才，记住了他的名字。

"是！"

"我们这里也有一个高级养老护理员，你认识他吗？"大爷问。

"认识！"友庆四海之内皆兄弟的人生观不是谁都能想象的。

"你要是认识他，明天你直接见他吧！"

"好。"

"你多大了？"

"20！"

"哦，才20岁啊！你是不是有点残疾啊？"大爷直言不讳关切地问。

"我不残疾。"

"哦，你明天上午8点直接找他吧，现在办公室没人。"

"样子很像会议室！"友庆突然指着身后的大厅说道。

"啊？啊？"大爷大婶都懵了。

"你是怎么来的？"

"叶叔带我来的。"

对面大婶沉默了一会儿，还是下定决心上来胆怯地问："是耶稣？"我这才注意到大婶胸前有个十字架。

"我是他叶叔。"

"您是我司机……"友庆用小手点了我一下，恨！正说着话，杨主任来了。

"杨主任来了，您直接和主任聊。"

"杨主任您好~"友庆娇滴滴地打招呼。

"您要应聘是吧？"杨主任一口标准的普通话。

"我来当养老护理员的。"

"哦，那您是怎么知道咱单位儿的呢？"普通话变成了山西话。

"单位儿是什么意思？"友庆不懂就问。

"你是怎么了解到我们这里的？"

"我获得了养老护理员的证书，我还获得了高级康复理疗师的证书，我又通过了中国音乐学院钢琴拾级证书。"

"友庆，我看您在回答问题时有点迟疑，是您听不清我说话还是有其他的障碍？"

"没有一点障碍。"

"您是什么学历？"

"学历是什么意思？"

"……"

"有没有在养老公寓工作过？"

"养老公寓是什么意思？"

"养老院。"

"没有到那里去工作。"

"你为什么晚上8点半来求职？"

"因为我们吃了晚饭,耽误了一段时间。"

"这样,友庆,需要你填一份应聘表,可以吧?"

"可以。"

趁着友庆填表,我抓紧时间,发表演说,13分钟后,杨主任感动地说:

"人只要抱着一颗善良的心,总会遇到愿意帮助你的人。"

"写好了是吗?我看下。"杨主任笑着接过应聘表,看了一会儿,皱了皱眉。

"我们现在人员充足,我把你的电话先留下,需要的时候我再和你联系。"

"明天早上您来接我~我想跟您走。"

"哈哈哈……"杨主任求助地望向我,"我很羡慕友庆……如果真心喜欢养老,再去其他机构试试。"

叶老师:"我感觉你不行。"

友庆:"我行!"

叶老师:"咱们回家吧!"

友庆:"我不回去,我还想继续找工作!"

上车总结经验后,我们前往下一站,友庆在途中进行思维训练。

【第十一站】 2018.03.21 08:15

"干什么的?"

"投个简历。"

"男领导还是女领导让你来的？"

"男领导。"

"哦，那你等着吧。"

"是男领导让你来的吧？"

"是。"

"那你过去吧，是你叫他来的吧，刘主任？送简历的。"

"什么简历？这是我跟你要的吗？"刘主任问。

"这是从上海拿回来的。"

"你交给谁啊？"

"爱交给谁交给谁。"

"咱这里现在不需要男护理。"

"想找杨老师。"

"我们这里没有叫杨老师的，你再到其他地方看看好吧。"

"行，刘主任再见。"

"再见。"

叶老师："我感觉你不行。"

友庆："我行！"

叶老师："咱们回家吧！"

友庆："我不回去，我还想继续找工作！"

上车总结经验后，我们前往下一站，友庆在途中进行思维训练。

【第十二站】 2018.03.21 09:02

"你不拿份简历吗?"

"拿个简历。"

"头抬起来!"

"好。"

"还跟着我走是吧?"

"不是,我自己走。"

一进大门,一群大妈在向上帝祷告。

"还记得命运保佑谁吗?"我问友庆。

"命运保佑强者!"

"对,努力啊!"

"好!"

"嗯……嗯……嗯,孩子很好,你省心了……好,撂了吧。"一位丰满的女士坐在院长办公室的沙发上自信地大声打着电话,胳膊上吊着一瓶盐水,办公桌旁的墙上挂着一幅菩萨像。想起刚才老人们的祷告,我深为这所公寓的文化多元化吃惊。

"嗯,什么事,老师?"女士边问边脱了鞋。

"我是来当养老护理员的。"友庆上前娇滴滴作答。

"你当养老护理员?"女士吃惊地问,墙上的菩萨像突然抖了一下。

"我当。"

"你当?"

"我来当。"

"你是干嘛的?"女士问我。

"他是我司机。"友庆边说边用下巴点了我一下。

"你怎么知道我这里的?"女士快速地问。

"叶叔告诉我的。"

"谁?"女士着急了。

"叶叔。"

"谁?"

"他的一个叔叔。"我忙答。

"一个叔叔?"

"您告诉我的。"

"谁?"

"叶叔您告诉我的!"友庆直视我的眼睛。

"啊,哈哈,我也告诉过你吗?"我无法面对友庆的真诚目光。

对面的女士对我俩失去了耐心,看了15秒简历,然后对友庆说:"你家哪里的,身份证我看下。哦,是迎泽区的。"

"是迎泽区人间天堂小区的!"友庆赶紧纠正。

"你哪里毕业的?"

"××大学附属中学!"

"你以前干过哪些职业?"

"他以前……"我抢答。

"我想让他来回答我。"

"好。"

"他是不是智力有点问题啊？"女士直言不讳地问我。

"哈哈，他喜欢做，不太喜欢说。"

"不是，感觉他回答问题不是很接洽。我再问他，你知道××大学附属中学在哪里吗？"

"在省政府那里。"

"哦，他不是智力问题，但反应还是和正常人不大一样。"我心想这题答对了智力就正常了？

"那我再问你，你是怎么伺候之前的那个老人的？"

"我摸了摸太姥爷的裤裆，给他穿上了裤子……"

"唉！你领他去别的地方试试吧！我感觉他的反应在我们这个机构不是很合适。我感觉他在一个有限的范围内，会做得很完美，你看我这里脑萎缩特别多，一楼20多个老人就一个护理员，必须是眼观六路、耳听八方。不太适合他，他可以当个特护，他比较适合专业性的服务，不太适合群体性服务。"

我和友庆退出门外。

叶老师："我也感觉你不行。"

友庆："我能行！"

叶老师："咱们回家吧！你找不着工作！"

友庆："我不回去，我还想继续找工作！"

叶老师："那好，友庆，如果你想进步，就别在意别人觉得你很蠢。"

友庆："明白！"

上车总结经验后，我们前往下一站，友庆在途中进行思维训练。

【第十三站】 2018.03.21

"老年康复医院……"友庆娇滴滴地问。

"五楼,这边。"

"好!"

"我来当养老护理员的……"友庆声音颤巍巍地对走廊里的一个老头说。

"哦,有事吗?"对面冷冷地问。

"是!"

"有事吗!"老头吼起来了。

"是什么?"友庆探出头,关切地问。

"问你干什毛(么)?"

"我没感冒。"友庆自信地答。

"哦,没感冒……"说完,两人面对面站在地上,都陷入了思索中站了好一会儿,友庆拿出简历慢慢递给老头,老头仰视友庆问:

"干嘛?"

"这是我从盘锦拿来的简历。"

"你找那个领导去不行吗?"老头冲着地面大喊。

"好!"友庆迅速展开行动,我以为友庆和老头通感,知道说的是谁,结果还是挨个房间问:

"请问哪里有领导?"

后来,终于,找到了一个在办公室的女人。

"你好,我来找……经理。"

"谁?"

"找领导。"

"你是哪儿的?"

"迎泽区人间天堂小区的。"

"你上二楼找王主任。"

"好。"友庆转身上了电梯。

"诶,你们是去二楼找谁啊?"电梯里一个小护士笑嘻嘻地问。

"找领导。"友庆目不斜视,不苟言笑。

"嘻嘻……"小护士脸红了。

电梯到了二楼,友庆主动帮小护士开门,小护士笑着道谢,友庆神气地说:

"甭客气!"

友庆直奔主任室,里面空无一人,友庆在里面傻等。

"你就准备一直等呗?"我问。

"不用!"友庆鼠窜向对面人头攒动的护士站,护士们都聚在这里低头说笑玩手机。

友庆来到大家面前攒足了劲大喝一声:

"你好,这儿有人吗?"

大家都低着头异口同声:

"有!"我服了!

"找主任！"

"47号床。"大伙异口同声。

友庆立刻寻找，找到后，友庆对我说："找到47床了！"然后就站47床旁不动了。

"干啥呢？"

"赶紧到外面去找……"友庆边说边鼠窜回护士站，对着一个胖护士说：

"叶叔，你好，47床没有人，还想……"

"那你跟我们走吧！"

"好！"我心想这胖护士叫叶叔吗！

最终，友庆来到了王主任的面前，

"你好，47床没人！"友庆先发制人。

"你是干嘛的？"

"我是来当养老护理员的。"

"哦，你是来应聘的。"

"不是，我是来当养老护理员的。"

"把李主任找来接待他！"王主任当场黑脸。

"你是怎么知道这儿的？"王主任还是不明白好奇的害处。

"在网上！"

"是在58同城？"

"不是，是在网上。"

李主任来了，接过简历，大家都凑过来。

"你看他是康复师！"大家惊呼。

"来，小伙子，坐这里填个表。"李主任高兴地说。

"好。"

"小伙子钢琴拾级！"大家又惊呼。

"偏瘫的老人你怎么进行康复推拿？"李主任笑着问。

"我给他擦屎擦尿，每天早上起来，舅爷让我给太姥爷穿上衣服，找到他衣服的袖子，我给他系上了扣，每次我给太姥爷换尿垫的时候分清哪个是左右，我又给他穿上了几只袜子，给太姥爷喂饭的时候，我找了一个红色的围裙，舅爷告诉我喂饭的时候多盛一点。"说到这儿，友庆突然长出了一口气，像顺着回忆又走进往事，"我左手拿着碗，右手……"

20分钟后，表填完了，往上一递，缘分尽。

叶老师："我感觉你不行。"

友庆："我行！"

叶老师："咱们回家吧！"

友庆："我不回去，我还想继续找工作！"

上车总结经验后，我们前往下一站，友庆在途中进行思维训练。

【第十四站】 2018.03.21 12:49

中午友庆只吃了一碗大米饭。

这回老实了，不再等我带着他了。

"奶奶你好，打扰一下，办公室什么时候缺人？"友庆逮着走廊里一位脑萎缩的老奶奶就问,奶奶无动于衷。

"你好,办公室哪里缺人?"友庆又试了试边上歪头流口水的大爷,大爷一言不发。

"你好,那里没人,什么时候有人?"谢天谢地!友庆终于搭上一位路过的护工。

"你找主任啊?"

"找主任。"

"我给你按电梯,在三楼,上去吧。"

"谢谢!"友庆娇滴滴地说,手似兰花。

"谢谢!"我也学他,声情并茂。

"叶叔您别学我这样!我重说!"

"人生有几回机会?"

"一回!"友庆有些失落。

到了三楼电梯刚一开门,耳轮中就听见一声断喝:"干什么的?"天!这种开场我早已习惯,我全当"你好"了。

"我来当养老护理员的。"

"谁介绍的?"

"不知道,我找张主任。"

"我就是张主任。"

"张主任,您帮我填个表好吗?"

"填什么表?"张主任怒了。

"养老护理员的表。"

"你是哪里的?"

"人间天堂小区的。"

"不是,你怎么能想到来找我呢?"

"我来找工作。"

"你想长期干还是短期干?"

"什么是长期?"

"长期得签合同。"

"长期的。"

"我觉得你干不了,哼哼。"

"他太年轻了。"一旁的护工插话。

"是年轻干不了还是反应慢干不了?"这是机会,我赶紧挑开意识的帷幕。

"是他反应慢干不了。老人的需求他不一定能理解。"张主任够意思,上升到"理解"的高度了,我这儿就缺这种说实话的路人,高兴坏了我,正笑着转脸一看,友庆正看电视呢,呵!这还了得!

"额……我……知道,要看您的眼睛!"

"看谁的眼睛?"张主任又火了。

"看您的眼睛。"

"看眼睛干什么,哼!"

"额……我……知道,说话的时候要看对方的眼睛。"

"额……你你你……你妈妈呢?"主任被友庆怼得语塞。

"我来看看你的简历吧。"一个灵巧的护工上来救场。

"哎,主任,你看他是高级护理师、高级康复理疗师、音乐学院钢琴拾级。"

"哦,是这样,那你是准备干临时工还是准备在这里干一辈子?"

"干一辈子!"友庆当场表了决心。

"我觉得你不适合我这里的工作,你是怎么想的我也不知道。"

"再说你怎么能知道我这里的呢?"张主任问这话的时候,我无耻地溜号了,脑海中出现了一个被捣毁的地下保健品作坊郁闷老板娘的形象。

"这样,你把你的有效证件、毕业证、监护人的身份证都拿来我看看再说。"张主任觉得这样跟友庆打交道还算稳妥。

"他都20了,哪有什么监护人啊?你有监护人吗?"我问旁边一位80多岁捧着饭盆的老大爷。

"关键是从来没有人主动上这儿来当护工的。"主任终于不好意思地承认自己招聘经验不足了,我挺得意,可幸福太短暂……

"什么叫作护工啊?"友庆在形势好转的刹那突然发问。

"护工就是养老护理员。"周围所有人哈哈大笑,张主任笑得最欢。从今往后我信命了。

"毕业证什么时候邮过来?"友庆突然质问张主任。

"我不知道你啥时候拿来啊!"主任又火了。

"主任再见。"

"拜拜。"说完,张主任把头转了过去。

叶老师："我感觉你真的不行。"

友庆："我肯定行！"

叶老师："咱们别找了！跟我回家吧！"

友庆："我不回去，我肯定能找到工作！"

上车总结经验后，我们前往下一站，友庆在途中进行思维训练。

【第十五站】 2018.03.21 13:31

友庆长驱直入传达室，里面一个得过脑血栓的大爷在看爱情剧，正演到缠绵悱恻的关键。

"（你）来干馍（什么啊）？"这个时候被打断，大爷很生气。

"来什么？"友庆问。

"我（说）你（来）干馍（什么）？"

"你说什么？"友庆着急了。

"我（说）你捡（进来）个馍（干什么啊）？"

"哦，我不是来按摩的。"友庆很有礼貌，声音高雅有磁性。

"干馍？"

"我来当养老护理员的。"

"在奈（哪）儿……在奈（哪）儿#%～¥@（这些声音无对应汉字）？"

"不是在那儿按摩……"友庆小心翼翼地回应。

"我想问一下，兰馨为什么离婚啊？"电视里一位妙龄女子问。

大爷看了一眼电视继续问:"干馍离啊?"

"养老护理员……"友庆挺住啊,挺住!

"棒(办)公室在西边。"

"是在西边……看西边带福字了。"

当当当……

"进来!"

"好!"友庆把胸挺得贼高,进门先发制人大声问道:"什么事儿?"

"你什么事儿?"办公男不高兴了。

友庆愣了一下,"应聘!"说完,友庆探出头,打探四周。

"应聘?"

"我来找工作。"友庆递上简历。

"哦,应聘,哦,应聘,哦。"大哥有点慌,"这个简历能给我留一份吗?"

"不能,我还得要。"友庆上去就抢,没拽动,退了回来。

"哦,你怎么知道我们这个地方的?"

"别人介绍我来的。"

"哪里介绍你来的?"

"盘锦人介绍我来的。"友庆看了找一眼。

"盘锦?"

"对,辽宁盘锦。"友庆比大哥见识广。

"哦,你留个电话吧!"

"给谁?"

"给我。"

"您贵姓？"

"tao"

"哪个 tao"

"陶瓷的陶。"

"陶渊明的陶。"

"对！"能被人这么解读，陶老师挺高兴，对友庆的联想很满意："这样你先回去，我先看下资料，再和你联系，好吗？"唉，电话到底没留成，我心塞地想。

"好，谢谢！"

"不客气。"

叶老师："我感觉你不行。"

友庆："我行！"

叶老师："咱们回家吧！"

友庆："我不回去，我还想继续找工作！"

上车总结经验后，我们前往下一站，友庆在途中进行思维训练。

【第十六站】　2018.03.21　13:55

下车后友庆没有等我，直奔主题，手里的简历哗哗作响。

"挺好啊，没等我。"

"谢谢叶叔！"

"到拿客……到拿客（到哪儿去呀，老师）？"我见一个女人从传达室钻出来，这发音，只可意会不可言传……

"打扰一下。"

"你说。"

"办公室搁哪儿？"

"你是怎么……要干……要要要什么呀……你是要过来……？"

"过来找工作投简历。"漂亮，这话说的！

"你是……是……我看什么简历……这是干嘛的这是？"

"个人简历。"

"个人简历啊，哦，你是，是大夫是怎么，是过来干嘛的这是，我来（想）知道，说让你投哪里，是投人事科是哪里，我看看你（这）是什么啊，你俩是一块儿的吧？"哎呀我去，看大姐叽叽咕咕自言自语玩儿得火烧火燎，我深表同情，友庆斜睨大姐，稳如泰山。

"你上什么单位啊？以前是，现在没有了啊！"

"打扰一下，这儿不是老年公寓，这是医院，第一老年公寓往哪儿走？"

"我给你问问不要紧，你得说清楚，你和什么人联系，过来找什么人吗？"

"没有，打扰一下，哪里有第一老年公寓？"

"我们最早是第一老年公寓，现在我们转型了。你是提前和哪里有联系吗？还是自己就过来找找看看？"

"是去找找看看哪里有……第一老年公寓。"

"哦,我们转型成康复医院了,哦,你是高级护理师,想来找工作是吧……你是××大学附属中学……毕了业之后学了个什么……专科是吧?"

"不是专科,是专业护理师。"

"哦,是专业护理师。"

"打扰一下,卫生间搁哪儿?"友庆突然发力。

"在那儿。"

"谢谢!"

"你也没和哪里联系……你也没说和哪里联系联系……没谁联系啊……你去问一问去吧……我也不知道上哪儿去那个什么,你去二楼问问吧,二楼是病房。"

我们来到了二楼。

"这儿有办公室吗?"

"啊?"

"这儿有办公室。"友庆右手指着一扇门。

"啊?"

"这里。"

"这里没人。"

"太原市第一老年公寓的办公室。"

"你是找护士长吗?"

"找第一老年公寓。"友庆已经呼喊这个名字快20分钟了。

"你是找谁的?"

"找主任。"

"主任没在。"

"找护士长。"友庆还算机灵。

终于,友庆见到了护士长。

"您好,我来找工作。"

"找工作啊,呵呵,我们这儿是医院统一管理的,说了不算,你出了这栋楼,西面那排平房就是人事科办公室,去找他们吧。"

"自己下去找,下去找。"友庆一遇到意外就自言自语安慰自己。

半天没找着,友庆绕了一圈又回来了,护士长再次指路,友庆上路。

来到人事科。

"您好,我来找工作投简历。"

"你是学什么专业的?"对面一张好似林黛玉的脸。

"养老护理员。"

"哦,你送到医务科去吧,医务科就在那边。"

"好。"

友庆来到医务科。

"您好,我来找工作投简历。"

"你是学什么专业的?"

"养老护理员。"

"哦,你送到人事科去吧,人事科就在前边。"

"好。"

又回到人事科。

"您好,我来找工作投简历。"

"你是学什么专业的?"黛玉像没见过友庆似的问道。

"养老护理员。"

"康复理疗师?哦,你先把简历放这儿吧,等有招聘计划的时候给你打电话,好吧。"

"好。"友庆也有点懵,站在原地没动。

"还有事吗?"

"没了,谢谢。"

"没事。"服了黛玉了。

"友庆,你遇到什么事并不重要,重要的是你做出了什么反应。别慌。"

"好!"

上车总结经验后,我们前往下一站,友庆在途中进行思维训练。

【第十七站】 2018.03.21 13:50

车一停,友庆拔腿就走,走了一半,我问:

"你也不拿简历是吧?"

"拿简历!"友庆羞愧万分,回到车上,拿了20份简历在手里。

"20份简历是吧。"

"一份就够!"友庆无地自容,鼠窜回车上。

养老中心门口人声鼎沸,友庆揪住一个大爷。

"您好,我是来找工作投简历的。"

"哦,我不是这儿的,我是来开会的。"

我们往里走,里面是保健食品的销售会,一百多位老人,有的狂热,有的迷茫。

"他竟然买了20万块钱的。"一个大爷路过我身边时自言自语道。

撤!

上车总结经验后,我们前往下一站,友庆在途中进行思维训练。

【第十八站】 2018.03.21 15:25

下车后,友庆手一抬,告诉我:

"往前走!"我有点懵。

友庆大步流星向前走,进门就问:"打扰一下,办公室搁哪儿?"

"我们这儿就是办公室。"

这个回答出乎意料,友庆稳了一下说:"我来投简历找工作。"

"你是来应聘什么职位的?"

"养老护理员。"

"哦,好,您稍微一等,等主任过来的哈。"

"好。"友庆如鱼得水。

不一会儿,主任来了,一位男士。

"你干嘛？"主任开问，来者不善。

"投简历找工作。"

"投简历找工作？"这位又难以置信了。

"你是哪儿的？"

"迎宾区人间天堂小区的。"得了，变迎宾区的了，友庆不稳了。

"你想应聘什么工作？"

"应聘就是找工作～～"友庆说完伸出头，上下打探对方，像母亲观察婴儿。

"我们现在没有需求。"主任哈哈大笑。

"谢谢。"友庆脸红了，和主任两人站在原地，四眼互瞪。

过了一会儿，我有点倦了，转身离开，友庆紧跟我离场。

叶老师："我感觉你不行。"

友庆："我行！"

叶老师："咱们回家吧！"

友庆："我不回去，我还想继续找工作！"

上车总结经验后，我们前往下一站，友庆在途中进行思维训练。

【第十九站】　2018.03.21　15:57

电动铁门上着链锁。

院里大姐让友庆按铁门旁的铃。友庆把手伸进栅栏和铁门的交合处找门铃，突然门动了，和栅栏交错似剪刀，友庆一缩手，好险！门后一张狡黠的女脸。

"怎么着？"呦！这种开场友庆第一次遇着。

"门上有铃。"

"门上有铃？你是干什么的？"女脸黑。

"找工作投简历。"

"找工作啊！哈哈哈哈哈哈！这里不需要啊！哈哈哈哈哈！"不知为啥，女脸开心极了。

"她让我滚！"友庆难过地说，我很高兴友庆抓住了本质。

"哈哈哈！哈哈哈哈！"女脸的笑声在走廊回荡，几个老人从房间探出头来，一看到女脸，立刻缩了回去。

"咱们走吧。"我提醒友庆。

"让我没人就在外头等着！"友庆迷茫地看着对面笑他的女人，语无伦次。

撤！

叶老师："我感觉你不行。"

友庆："我行！"

叶老师："咱们回家吧！"

友庆："我不回去，我还想继续找工作！"

上车总结经验后，我们前往下一站，友庆在途中进行思维训练。

【第二十站】 2018.03.21　16:41

一进门友庆就揪住一个背对着他的大叔汇报意图,大叔悲愤。

"你得找穿制服的人问!"

"哦。"

护理员人来人往,节奏很快,友庆飘忽,反差强烈。

"您好,有什么事儿吗?"一个护士问。

"没事儿。"友庆想了好一会儿,平静地回答。

友庆在走廊里晃了一个来回儿,在被一位倒着走路的大婶狠狠踩了一脚后终于被护士堵住。

"你在晃什么?"

"我来找工作投简历。"

"哦,去前面办公室,我带你去。"我和护士走出老远,一回身,发现友庆没动,一看,呵!又在看电视!

到了办公室,敲开门,友庆上来就问:"打扰一下,穿制服的人在哪里啊?我来找工作。"

我疯。

"嗯,请坐。"这位办公室的大姐明显见过大世面,"我们护理员分四个岗位:1.保洁,每月2000元;2.翻身,2500元;3.换尿不湿,3300元,每个月有10天夜班;4.日常护理,2500元,每月休息一天。试工期三天,如果中途退出,不给分文。能行吗,小伙子?"

"能行!"友庆毫不迟疑。

"嘿嘿！小伙子嘎嘣脆！"大姐欣赏地说，"这活可挺苦，我先说好了啊！"

之后填表、复印身份证，约定后天早8点试工。撤退！

走出二里地，友庆发现身份证落在了办公室，颓！

"刚才大姐叫什么名字？"

"李静，姓李的李，静止的静。"

上车总结经验后，我们前往下一站，友庆在途中进行思维训练。

【第二十一站】 2018.03.21 17:10

"干馍（什么）的？"一个姐姐问。

"我来找工作投简历。"

"咱们这不需要。"

友庆一听这话，转身就走，边走边说：

"哦，还是谢谢！"友庆话说得漂亮，无师自通，留给对方一个凄楚的背影。

"唉，我们这儿工资不高，才2200元，小孩儿干不了养老护理员，拉了尿了的……"姐姐伤感地在背后念叨。

撤退！

上车总结经验后，我们前往下一站，友庆在途中进行思维训练。

【第二十二站】 2018.03.22　07:47

"你好！"一个女孩儿笑着走过来，这礼貌的问候貌似头一回。

"经理你好，我来投简历找工作。"

"哦，我不是经理，经理没来呢，他不在的时候我负责，我姓马，你多大？"

"20。"

"什么毕业？"

"××大学附属中学毕业。"

"你是从哪里看到咱这里招聘的？"

"网上。"

"哦，你是来应聘什么岗位的？"

"养老护理员。"友庆对答如流。

"我觉得你干不了，伺候老人的活你干得了吗？"

"干得了！"

"呵呵。"说着女孩儿拿过简历读了起来。

"高级护理师……1998年……哦，这就是你照顾老人的照片吗？"女孩儿惊呼。

"哎呦，我还真没看出来，你看起来挺安静的，啊，你还有证！高级的还是。半自理的老人能弄得了吗？还有需要喂饭的。"

"都能！"

"那就没问题了。"

"你不怕脏不怕累的吧?"

"不怕苦不怕累!"

"哎呀,咱这里真的是太需要这样的人了!"女孩儿激动地说,"你年纪轻轻的,真的是很高尚!"

"张经理是这里的主要负责人,还没来,我给您介绍下情况:咱们这里 70 多个老人,每天早上 7:30……"

女孩儿一边说,友庆一边放松,渐渐瘫软在一个八仙桌旁。

"护理员试用期 1500 元,试用三个月,我们这里满满的正能量,工作人员跟亲人一样,这样,我去给经理打个电话看他什么时候来,你先坐一会儿。"

过了一会儿,女孩回来说。

"经理说他下午过来,他让我转达他觉得这样的人才很难得,可以明天 7:30 过来试工,简历留下我给领导看,没问题吧?"

"没问题,阿姨再见!"友庆困坏了。

"哈哈,叫姐姐就行,我比你大不了几岁,慢走哈。"

我边往外走边好奇:这里的正能量什么样?

上车总结经验后,我们前往下一站,友庆在途中进行思维训练。

【第二十三站】 2018.03.22 08:36

"干啥的?"门房大爷将友庆拦住。

"我来找工作投简历。"

"哦,领导馍(没)在家。"

"他一会儿来。"友庆抢答道。

"来,我看看来,你是哪儿的你是?这是养老院!这是养老院!嗯?上这儿来了还!"

"你这儿不招人吗?"我见话茬不对,顶了上去。

"不招人啊。"

"不招人谁给老人收拾屎尿?"

"……"

"就跟负责人见一面,行就行,不行就算了。"我简单粗暴。

"负责人他,他,他,忙啊他,坏……大棚呢他……"门房大爷有点儿慌。

"这样,我把简历放在这儿,上面有孩子的电话,等负责人忙完了,让他看一眼,有需要就打电话,您看好吧?"我给大爷指了条明路。

"好好。"

"谢谢你呗!"

"不谢。"

上车总结经验后,我们前往下一站,途中突然接到电话,说张主任回来了,等着见我们,我们以为是第二十二站的(其实是第二十三站的),就返回第二十二站的那所老年公寓。

【第二十四站】 2018.03.22 09:06

我没忘了之前想见识下这里的正能量的事。

"姐姐好!"友庆改得很快。

"呵呵,你好,这是咱们刘院长。"

"你好,请坐。"

"刘院长,咱们能单独聊一下吗?"我问。

"可以可以,到办公室吧。"

一个小时后,我把车开出老年公寓的大门,刘院长的话仍在心头:

"就友庆这个样子,太原没有老年公寓会收留他,我这人心善,也就我愿意收留这样的孩子。"

10天后,我特想见识下刘院长的"心善",给他发了微信,催促他尽快安排友庆去上班,刘院长那边静得出奇。

我问友庆昨天我和刘院长密谈的时候他在干什么,友庆说自己在看书。

"有没有谁跟你说话?"

"有。"

"谁?"

"姐姐。"

"说什么了?"

"她问我爸妈是做什么工作的。"

"你怎么说?"

"保密!"

"哈哈!"

上车总结经验后,我们前往下一站,友庆在途中进行思维训练。

【第二十五站】 2018.03.22　11:02

友庆毛发悚立,因为他一放松就喜欢把手插在头发里,梳理完毕,友庆下车,信步向前。

"你好,张主任在吗?"

"张主任出去了……诶,你来过,我想起来了,跟我来。"大爷什么情况这是?

"这是韩总。"

"韩总您好!"友庆热情地打招呼。

"你好你好!"我一看韩总,顿觉不妙,友庆遇此气场,必大意,满盘输。

面试开始。

A."现在有哪些对你有意向的地方?"

"意向是什么意思?"

B."你对工作有什么要求吗?"

"要求就是认真,我于2017年……(友庆开始背诵简历)"

C."他爸爸是做什么生意的?"这题问的是我。

"小买卖。"

D."对工作有什么要求啊?"

"工作很顺利。"

"行,我再联络你哈,谢谢你啊!"

"谢谢。"

缘分尽。

叶老师："你真的不行。"

友庆："我行！"

叶老师："咱们回家吧！"

友庆："我不回去，我能找到工作！"

上车总结经验后，我们前往下一站，友庆在途中进行思维训练。

【第二十六站】 2018.03.22　12:11

"这是啥意思？"这是这家老年公寓打招呼的方式。

"不是！"

"干啥的你这是？"

"我来找工作投简历。"

"上二楼！"

二楼到了。

"干什么？"

"找主任。"

"三楼！"

三楼到了。

"找谁啊？"

"我来当养老护理员。"

"你呀？"

"是！"

"当养老护理员？"

"我来当。"

"你喜欢这个职业吗?"

"喜欢。"

"喜欢呀?"

"额……不喜欢,我明天 7 点半来。"隔壁传来老人歇斯底里的叫喊,友庆语无伦次了。

"我们得先报名,然后通知面试,之后试用。我们刚招了一批养老护理员,正在培训,你先留下简历,有需要的时候给您打电话。"

"好,谢谢。"

上车总结经验后,我们前往下一站,友庆在途中进行思维训练。

【第二十七站】 2018.03.22 12:41

"你好找谁?"

"……找主任。"友庆一到中午就困,强打精神,盯着办公室一角的鱼缸,漫不经心地回答。

"有事吗?"

"……有事。"友庆在办公室转了一圈,累了,正找座准备坐下。

"有什么事你说。"

"……我来当……"

"哈哈。"

"……我来当养老护理员。"

"等一下吧。"

在漫长的等待中,我带友庆现场总结经验。友庆带着奇怪的发型,倦怠的神情,在鱼缸边站着。

"你好!"

"您好!主任。"

"你坐下吧!"

"叶叔告诉我领导先坐我再坐。"

"哦,行行。"

"现在在职还是待业。"

"在职。"张嘴就来,我服了。

"有没有养老院工作经验?"

"没有。"

"你在这里工作的话是要住在这里吗?"

"不需要在这里住,喜欢华……尔……街。"

"这样,我把你的情况向领导汇报,你等我的消息,行吗?"

"不行,去华尔街老年公寓。"

"华尔街老年公寓?"

"是华尔街,我不喜欢这儿,我喜欢华尔街,我喜欢华尔街老年公寓。"友庆在挑战主任的自尊。

"那你去那边看看吧。"

"叶叔告诉我明天 7:30 去华尔街。"

"谁告诉你的?"

"没人告诉我。"友庆太吓人了,对面的主任目瞪口呆。

"还有什么要说的吗?咱们的选择是双方的。"

"还有就是……双方让我想起了……就是新闻上的……双方合作。"

"还有别的吗?"

"还有!"

"还有啊!"我实在是按捺不住了。

"没了。"

"简历需要带走吗?需要带走我就复印一份。"

"我可以在这儿住。"

"人家问你简历需不需要带走!"我有点急了。

"需要带走。"

"还需要带走吗?"

"不需要。"

"哈哈哈……"玉主任哈哈大笑。"行,简历先留下,我和领导汇报一下。"

"好。"

缘分尽。

叶老师:"你太差了,咱们回家吧!"

友庆:"我不回去,我能找到工作!"

上车总结经验后,我们前往下一站,友庆在途中进行思维训练。

【第二十八站】　2018.03.22　13:28

"你这是啥意思这是?"传达室大叔跟友庆打招呼。

"找工作投简历。"

"找王主任,二楼!我刚刚解手去了。"大叔挺坦率。

在二楼找了好久而不得,我机智地提醒友庆:

"听听哪个屋里有人的声音。"

刚说完就听见卫生间有马桶冲水的动静,友庆信心十足地向我点了下头,直奔男厕。

"你去厕所递简历是吧?"

刚说完,友庆身边的门内传出一个女人打呵欠的声音

当当……

"干馍(什么)地?"

"找主任。"门内女子大喊。

"三楼!"

"王主任,这是我的简历。"

"哦,你主要是推拿?"

"明白了。"

"什么?"

"我主要是伺候……不自理的老人。"友庆此处有进步。

"哦……"

话说王主任是个认真的人,看简历看了整整一刻钟,一语不发。

"你对工资有什么要求?"王主任突然直抒胸臆,振聋发聩。

"没有。"

"等老总回来,我汇报下,你们回去等我电话。"

"好。"

上车总结经验后,我们前往下一站,友庆在途中进行思维训练。

【第二十九站】 2018.03.22 15:45

车刚停稳,我用山西话大喝一声:

"祝你成功!"友庆脸红上路。

"找谁?"

"找主任。"

"主任没在,阎主管在。"

阎主管登场。

"阎主管好!"

"您是?"

"呃……我是……我是……我来投,来找工作投简历。"

"您来应聘什么工作呢?专业护理师是吧?"阎主管边看简历边问。

"我来当养老护理员。"我大喜,这么有干扰性的问题都答对了,帅帅的友庆。

"咱们上楼。"

"咱们上几楼？"友庆绅士般地拦门按电梯，把平时接待我的那一套都用在了阎主管身上。

"上三楼。"主任很高兴。

"98年的呀，您现在在哪里住？"

"……"

"您在哪儿住现在？"

"谢谢。"

"我是说您现在住在哪里？"汉语言真是博大精深！

"迎泽区××大学边。"太好了！这真是个历史时刻，虽然友庆遣词造句用了些时间，但他的回答非常得体，他之前会说：

"迎泽区天上人间。"让人摸不着头脑。

"来，咱们填个表吧。"

趁着填表的空档，我抓紧时间发表演说，歌颂友庆。友庆突然有了鼻涕，在旁抽泣。

阎主管大喜。

"你是在这儿住还是坐公交上下班？"阎主管关心地问。

"在这儿住。"

"对工资有要求吗？"

"没要求。"

"行行行！来在这儿签个字，还有什么要问我的吗？"

"没有了。"

"那我和领导汇报下，明天中午给您回信。"

"谢谢。"

上车总结经验后,我们前往下一站,友庆在途中进行思维训练。

【第三十站】 2018.03.22 18:02

"叶叔,锁门了。"

"看门上的字。"

"此门已装门禁,请勿用力推拉,8:00—17:00后请走南门。"

到了南门。

"找经理。"

"下回你按门铃。"

"好。"

"找主任啊?"

"哦。"

"主任走了,你干馍(什么)地啊?"

"我是来找工作投简历。"

"你应聘什么工作?"

"我来当高级……我来当……养老护理员。"

"你进来等会儿,我给经理打电话,喂,邵经理啊,有人来找你,投这个……材料滴啊!"

经理来了。

"你的简历吗?"

"是。"

"你是学康复的是吗?"

"是。"

"你今年多大啊?"

"我今年 20 岁了。"

"走走走,咱们上大厅吧。"邵经理笑着说。

"20 岁,很不简单,来,请坐。"

"好。"

"你家是太原的吗?"

"是。"

"你为什么年纪这么小来做这个呢?"

"因为我很喜欢伺候老人。"友庆诚恳地回答。

"你喜欢和老人在一起?"

"是。"

经理认真看着简历。

"康复理疗师在哪儿学的?"

"于南京厚德堂姚老师处学习推拿,并通过了人力资源和社会保障部职业技能鉴定考试。随后师承辽宁海城正骨医院著名康复医师宁海权爷爷系统学习康复理疗。"友庆简历背得不错。

"你学了多长时间?"

"半年。"

"就学了这么短的时间?"

"是。"

"技能怎么样?"

"还可以。"

"时间有点短。"

"养老护理员的证是你自己考的是吧?"

"是。"

"你父母是做什么的?"

"保密。"

"这个没必要保密,我们要对你的背景有一个了解。但这并不重要,重要的是你要有爱心。"

"家里就你一个孩子吗?"

友庆点头。

"唉,让孩子伺候老人我有点心疼,我们这里有按摩推拿室,你就先给老人康复按摩吧,行吗?"

"行。"

"然后在这儿吃住。"

"好。"

"你家住哪里?"

"迎泽区××大学附属中学边上。"

"咱们这儿没有养老护理员这个岗位吗?"我赶紧插了进来,问道。

"有啊,我就是心疼他啊,才20岁,我怎么舍得让他干呢?"(啧啧!瞧瞧友庆这人缘!)

"简历可以给我留下吗?"

"可以。"

"照顾 90 岁的老人,你很伟大啊!"

"谢谢。"

"确实不错,孩子很有爱心,其实你的爱心很可贵,我很支持这一点。你之前在哪儿上学?"

"××大学附属中学。"

"没有上大学?"

"没有。"

"高中毕业吗?"

"初中毕业的。"

"为什么不上大学呢?"

"因为我来伺候老人。"

"你初中毕业后就直接进入这一行了吗?"

"毕业以后先去的北京,又去了上海,又去的广州、武汉和深圳。"

"去了这么多城市吗?"

"是。"

"都是从事这一块儿吗?"

"是。"

"你初中毕业是哪一年?"

"2014 年的 6 月 15 日。"

"你在哪个机构做过?"

"在上海我爱我家。"

"我爱我家是一个家政机构吧?"

"是。"

"但没在养老机构做过是吧?"

"是。"

"你明天来上班能找到路吗?"

"能找到。"

"照顾老人行吗?"

"行!"

"这么爱吃苦!"邵经理会心地笑了,她仿佛从友庆身上看到了希望,看到了年轻时的自己。

"行,简历先留下,到时给你打电话。"

"谢谢!"

友庆面试成功了!在面试二十九家老年公寓之后!整个过程无任何问题,上车时友庆欢快得像一只小鹿。

"友庆你太牛了!这是最完美的一次面试!"

"谢谢叶叔!"

"话说得太好了!太棒了!"

"叶叔您需要戴墨镜吗?"感觉如冷水泼头一般,又将我拉回到现实。

"不需要,现在都快晚上7点了,这外面伸手不见五指的!"晦气!

我和友庆信心满满,前往下一站,途中邵经理来电通知友庆第二天去试工,说公寓的创办人也想见一下友庆。

虽然成功了,我们还是抓紧时间,继续前往下一家投简历。

多投一家，就多一分胜算。

【第三十一站】　2018.03.22　19:07

"干馍（什么）见？"

"我来找工作投简历。"

"啊？"

"我来找工作投简历。"

"哦，到-到-到-到点了，领导这个点儿下班了。"

"叶叔，我上卫生间好吗？"

"你面试的时候上卫生间是吧？"

"不用了。"友庆边看电视边答。

"你看会儿电视吧。"

"不用了，谢谢！"友庆迅速摆脱了电视。

"你找谁啊？"大姐在一边插话。

"说什么？"1.8米的友庆看对面大哥不到1.6米，探出头，居高临下逼视问。

"你找谁？"对面大哥不卑不亢。

"找主任。"

"主任下班了，明天上午9点来吧。"

"好。"

上车总结经验后，我们回到酒店，养精蓄锐，为明天做准备。

【第三十二站】 2018.03.23 08:14

友庆得到了创办人张女士的祝福，作为康复理疗师在公寓试工。

剧情惊天逆转。友庆的存在令老人们愤慨，他们认为这么好的孩子应该上大学，邵经理让友庆来做康复理疗师是在误人子弟，太不道德了！他们集体向创办人投诉。

缘分尽。

友庆下午离开公寓。

我们前往之前第二十站那所同意友庆试工的护理院。

【第三十三站】 2018.03.24 07:51

"您好！"

"哦，你来了，跟我走，带你去见梁院长。"

一楼打卡机录指纹，之后上二楼遇见了梁院长。

梁院长20岁开始做护士，干了30多年，信奉：己所不欲，勿施于人。

之后于主任也赶来了，很热情。

上午8:48，于主任来电让我去买一个水杯、两个碗和一只勺。

下午6点，坐在护理院的长椅上，我发了一条微信：话说2018年3月24日的18:00，是叶老师生命中第一次像一个女人那样，期待着一个男人，下班回家。

抬头看见于主任下班从远处走来，我迎了上去，

"于主任，友庆今天状态怎么样？"

"换尿不湿和帮病人翻身干不了,擦地、帮病人洗澡和当助手可以。"

"经过一段时间的学习是不是能都掌握?"

"这得观察一段时间。"

"您看他的态度怎么样?"

"态度挺好,听话。"

"认真吗?"

"认真!明天我休班,已经跟护士长交代了,护工们我也交代了,让大家多照顾他,大家都对他特别好,友庆也特别有礼貌,叔叔阿姨的叫个不停。我问他在这工作感觉怎么样,友庆说开心。大家都在配餐室,你去看看吧。"

我敲开了配餐室的门,友庆正和工友刘大姐、唐大姐和郭师傅在里面休息。

"友庆干得怎么样?"

"挺好,挺好!可好了,孩子!挺会干,今天拿扫帚扫地。"刘大姐盛赞道。

"在这儿干开心吗?"

"开心!"

"喜欢大家吗?"

"喜欢!"友庆微笑答道。

"孩子有礼貌吗?"

"哎呀,可有礼貌了!"刘大姐说。

"明天早上他得早点到。"郭师傅嘱咐我。

"没问题。"

"到这里来吃饭,早晨没有菜,是咸菜和馒头。"刘大姐说。

"没关系,大伙儿吃什么他就吃什么。"

"整个护理院有多少个老人?"

"一百多。"

"这里面有多少不能自理的老人?"

"一多半儿!"

"咱们是从早上6:30到晚上6:30?"

"哎,对了!"

"咱们现在能有多少护工?"

"白班八个,晚班一个。"

"哦,晚上活儿少。"

"对,晚班不用喂饭。"

这时,一个管事儿的进来,告诉大家可以走了,大家纷纷打卡下班。

友庆下班后,我请他吃饭,友庆点了10个菜,然后赶紧微信向爸妈汇报:爸妈,今天是我试用期的第一天,于主任对我的表现很满意。他说我很听话,很认真,很有礼貌。我会继续努力。等我正式工作了以后,我再跟你们见面,我很想念你们。

友庆爸:祝贺。

友庆妈:很棒,友庆!妈祝贺你!菜点得太多了!叶老师把关啊!

叶老师:人生得意须尽欢,莫使金樽空对月,给你们拍一张他的照片。

友庆妈：是啊，从未见过友庆如此肃穆。

叶老师：这是我第二回见了。

友庆妈：第一次是什么时候？

叶老师：第一次是昨晚，在省内排名第一的养护中心门口，友庆对我说："叶叔，我今天工作很努力，把我的行李箱给我，我要拿到宿舍去。"

友庆妈：友庆找到自我价值了。

郝老师：友庆帅帅哒！鼓掌！

叶老师：夫人好久不见了。

郝老师：是啊，期盼友庆的成长，像看直播一样，永远不知道下一个巧克力是什么颜色的！

叶老师：这是消费主义大行其道的时代，有些年轻人缺少独创精神，只想委身人后，度过毫无压力的人生。他们不再贫穷或富足，两者都太苦恼。他们不愿支配和服从，两者都太苦恼。

他们试图用各自的方式证明自己从事着正当的工作，然后以工作为消遣，同时又留心着不让这消遣伤害了自己。白天黑夜都有微小的纵欲，以为是幸福。白天不停地用一点小毒品制造快乐的梦，晚上的心愿是无梦的安眠，最后的埋想是舒适的死。

友庆则不然，他用心的光照亮老人的残年！

什么叫人道？是同情吗？不，是自尊自强之心！友庆的道德如柱石，未曾动摇，为这样的人奋斗，是值得的。

等友庆工作稳定了，我看看第一封情书什么时候收到，大家晚安了。

友庆妈：友庆的闪光点是叶老师发掘的！强！叶老师好好吃饭，不说了。

第二天，友庆早上2:00就开始频繁地翻身看表。我告诉他不用着急，5:30有闹钟。起床后他立刻洗漱，之后自己步行去单位。

晚上18:30，形势急转直下，护士长通知我，友庆明天不用来了，因为今天接到大量老人投诉。

我问友庆知不知道哪里没做好，友庆说不知道。晚饭的时候友庆跟着我来到饭店，点完菜后，我突然想起护理院好像管饭，就问友庆是不是已经吃过了，友庆这才说自己已经吃过了。

晚上睡觉前我问友庆这两天工作有哪些失误的地方，友庆想了一下，才吞吞吐吐地说自己把八个房间的电视闭了，一个老奶奶说自己已经吃饱了友庆还是继续喂她，友庆还把正在晒太阳的老人的窗帘拉上了。对应的原因分别是：友庆不希望电视影响他扫地，他想让老人把碗里的饭都吃完，他也不喜欢老人被暴晒。

恨！

2018年3月26日，我早上来到护理院了解情况。

梁院长说："友庆昨天把所有的电视插头都拔了。护士长问他为什么拔，友庆说他不想看。我赶过去，说你不看老人需要看，你的这种行为会被考勤的。叫谁带谁都不带他，都说他干不好，我就对友庆说，你要是干不好我就不能留你了，友庆理直气壮地说，我会继续学习的！哈哈！你把工作交给他操的心还不如自己干呢，呵呵，他做事没有主动性。给老人换尿不湿，大家都不让他干，说他不会干，我让他试一试，结果确实不行，我又把友庆交给一个护理员帮他搬老人，结果友庆搬老人也不行。建议培养他干点别的，做一些不用和人打交道的工作，护士们说还不如没有他，光添乱。这些年轻的护士都觉得他没法做这个工作。"

于主任说："护士长反映友庆做得不行。他的问题是有时候不能约束自己。老人不让他拉窗帘，他偏偏要拉上，前天有一次，昨天好几次。而且总得有个人指挥他干活，他自己很茫然，不知道做什么好，"

恶人的身上有一种美。像友庆这样的人需要打击。

他需要时间，需要时间来了解自己的弱点，变得强大，若想达到这一点，他需要经历更多的挫折。在自我超越的路上，任何人都同友庆一样，挫折是唯一的规则。

我们重新踏上"俊砺之旅"。

【第三十四站】　　2018.03.26　　12:42

公寓的门厅同时大声放着毛阿敏《篱笆墙上的影子》和国产电视剧。友庆像一颗火箭弹，冲进洞穴的深处。

"小伙子！"

"小伙子！"

"小伙子！"

"哎！小伙子！找谁呀？"大姐急了。

"找主任。"

"给我们主任打电话了吗？"

"没打。"

"没打就往里走啊？你提前联系好了吗？"

"没有。"

"那你就往里走啊！有什么事儿你和我说吧。"

"等……联系好了……咱再……进……屋。"

"……你先请坐,这个时间没有预约你不能随便往里进。我这么喊你你还往里走！"大姐哀怨地说。

"明白了。"

"你有主任电话吗？"

"没有。"

"那你怎么找他？"

"等有他电话再找！"

"呵呵。你找主任有什么事儿吗？"

"你说什么？"

"他怎么好像听不懂？"大姐向我求助。

"你把音响小点声。"我指挥。

"哦,你来干什么的？"

"我来投简历找工作。"

"你来干吗？"

"我来干。"

"哦，小伙子倒是挺有孝心的。"

"你是哪里培训的？"

"上海我爱我家。"

"你是来推销你们的产品吗？"

"是。"听友庆这么说，当时我就崩溃了。

"那你不是来干养老的，你是推销员嘛。"

"不是推销员。"

"你的简历写得很好，你的形象也好，做的又是好事，你真的很棒！这样，电话我留下，有需要我打电话。"

缘分尽。

叶老师："我感觉你是真不行，回家躺着吧。"

友庆："我行！"

叶老师："咱们回家吧！"

友庆："我不回去，我能找到工作！"

上车总结经验后，我们前往下一站，友庆在途中进行思维训练。

【第三十五站】　2018.03.26　13:30

这个时间是午睡时间，友庆困坏了，坚持作战。

"您什么事儿？"

"投简历找工作。"

"您把简历放我这儿吧，我们刚招了一批，正在培训，目前没有招聘计划，日后有需要，我和您联系好吗？"

"好。"

上车总结经验后,我们前往下一站,友庆在途中进行思维训练。

【第三十六站】 2018.03.26 13:57

爱心福地,顾名思义:充满爱心和幸福的地方,多好的名字,友庆充满了期待。我把车停在半山腰的位置,跟友庆走向公寓。

"干什么的!"甲问。

"我来投简历找工作。"

"啊?"

"投简历找工作。"

"到办公室!"

我们来到办公室。

"您好,我来投简历找工作。"

"啊?"

"我来投简历找工作。"

"我们不需要。"乙冷笑着回答。

说完,乙钻出办公室,和甲像猫鼬一样并排站在一起,用目光押送着我们,直到我们消失在山脚下。

我们前往下一站,友庆在途中进行思维训练。

【第三十七站】 2018.03.26 14:19

"您好,我来找工作投简历。"

"找工作？"

"明白了。"

"投简历？"

"投简历找工作。"

"我打个电话。"

过了一会儿。

"管劳工的领导不在。"听到"劳工"这两个字我吓了一跳。

"谢谢。"

"简历能先留下吗？"我问。

"不能。"

上车总结经验后，我们前往下一站，友庆在途中进行思维训练。

【第三十八站】 2018.03.26 14:49

"您好，您是？"

"我来投简历找工作。"

"好，进来这边，请坐。"

"您是从网上看到的吗？"

"是。"

"您之前在养老院做过吗？"

"没做过。"

"哦，你是1980年的……不……你是1998年的。"

"我是1998年3月16日出生的。"

"哦，20岁。"

"是20岁。"

"你是学什么专业的？"

"学按摩。"

"你觉得你照顾老人还可以吗？"

"能行。"

"你是在哪里看到我们的招聘信息的？"

"在58同城上。"

"老人大小便的处理你接触过吗？"

"接触过。"

"你在上海接受过专业的养老护理员的培训是吗？"

"是的。"

"好，你的简历我留下，有需要的时候我与您联系。"

"好，谢谢！"

又完美了！我的友庆，太牛了！言谈举止无懈可击！我和友庆会意地看了一眼，转身向外走，魏经理将我们送出门外，再走下这三级台阶就完美大结局了，就在这时，友庆灵机一动，像一个稚嫩的小男孩那样从台阶上蹦了下来，然后顽皮地扭头看着我和魏经理。

缘分尽。

叶老师："别闹了，你不行。"

友庆："我行！"

叶老师:"咱们回家吧!"

友庆:"我不回去,我能找到工作!"

上车总结经验后,我们前往下一站,友庆在途中进行思维训练。

【第三十九站】 2018.03.26 15:27

"干嘛的?"

"投简历找工作。"

"投简历找工作?我这是老年公寓!我这里不缺人。"女负责人很生硬地拒绝了友庆。

我们前往下一站,友庆在途中进行思维训练。

【第四十站】 2018.03.26 15:49

"找谁的?"

"找主任。"

"你是找养老院的主任还是社区卫生院的主任?"(老年公寓和社区卫生院在同一个院子)

"养老院的主任。"

"哦,你跟我来,你是什么单位的?"

"上海我爱我家。"(不知道友庆怎么想出这么一句)

"你是推销什么的?"

"推销……"

"哎,她来了!"(主任来得正好,帮友庆解了围)

"您好！您是……"一种温婉的声音传来。

"我来投简历找工作。"

"投简历找工作？你是哪儿的？"

"迎泽区××大学附属中学边上的。"

"哦，你跟我来吧。"

"好。"

进了办公室。

"你看一下吧，领导。"主任说着把简历递给了一位中年男子。

"您请坐。"主任微笑着说。

"好。"

"你喜欢这个活儿啊，今年20岁，确实很好，既是康复师又是护理师，嗯，确实是不错，很有爱心，孩子啊，我们的确缺护理员，但你应该去政府办的机构，他们的待遇高，我们这儿的消费水平太低，全瘫痪的老人一个月才2000多块钱，没办法，这个地区太穷，这儿是个村庄，附近的老人基本上都没什么钱，都是儿女们这个凑一点，那个凑一点，每次交费儿女都得打仗，有好几个子女没钱的我们就得白养着，等以后要是有钱了，子女再一点一点往这边拿，但凡有一点办法，子女都不会把老人送来，孩子，像你应该去全国或本省的一些大型连锁养老机构，上五险一金，有好的发展，去了以后你能大展宏图，越干越好。像我们主任刚来的时候每月才1800元，现在才2000多元，你在我这里施展不开，因为这里的老人们不需要你为他们付出那么多，目前我们太原本地人做的养老机构都是中低端，高端机构基本都是外地人的，医生护士一大堆，我们这儿养不起啊，我们这儿的老人需要医生护士了，社区卫生院的护士来一趟还得20块钱呢，咱没人家那条件，所以孩子，那儿适合你，去吧，那里能发挥你的特长，工资也高，待遇也好，我这里太穷了，没办法……"

"谢谢叔叔的指点。"友庆哽咽了。

"孩子慢走啊，再见，慢点。"

没想到，在这低矮的房间竟能听到如此真诚的声音。

我们前往下一站，友庆在途中进行思维训练。

【第四十一站】 2018.03.26　16:35

"我来投简历找工作。"

"你来找啥工作？"

"我来伺……（友庆打了一个嗝）……候老人。"

"伺候老人？"

"是。"

"你能伺候得了吗？"

"能！"友庆斩钉截铁。

"端屎端尿你能干得了吗？"

"能。"

"小伙子很好啊，1998年的，但老人拉尿很脏啊，你看你能适应吗?我这里可不是伺候一个老人,是一个护理员伺候六七个老人,你学过护理吗?"

"学过。"

"咱这里是护理院,都是比较重症的老人,有气管切开的,需要吸痰的啊,打鼻饲的啊,但这都不要紧,你可以试一下,毕竟这是你自己选择的事业,三天试用期,三天之内退出不给工资,管吃管住,行吗,小伙子?"

"好。"

上车总结经验后,我们前往下一站,友庆在途中进行思维训练。

晚上住在附近的酒店,我已极度疲劳,在地库倒车时,与旁边的车剐蹭,我联系上车主,让他开价,我付现金,真的是多一句话也不想说,已经在这座城兜兜转转了1000千米了,就剩下喘气的劲。

贾老师:"真辛苦。"

叶老师:"不辛苦。夏季时,北极燕鸥会在北极繁殖,然后在冬天到来之前,前往南极度过夏天,最后再飞返北极。这样,它们在大西洋上空往返的飞行距离达到了70000千米。

元代的丘处机以74岁高龄,从山东走到阿富汗去见成吉思汗,劝其止杀,往返万里。"

【第四十二站】　2018.03.27　07:29

"怎么啦？"低沉的烟嗓问。

"我来投简历找工作。"

"干嘛的？"

"我来投简历找工作。"

"这是敬老院，哈。"

"不是敬老院，一直往前走。"

"这是敬！老！院！"

"不是，一直往前。"

"哦。"门卫放行。

"好。"友庆大步流星，长驱直入，我的天，这就行了？

友庆兜了一圈，又遇见门卫。

"干啥？"

"我上楼。"

"去吧，过去就行，前后都能进。"

到了二楼，友庆逮着一个办公室，推门就进。

"干啥？"另一个低沉的烟嗓问。

"我来找主任。"

"找哪个主任啊？"

"找姓什么的主任。"

"找他什么事儿啊？"诶？真有"什么"这个姓吗？我恍惚了。

"我来投简历找工作。"

"这是公立敬老院,上民政办公室。"

"谢谢。"友庆认为事儿办完了,扭头就走。

"民政办公室在哪儿?"我问友庆。

友庆赶紧扭头回去问。

"民政办公室在派出所对过,道西。"

"好。"

我们前往下一站,友庆在途中进行思维训练。

【第四十三站】 2018.03.27

"过来开门!"友庆大吼,吓我一跳。

"找谁啊?"

"找主任。"友庆的语气还是挺生硬。

"你有什么事?"

"我来投简历找工作。"

"来,请进。"公寓的李院长把我们迎进大院,我们当时不知道的是,一段缘分就此结下。

"主任您贵姓?"

"我姓李。"

"李主任。"声音有些媚。

"我是院长,来坐下,坐。"李院长瞟了友庆一眼,低头看着简历,5分钟没说话。

"你现在住哪里啊?"

"迎泽区××大学附属中学旁边。"

"今年多大？"

"20。"

"护理工作实践过多长时间？"

"从 2017 年的 8 月 22 号到 9 月 22 号，在辽阳伺候一位 90 岁的卧床老人。"

"有什么条件要求说来我听听。"

"没有要求。"

"孩子你太年轻了，干这一行我觉得屈才了，而且没有大的发展，人才谁都喜欢……这样，你说说对工资有什么要求吗，有什么条件吗？"

"没条件。"

"这样，你可以试验一个星期，我拿你当员工对待，年轻人不靠家里，靠自己，你如果能适应我这里，我觉得这个社会哪里你都能适应，我这里的环境，太原独家。"

"行！"

李院长说这话的时候我以为是笑谈，事后回想起来才明白其中的深意，友庆后来在这里接受了同龄人想象不到的磨炼。

"走，我带你参观一下。"

院子里东风大卡车底下的"小黑"汪汪地叫着。

在房间里我第一次见到了冯老爷子。

"这是新装修的屋子，没人住过，住这儿可以吗？"李院长问。

"可以！"

"明天来吧，等实践上了，就知难而退了。"

"不会退的。"想不到友庆还会说这话。

"先试验一个星期。"

"好，李院长再见。"

上车后。

"喜欢这儿吗？"

"喜欢。"

"这儿和之前被你关电视的那个护理院更喜欢哪儿？"

"喜欢这里。"

上车总结经验后，我们前往下一站，友庆在途中进行思维训练。

【第四十四站】 2018.03.27　09:34

"你好！"

"院长你好。"

"看公寓是吧？"

"是。"

"你是看公寓的是吧？"恨得我牙根直痒。

"不是！我来投简历找工作！"友庆大吼。

"你呀？"

"我来！"

"这么年轻啊？"

"是。"看来友庆知道自己的本钱。

"咱这儿可光缺护工,之前干过吗?"

"干过。"

"哪个学校毕业的?"

"××大学附属中学毕业的。"

"你要是真能好好干也是了不起的人,你看咱们这里就有一个小伙子,在2017年的养老护理员比赛中就拿了个山西省第一名和全国第三名,你看你钢琴还是拾级,不孬啊。你可以在这里试试,真要能达到人家的程度也行啊,人家就是实践加上理论的培训,那孩子很好,我和他很熟,人家就是钻研,但他工资不高,他们护理员一个月2700元,我这里2950元,他现在管理一个公寓,一个月也就4000块钱。不行你就在我这里试试,行行出状元,你真有事业心,将来在这里会大有作为的。好吗?"

"好,张院长再见!"

上车总结经验后,我们前往下一站,友庆在途中进行思维训练。

【第四十五站】 2018.03.27 12:20

我找到了刚才张院长说的那位在2017年的养老护理员比赛中拿了山西省第一名和全国第三名的杨老师。跟杨老师聊了3个小时,杨老师同意收友庆为徒。

晚上友庆妈来电,说晚上常从梦中惊醒,心中茫然,前不着村后不着店,工作的压力、友庆爷爷奶奶都病倒了再加上友庆的压力，友庆爸血压极速升高，吃药都降不下来。

【第四十六站】 2018.03.28 07:26

今天是友庆到第四十三站那所老年公寓试工的日子。

临下车强调三遍：录音笔已放好，绝对不允许把裤子兜拉链拉开。

结果友庆下车没到5分钟开始哼歌了，护工王爷爷见状，说了一句：

"我去给你取簸箕了！"之后闪身离场。

"宁爷爷~宁爷爷~"（窗外百鸟争鸣）

一个奶奶看不下去了，上来教友庆："你这样拖！"
"现在几点了？"友庆反问。
"啊？"
"我想当一名烈士！"奶奶闻听此言，灰飞烟灭。
遇到李院长，大声问："几点了？"
"现在是 8:30。"

"爷爷摔骨折了~腾格尔~蒙古人~妈，吃什么饭？~炒芸豆~看我的进步~又退步了~"

友庆放下了手里的活，开始尿第一泡尿（四滴）。

"我听到叶叔吹哨的声音了！"友庆突然出现了幻觉，跑到门外找我。

"好了好了爷们儿！"王爷爷出现后又迅速消失了。

"祝爷爷健康长寿~祝您健康快乐~给您做一碗长寿面~做一碗重庆燃面~我要去重庆~给家里打电话~给爷爷捶腰~爷爷腰疼~圳是深圳的圳~什么是广而告之？广而告知就是告诉我们~好吃的点心~标识~标识就是标签~标签儿~我撕~谁的标签也不能撕，最需要送人了，送给张大爷！"

整个上午VIP室的老人们都吓坏了，卫生间被一个小伙子给占了，那个家伙在里面怪叫着、坏笑着、放纵着。

尿了第二泡尿

"明哥~横竖横，横折钩~生气了~顾老师~振东叔叔~剪头去~周叔叔~周爷爷~杨贵妃~王士林~好好干活~姥姥~姨妈~叶叔~小桃红~三德子~笑眯眯~招待客人~真辛苦啊~值夜班~到石姐姐家玩~一鞠躬、二鞠躬、三鞠躬~乐日酒店~杭州假日酒店~武则天秘史~康叔叔。"

"歇歇吧，孩子！"

"我不想休息，我得干活，我不想闲着！龙龙~东东叔叔~我陪你您浇花~我喜欢金鱼，我想养一条金鱼，是咱们养一条金鱼，一条红金鱼和一条黑金鱼。"

"把红暖瓶和绿暖瓶给老太太送过去！"

"想说爸妈不好~是拄拐杖的老太太吗？"

"对！"

"老太太！这是我给你的两个暖瓶！"老太太崩溃了。

"你拖布放哪里了？"

"前边，地太滑了！"

"滑梯的滑~滑梯~看我的进步~这是双氧水~这是脱籽棉球~"

"这是谁？"林爷爷问护工老王。

"大学生来干活的！看人家，多干净！"

"干活的？不太像！"

"老姥姥~郭老师~王老师~罗老师~黄继光~"

"坐着。"王爷爷说。

"不想闲着。"

"不想闲着看浇花去！"

"Water the flower！"友庆转身向外走。

边走边唱《白月光》，差点儿被狗咬，往回走。

"单田芳~最喜欢喝纯净水~口香糖~红箭~白箭~6月份~26×6~湖南卫视~宋徽宗~皇上洗脚~"

尿第三泡尿，李院长招呼友庆一会儿吃饭了。

"无论是谁也不能开门~孟浩然~孟叔叔~"

"怎么样，小伙子？"厨房阿姨问。

"干得还行！"

"不知道干什么来了哈？"

"知道，来干活！"

"光知道干活,不知道从哪里下手?"

"一会儿看看再说!东是哪个东?东是华东大学的东~我的手不像关羽的手~像孙权的手~中指的作用~中指的指~10个手指不粘泥~半缸水~一天能喝半缸水~欲把西湖比西子~淡妆浓抹总相宜~父老乡亲~如果挣了钱~还得给亲人买点东西~友庆的爷爷奶奶~我想要一个喝水的杯子,喝杯温水~江~大河向东流啊~梁山好汉~"

"您贵姓?"

"我姓杜,杜甫的杜。"

"杜阿姨!"

"去吧,去看他们发饭。"

"好。"这是友庆第一次见到杜副院长,

快递~装订~毛叔叔~

中午吃包子喝粥,友庆终于不哼哼了。

太热了~出一身汗~南瓜烫~烈日当头~粗茶淡饭~大汗淋漓~太胖了~比姥姥还胖~

中午友庆到了宿舍。

睡觉~抱妈妈怀里~情哥哥~拿枕头中午睡个安稳觉~狡

辩~周爷爷、韩奶奶、周叔叔~咱们去做推拿~瀑布~78页~我想跟我爸握握手~一双大手紧紧握~午安阿姨~跟晨叔握握手~像爸爸那样认认真真、兢兢业业~见了阿姨别噘嘴~举止得体~

谢天谢地,友庆终于躺下了,睡了半个小时,倒下就睡着了,这睡眠质量!

把"国"字划掉~横平竖直~让爷爷

"哎,兄弟啊,你在那儿念叨什么呢?"友庆把严爷爷都嘟囔好奇了。

天生的~齐白石爷爷~李叔叔~姥爷,我想对您说,小时候,无论刮大风下大雨,他紧紧牵着我的手,还有很多的回忆,还有很多好吃的,姥爷教我看地图,认识很多很多的地方,还带我去操场活动,使我锻炼身体棒!还经常陪我散步,和我上广场看红旗,看大树!还给我讲故事,可惜六十多岁就死了,已经好几年了,姥爷,我想对您说:"我特别想念您、爱戴您!"~报晓~报答~报案~地铁站~老也不及格~手表~宋爷爷的手表~韩大哥的手表~振东叔叔~

尿第四泡尿
城市中心~

"李院长您下午好！"

"今天怎么样？"

"很好！"

"我看了一下，感觉你的卫生打扫得不错，你这样，下午你擦你住的那一排房子。"

"我先看看他们种地，下午2点去干。"

"好，行，可以，你做好这一项就行。"

流行歌曲~想当歌星~当歌星得把歌唱好~交警好~当兵好~友庆唱歌也很好~

友庆唱了一首《曾经的你》。

开心乐园大家唱~少奇同志~岸英~谁言寸草心，报得三春晖~朱德同志~十大元帅~彭德怀~叶剑英~小桃红~三德子~金牌围棋

"打扫完了吗？"李院长问，

"还没到2点。"

"哦，好！"

打喷嚏了~看人种地~天上的太阳~日照的日~一片孤帆日边来~

背了《忆江南》整首诗。

唱了一首林俊杰的《江南》。

杰是谁的杰~林俊杰的杰~《向天再借五百年》这首歌我会唱~人长病的东西~老姥姥~两个苹果~油桃~不爱惜粮食长大了就受穷~我想读书~等我挣了钱，给爸妈买点儿吃的东西~给爸妈尝尝~这是我妈最爱吃的水果~提子、菠萝、橘子、西瓜~

"你在这儿住吗？"一个奶奶问。
"试用期三天后我再住！奶奶好！"
"唉，不容易！"
"很辛苦啊。同志们辛苦了！"说完友庆用口哨吹了一首《一剪梅》。

等我挣的钱给爸妈买葡萄、香蕉~爸爸您也快忙吧~我要变好~辨别风向~列宁~百列通~王老师~小羊宝宝~朱老师~顾老师~
"小伙子，后边那排房子你都打扫了吗？"
"还没有！"
"扫扫、擦擦地！"
"好！"

尿了第五泡尿。

老年大学～121～121～太极～我不是黄蓉～哥～大哥～表哥～哥～哥们～姐姐～先给姥姥打个电话～8798756～上车了吗～吃完饭～啦啦啦～长城～77～毛爷爷～5588～穿着白色的衣服～裤子～袜子～白云边～为您报时～好好地睡觉～

"怎么样，累不累啊？"李院长问。
"不累！"

打麻将～画龙袍～皇上穿的衣服～化验单～

"干完了吗？"李院长继续问。
"干完了，拿杯子。"

谁是省长啊～谁是常委～不要把老人推倒了～坐轮椅了～轮椅就是龙椅～椅子上有龙，所以叫龙椅～帽子里的徽章～东是哪个东？东西南北的东～我特别喜欢画龙袍～董阿姨～王阿姨～泉水的泉～

唱了一首《故乡的云》。

不下雨了～雾转多云～今天的雨下得太大了～海～大

海~大海特别蓝~蓝蓝的大海~海边~

"7点多,你叔叔过来接你。"
"好!"
"先吃饭,吃完饭你叔叔过来接你!"
"好!"

晚上喝茶~晚上不能喝茶,白天才能喝呢~茶叶怎么说呢~喝杯茶,晚上不能喝,白天喝,明天喝,中午没有晚上才开始呢~你最喜欢看哪个连续剧啊~晚上喝茶不能行~买两个手表~今天周三明天周四了~公鸡打鸣~母鸡下蛋~什么季节下雪啊?春季下雨,冬季下雪~什么季节寒冷啊~夏天热,冬天冷,炎热的夏天~~

友庆这一天就是在嘟嘟囔囔中度过。

老李评价: 从小娇生惯养,工作有自己的模式,让他休息,他不歇,工作不到位,今天只擦地,也不能擦好,但他努力去做了,但做不到位,以他的能力,对公寓的价值很小,让他擦地,他只是打转,不知道在干什么,说的话也听不懂,但他努力去做了,我让他休息,他说得擦完了再休息,但干的时候,东一下、西一下,干不到位。

总结一下: 能力不足,注意力不足,连最基本的保洁工作也不能胜任,头脑迟钝,不行再试试,毕竟是第一次,明天再试一天吧!

最后友庆当着老李的面拉开拉链,从裤兜里拿出探测器当众递给了我,服。

晚上到银座超市。

"友庆。"

"叶叔。"

"咱们之前说过,只要是没工作就吃低保,对吧?"

"对!"

"低保是什么?"

"是煎饼。"

"那你现在没工作,晚上就吃煎饼吧。"

"不吃。"

"你是说宁肯饿着也不吃煎饼吗?"

"是。"

"好的。"

在那一刻,我发现,友庆谁也不爱,尽管他已是山穷水尽。他爱的是他的幻想,因为他自己就是幻想,只有饥饿和失眠能把他拉回到现实。

我决定立即开展"不劳动者不得食"活动。

2018年3月29日,友庆昨晚和今天白天三顿没吃饭,看起来云淡风轻的样子。

晚上我点了一盘孜然羊肉炒饭。友庆吞下两大口口水,按捺不住了,他拿起菜牌点了疙瘩汤、酱油炒饭、老厨白菜和番茄鱼片。发现自己没有钱,作罢。

晚上李院长发来短信:

> 孩子需要独立性,家长应耐心,严格调教!放开,让他自己去做,最后告诉他怎样才能做好,反复几次!一切为孩子能独立适应社会,做有用的人!

第二天白天我找到杨老师聊了五个小时。杨老师第二天晚上发来微信:

杨老师:"先按你的思路安排,如再遇难处,我帮这个孩子,收他为徒!不是同情,是想让奇迹发生!"

叶老师:"太好了!"

杨老师:"你这个人啊!"

晚上友庆又拿起菜牌,点了家常疙瘩汤、水煮牛肉、辣椒炒肉、土豆红烧肉和香油肚丝面。

"一共多少钱?"

"97块钱。"

"好,拿钱,我帮你叫菜。"

"好!"友庆说完眼睛盯着我,把手伸向我的口袋。

"叶叔您来拿。"

"拿什么?"

"拿钱。"

"拿我的钱?"

友庆呆望着我。

"友庆，过自己想要的生活不是自私，要求别人按自己的意思买单就是了。拿你自己挣的钱买饭。"

"那没钱了……"

"什么？"

"没钱！"

"没钱……没钱你吃什么饭！"

友庆又饿又绝望。

"几顿没吃了？"我继续平静地问。

"七顿了。"

"你需要我给你买点煎饼吗？"

"需要。"

"你为什么吃不上饭？"我一边大嚼一边问。

"因为没钱。"

"为什么没钱？"

"因为工作不认真。"

"你的生活到了这个地步赖谁？"

"赖我。"

"明天还找工作吗？"

"还找。"

"找到工作后还继续瞎说呗？"

"不瞎说了。"

"这儿还有一份儿饭，你吃吗？"

"不吃，明天看我表现再说。"

"给你煎饼吃不吃?"

"吃!"

"先喝点水润一润,把这碗炒饭吃了。"友庆难以置信地看着我。

"不吃是吧?"

"吃!"友庆狼吞虎咽。

"世上最幸福的事儿是什么?"

"吃饱和睡床!"

【第四十七站】 2018.03.31 09:10
录音缺失。

【第四十八站】 2018.03.31 09:42
录音缺失。

【第四十九站】 2018.03.31 09:52
录音缺失。

【第五十站】 2018.03.31 12:43
"干啥的?"一个门口的护工问。

"我来找工作投简历。"

"找什么工作?"

"养老护理员。"

"哈哈哈!"

"您怎么笑了呢？"我问。

"瞅他不像。"

"你给我根裤带。"一个大爷提着裤子对门口的护工说，这下她不笑了。

"裤子掉不下来。"

"你给我根。"

"不掉。"

"给我。"

"不掉。"

……

趁他俩较劲的工夫我们转了出来，正巧遇到主任，张主任问明来意，建议友庆去上学，在这里太可惜。

【第五十一站】 2018.03.31 13:40

"你好，找谁？"

"找主任。"

"什么事儿？"

"我来当养老护理员。"

"你呀？"

"我。"

"不用找主任，肯定合格，那边一楼找孙主任。"

不一会儿，孙老师来了。

"你是怎么知道我们这里的？" "从网上看的。"

"来，请坐，喝点水。"

"好。"

"20岁，钢琴拾级，哎呀，你还真是厉害，你家里人同意吗？"

"同意。"

"这么年轻喜欢老人真罕见，我们院长年轻的时候就是这样，她是太原市十大孝星，她也是全心全意为了老人，你是个人才，我向院长汇报下，你等我电话。"

"好。"

上车总结经验后，我们开往下一站，友庆在途中进行思维训练。

【第五十二站】 2018.03.31 14:35

"找谁的？"

"找院长投简历。"

"你给他打过电话了吗？"

"打了。"一脸懵，我怎么不知道？

"哦，请进。"

在大厅友庆直奔一个穿西服的男人走过去，说："我来找工作投简历。"

"之前在哪儿做过？"服了，此人正是苏院长。

"上海我爱我家。"

"你跟我上楼来。"

"好。"

"来，沙发一坐。"

"你的学历？"

"初中。"

"没上高中？"

"没有。"

"老家是哪里的？"

"上海！"无语了我。

"你去应聘过其他公寓吗？"

"都去过。"

"都去过？"

"是。"

"你初中在哪儿读的？"

"××大学附属中学。"

"那怎么没考高中呢？"

"我要当养老护理员。"

"你从什么时候产生这个想法的？"

友庆思考了一下，说出了下面这句振聋发聩的话：

"从上小学开始。"我感觉好像地面晃了一下，不，是苏院长虎躯一震，苏院长当时不会想到半个月后会再次见到友庆，当时苏院长在李院长的公寓拍着友庆的肩膀说想不到友庆到这里来了。

"你的爷爷、奶奶、姥姥、姥爷都健在？"

"都保密。"

"哈哈,好,行的话明天来试工,我看看你工作能力怎么样。"

"好!看看我的表现,还……(后面的话友庆咽了下去)"

"唉,小伙子你20岁,比我女儿大一岁,她正在读书,我觉得你现阶段应该增加业务能力和学历水平,然后再投入一线。"

"明白了。"

"简历我留下?"

"好,苏院长我会继续努力!"

"呵呵,孩子我很喜欢,给你我的名片。"

"谢谢。"

上车总结经验后,我们开往下一站,友庆在途中进行思维训练。

【第五十三站】 2018.03.31 16:33

"您有什么事儿?"

"我来找院长。"

于院长来了。

"你是哪个地方的?"

"迎泽区××大学边上的。"

"别紧张,先坐一下。1998年的?太小了!你以前干过吗?"

"干过,在辽阳。"

"我看看简历,啊!厉害呀,钢琴拾级!喜欢伺候老人是吧?"

"是!"

"你看,一进门我就看出来了,我有两个公寓,我培养了两个年轻人,其中一个叫小杨(就是山西省第一名的杨老师),他22岁跟的我,现在10年了。"

"哦,还有这事儿?"我装作不知道。

"干这行要给老人擦屎擦尿,你经历过吗?"

"经历过。"

"像你这种喜欢照顾老人的男孩子特别少见,孩子很内向,不太适合大型养老社区,我们这边工资可不高。"

"明白了。"

"喜欢唱歌吗?"我深知于院长的公寓唱歌是特色。

"不喜欢!我就喜欢干活。"

"哈哈!这孩子,回去和家里人商量下,这里随时欢迎你。"

"好!"

上车总结经验后,我们回到酒店,明天前往下一站,友庆在途中进行思维训练。

【第五十四站】 2018.04.01 13:07

我和李院长交流了35分钟,李院长同意再给友庆一个机会在公寓试工。

"李院长，我一定努力，不再发呆、幻想和自言自语了，努力把活干好。"

"好，只要有这个决心，我感觉你一定能做好，要听取大家对你的意见和批评，努力把工作做好。"

附录 10

除了儿童
其他人请用婚姻质量说话

2019.03.23

今天"见合之旅"第一天。

友庆早上刷牙的时候,看了一眼墙上的挂历,上面写着:今日宜开业、结婚、入宅、领证、开工、订婚。

吉利!

傍晚,他把自己梳洗得干干净净,穿上笔挺的西装,坐在沙发上,下载了一款刘老师推荐的交友软件。

友庆自信人生二百年,带着轻松的表情,左划划右划划,不一会儿,就配对成功了好几个小妹妹。友庆微微一笑,按时间顺序给前三位妹妹各发了一句话。

我凑过去看了一眼,发现交友这事,友庆果然是重视了。他给这三个妹妹发的是同一句话,这句话是友庆对付女人们的撒手锏,百发百中。可这些女人是——友庆姥姥、友庆大姨和友庆妈。我真想捂脸哭。

"小姐姐,我很想您了!"
"我不想你。"
缘分尽。

"小姐姐,我很想您了!"
"……受宠若惊。"
缘分尽。

"小姐姐,我很想您了!"
"'您'?我有多老?"
缘分尽。

汗从友庆脸上渗出,汇聚到下巴上,抖了一下,滴在地板上,摔出一缕尘埃。

那些失败者的特点就是无法处理心理否认。他们总是认为不用改变策略,只要再努力一点就会成功。果然,友庆不信邪,又来了一下。

"小姐姐,我很想您了!"
"我我我,我是男的……"

尴尬,失败,呸!

2019.03.24
北京的杨小姐很仰慕友庆。

2019.03.29
被杨小姐拉黑。

2019.04.11
被云南的梅小姐尊称为:狗屎。

57天的时间里,友庆蹚过了人的河流。有给自己的直播间拉人头的主播,有夜总会卖酒的销售,有劝你办健身卡的经理,还有男扮女装的天使。

直到那一个夜晚,那一个瞬间,那一行文字。

2019.05.19

"感觉你,"一个来自黑龙江的女孩对友庆说,"成熟,散发着说不出来的气息。"

小雪,一个诗情画意的名字,一段刻骨铭心的缘分。

2019.06.01

在网上热聊了10天后,友庆和小雪相约在哈尔滨见面,我做他俩的司机。

友庆:"小雪你好!"
叶老师:"友庆,咱们去哪儿?"
友庆:"爱上哪儿上哪儿。"
小雪:"去江边吧!"
友庆:"你的衣服真漂亮!"
小雪:"谢谢,喜欢吗?"
友庆:"喜欢。这是我给你买的礼物。"说着话,友庆把袋子递给小雪。
小雪:"谢谢,你太客气了,其实不用这样。你来哈尔滨这两天去哪儿逛了？"

友庆："我今天上午……上午去吃饭了。"

小雪："嗯，去哪儿了？"

友庆："去的小吊梨汤。"

小雪："其实哈尔滨挺多玩的地方的。"

友庆："是很多地方。"

叶老师："友庆你看，现在是下午 5:57，要不要跟高小姐一起去吃饭，然后再转一转，还是……"

友庆："吃饭！吃完饭我来买单。"

叶老师："嗯，今天不用我来买单了，是吗？"

友庆："不用您买单，我买单。"

小雪："你看啥，友庆？"

友庆："我想夸你的裙子漂亮。"

小雪："裙子漂亮么？"

友庆："漂亮！"

小雪："就是这个裙子特别显胖，然后我就把带子给系上了，然后就显我瘦一点。"

友庆："明白！"

叶老师："前面完全堵住了。"

小雪："我们把车就停在附近吧，然后走着过去。可以么？"

友庆："可以。"

叶老师："友庆你看，咱们去人少一点地方吃饭的是不是更方便？"

友庆:"明白,上人少一点的。"

我开着车带着友庆和小雪到了麦凯乐的顶楼餐饮区。
小雪:"这个是川菜,川菜可以吗?"
友庆:"可以。"
叶老师:"那你们就先吃,完事了,到时候给我打电话。"
小雪:"一起吃吧!"
叶老师:"不不,你们聚,到时候完事给我打电话,我来买单。"
友庆:"我去买单,你坐这!您坐这!"友庆激动地拉着我的胳膊,好像怕我消失。
叶老师:"不用了。"
友庆:"让您坐这儿,您快坐,坐这,请坐。"对面的小雪面色尴尬。
叶老师:"真不用。"
友庆:"真的用,您请坐!"
小雪:"坐下来一起吃吧,没事,没关系的。"
叶老师:"你们约会,这样不好。"
小雪:"没事没事。"
叶老师:"那友庆你坐里边吧!"
友庆:"卫生间在哪儿?"还没等我坐下,友庆就问服务员。
友庆从卫生间回来后开始点菜。
友庆:"好,点菜……清汤小肚、烩香菇、油淋干豆腐、黄蘑土豆片、火锅、白菜豆腐还有茶。"

叶老师："今天这个饭，真是吃得太尴尬了，你们两个人约会，友庆不应该这样。"

友庆："我再要一个金针菇肥牛锅和葱油饼！"

小雪："友庆，你明天就走是吗？"

友庆："是，我明天还得跟你们回鞍山。"

小雪："嗯？"小雪花容失色。

叶老师："跟她回鞍山吧！"

友庆："跟着小雪……回鞍山……"

小雪："跟我回？"

友庆："是跟你回鞍山。"说完友庆冲我小手一抖。

小雪："是吗？为什么？"

友庆："我要为姑爷、姑奶服务，给他们按按摩。"

小雪："我明天上班，嗯，那不行，那怎么可能呢？"

友庆："为啥不可能？"

小雪："因为我得上班，你们明天就回去了是吧？友庆，你今天也看到我了，明天就回去吧，因为我要上班，没时间陪你了，明天是晚班，而且明天美容院还培训。"

友庆："明天我跟你们回鞍山，为姑奶服务。"

小雪："你明天就回去吧，你用微信跟我联系吧，可以吗？"

友庆："明天回鞍山，还得给姑爷、姑奶按按摩、打洗脚水、做他爱吃的干豆腐。"

小雪："以后你别给我买东西了，这个你拿回去给你家里人吧，看看他们喜不喜欢。"

友庆："就想给您。"

小雪："那你下次不要买了。"

友庆："下次还买给你。"

小雪："下次不用给我买了，再这样的话我就不想跟你见面了。"

友庆："好。"

叶老师："咱们吃点吧。"

友庆："你们先动筷子我再动，小雪你多吃点。"友庆说着就给小雪夹了一口菜。

小雪："哈哈，干嘛呀。"

叶老师："友庆会弹钢琴。"

小雪："弹得不错，我听过。"

友庆："小雪我给你倒点水，叶叔我给您倒点水吧。"

小雪："我不用了，谢谢。"

友庆："不客气。"

叶老师："友庆热爱弹钢琴和照顾老人。"

友庆："亲嘴了、碰头了、拥抱了，你可反感了。"友庆冲我一指，对面的小雪闻听此言，目瞪口呆。

小雪："你着急回去吗？"小雪很聪明地转换了话题。

友庆："我……我着急，明天回鞍山为姑爷姑奶服务。"

小雪："那你今天晚上着急吗？"

友庆："很着急。"友庆得寸进尺。

叶老师："你着急回去干什么！"我赶紧救场。

友庆："着急回去洗漱。"此人已无可救药！

小雪："可以，明天正好可以早起，回家去了，对吧！"

友庆："对！"

小雪："怎么了？"对面的友庆突然站起。

友庆："我要准备买单。"

小雪："买完单是准备直接回去还是想……"

友庆："想回去，等过端午节了再来这。"

小雪："东西别忘拿。"

友庆："端午节还来。端午节是为了纪念诗人屈原，想去你爸妈家。"

小雪："去我爸妈家？看一看吗？"

友庆："是喜欢去。"

小雪："不是很方便，他们好像要出去玩。"

友庆："她父母去哪儿？待几天？"友庆问我，我一时语塞。

小雪："等我休息的时候，我告诉你。"

友庆："休息的时候，你到辽滨找我。"

小雪："辽宁？"

友庆："嗯，辽宁，因为在海边，所以叫辽滨。"

小雪："噢噢。"

友庆："你7月份放假休息吗？"

小雪："我不一定，得看公司，到时候我要是有假期了我告诉你。"

友庆:"明白。"

叶老师:"你这个礼物是不是要送给小雪?"

友庆:"嗯,是要送给她。"

我们结账下楼。

小雪:"可以在周围转一下吗?"

友庆:"嗯,可以。"

叶老师:"那我就在这,你们转一下。"

小雪:"一起吧,一起吧。"

友庆:"我跟着你们。"汗啊,真不知道是谁在交友。

夜晚,空气微醺,友庆和小雪徜徉在中央大街步行街上,两旁商铺鳞次栉比,文艺复兴和巴洛克风格的建筑沿街而立。这条始建于1898年的老街见证了百年的历史,也见证了百年的爱情。

小雪:"友庆你是不是第一次来?"

友庆:"是第一次来的这里。"

叶老师:"友庆你手机呢?"

友庆:"手机在您的包里。"

叶老师:"没有。"

友庆:"手机落在吃饭的地方了。"

叶老师:"咱们先在这排队买个冰棍,再回去找。"

小雪:"友庆你吃什么味儿的呀?"小雪要付钱,我赶紧上前抢付。友庆站在原地无动于衷。

吃完冷饮,我们回到了麦凯乐楼下。

叶老师:"友庆是你去取啊,还是我去取?"

友庆:"我去取!"说完友庆下车。

小雪:"他能找到吗?"

叶老师:"能,他就是有什么说什么。"

小雪:"我觉得也是。他说话特别直,我俩还不是特熟的时候,就说他喜欢我,就是太直了。"

手机找到了,我和友庆送小雪回宿舍。分开的时候,我问了小雪下面几个问题:

叶老师:"小雪,你觉得今天跟友庆相处,他有哪些问题吗?"

小雪:"没有。"

叶老师:"我希望你能中肯地说一下,对他来说也是提高的一个过程。"

小雪:"我觉得他就是挺直的,没别的。我感觉挺好,他好像有点不好意思说话。"

叶老师:"会不会让你觉得很尴尬?"

小雪:"没有,很正常。"

友庆:"小雪再见!"友庆突然打开车门从车后排座位上下来,小雪以为友庆要下车和她道别,她深情地注视着友庆,友庆和小雪擦肩而过,拉开副驾驶车门,坐了上来。

小雪:"慢点开车啊。"小雪有点尴尬。

叶老师:"好的,那你还愿意跟他保持微信的联络吗?"我问了当晚最后一个问题。

小雪:"嗯,会!"说完小雪转身进屋。

叶老师:"你不跟小雪再见吗?"

友庆:"再见!"友庆朝着空无一人的街大喊一声。

我又问了友庆当晚最后一个问题:

"第一次见女网友有什么感觉?"

"振奋不已!"

2019.06.06

回到辽滨,刘老师找友庆谈话。

刘老师:"你知道什么是男女朋友吗?"

友庆:"就是男朋友和女朋友。"

刘老师:"你想交女朋友吗?你想和小雪在一起吗?"

友庆:"想!"

刘老师:"还记得那天见面的感觉吗?你想每天工作完都能跟她在一起吃饭逛街吗?"

友庆:"想!感觉很过瘾!那天我还和她一起吃冰棍,我想每天这样。"

刘老师:"你想小雪吗?"

友庆:"想!"

刘老师:"你想让她成为你女朋友吗?"

友庆:"想!想陪她吃饭、看电影、逛街和购物。"

刘老师:"那万一她说,友庆,我不喜欢你,我不想做你女朋友,你咋办?"

友庆:"那我就陪着她,陪她购物……"

刘老师:"你的意思就是继续追她吗?"

友庆:"是。"

刘老师:"那如果微信里有一个其他的小姐姐跟你说想做你女朋友,你同意吗?"

友庆:"不同意!"

刘老师:"为什么?"

友庆:"我就喜欢小雪!我想跟你们在辽滨再待几天。"

刘老师:"待几天呢你想?"

友庆:"待到7月。"

刘老师:"然后呢,你干嘛去?"

友庆:"听您的安排,您说去哪儿就去哪儿。"

刘老师:"你不用听我的安排,关键是你想去哪儿?"

友庆:"去盘锦!送我去盘锦站。"

刘老师:"去盘锦站干嘛?"

友庆:"坐高铁去哈尔滨,你先送我去盘锦站。"

刘老师:"我不送你。"

友庆:"你送我,你送我去盘锦站。"

刘老师:"你今年多大了?"

友庆:"21。"

刘老师:"我7岁就自己坐车了,你也应该自己坐车吧。"

友庆:"好。"

2019.06.09　20:41　辽滨

友庆第一次和小雪视频聊天

友庆:"小雪~(声音萎靡虚弱)"

小雪:"等一下啊(激情四射)你说吧!"

友庆:"小雪我想您了~"

小雪:"(迟疑了一下)是嘛!"

友庆:"小雪我很想你。"

小雪:"你这是干什么啊,哈哈,那么快!"

友庆:"我~(声音微弱地)"

小雪:"你没睡啊?"

友庆:"还没睡呢!(友庆突然来了劲儿)"

小雪:"你咋还没睡呢?"

友庆:"还没有睡呢。"

小雪:"那你咋还没睡呢?"

友庆:"额~说了~12~点~~睡~"

小雪:"哎妈呀,12点睡,太晚了,你早点睡吧!"

友庆:"等会儿再睡,还不到12点呢。"

小雪:"我明天早班,然后得早点睡觉。"

友庆:(漫长的沉默)

小雪:"我明天~七点多就得起来(小雪高兴地说)"

友庆:"(漫长的沉默)~~~~小雪~~(一个不自信的声音)。"

小雪:"说!"

友庆:"说~~我还没睡呢~~~~还没到12点呢(娇滴滴地)"

小雪:"嗯~(小雪愣了一下改变了话题)谁在你家呢?"

友庆:"叶叔和刘老师,都在这儿!"

小雪:"哦~~你怎么不陪陪他们呢?"

友庆:"(反应慢半拍)~我一直待在屋里。"

小雪:"等一下哦!"

友庆:"好!"

小雪:"手被挤了。"

友庆:(沉默)

小雪:"说吧!(依然很兴奋)"

友庆:"额~~~~(听声音友庆要熄火了)小雪,你在哪儿?"

小雪:"(小雪的室友们回来了,很吵)咱俩微信打字吧,太吵了!我们这屋有人回来了,咱俩打字聊吧,好吗?"

友庆:(漫长的沉默)

视频最终被小雪切断,友庆坐在床上,呆呆地看着手机屏幕,再未发一字,对面也无动静。

六分钟后,一束光照进了友庆的脑海,他突然发起了对小雪的视频聊天。

小雪:"咋的了?(小雪秒接,背后有个女孩说'把你毁他手里了。')"

友庆:"我还没睡呢!(娇滴滴地)"

小雪:"我知道你还没睡,咱俩打字聊,我敷面膜呢!"

友庆：（沉默）

小雪："好不好？"

友庆："是，我想你了。抱歉。"

小雪："嗯，我知道你想我了。"

友庆：（沉默）

小雪："嗯？"

友庆："抱歉~麻烦~"

小雪："哎呀，我这面膜敷得太不到位了！"

友庆："小雪~等下次我~再~上~哈尔滨~跟你见面。（友庆真是断句高手 我心已碎）"

小雪："好！可以！没有问题！（小雪兴奋地说）我先不说了，我的脸一会儿该过敏了！"

友庆："过什么敏啊？"

小雪："吃辣的吃的。咳咳！"

友庆：（沉默）

小雪："唉！不行了，太疼了。"

友庆："明白~（小声嘀咕）"

小雪："打字喽！（小雪微笑地注视着友庆）"

友庆："好~~（声音微乎其微）"

好长一段时间，小雪都在等友庆断线，可友庆迟迟不愿下线，小雪最终切断了连线。

刘老师和友庆一起总结这次连线出现的问题。

2019.06.11　20:28　辽滨

友庆第一次主动与小雪语音通话，他强烈的进取心令刘老师赞叹。

友庆："小雪，你是要出去吗？"友庆声如洪钟，镇定自若。

小雪：（未听清）

友庆："你的室友去没去？"

小雪：（未听清）

友庆："你穿什么衣服？"（语气有点像提审了）

小雪：（未听清）

友庆："你有时间吗？我想去哈尔滨~找你。"友庆充满感情地说，他突然发现刘老师把录音笔放在了自己身边。

小雪："没有时间，我最近不是刚来吗，比较忙，哈哈哈。"小雪抱歉地笑着说道。

友庆："明白。"友庆沉默了一会儿，友庆沉重地说。

小雪："等我有时间吧~"

友庆："小雪~"友庆打断了小雪。

小雪："嗯，你说~"小雪愉快地回应。

友庆："五常市在哪儿？"

小雪："五常市~说了你也不知道~你要来我们五常干嘛？"小雪愣住了，笑着回应道。

友庆："还能知道'庄林路万达嘉华B6栋4单元2层'。"

小雪："你要干嘛啊？"

友庆："是我很喜欢~跟您见面，等见面了我请您吃大餐、旅游、购物、看电影！"友庆摇头晃脑，开始了诗朗诵，面目可憎。

小雪："（小雪沉默片刻）都不用，我~我个人，唉！"

友庆："明白。"

小雪："你别往我身上花钱，别往我身上花钱，好吗？唉！你往我身上花钱我不好意思，所以你不用这样。"

友庆："（友庆深吸一口气）我要~~~（卡壳了，听得我倒吸一口凉气，胃里一紧，唉，特务不好干啊！）小雪，我以后上哈尔滨好好照顾你！"

小雪："照顾我干啥呀？"小雪羞涩地问。

友庆："照顾你，想为你做点儿事，为你按摩！"友庆郑重地说。

小雪："你受刺激了吧，大哥？"小雪戏谑地问。

友庆："没受刺激，我想~给你~按摩！我学会推拿了！"

小雪："哦！这么厉害啊！"小雪幸福地赞叹。

友庆："我会中医推拿！"

小雪："你真的太厉害啦！"电话那边的小雪幸福感爆棚了。

友庆："还要知道什么印堂、球后（穴位名）。"

小雪："啊，嗯，那你简直太厉害了吧！"

友庆："是~（友庆声音颤抖了）我喜欢给你按摩，小雪！"

小雪："嗯，说~"

友庆："谢谢刘老师，您早点休息。"友庆看见刘老师向他竖起大拇指，突然压低声音，诡秘地说。

小雪："好了，我知道了！好了！"小雪没听清，以为友庆在跟她悄悄告别。

友庆："额~额~小雪~你工作累不累~啊~我~你~没~你~工作累不累？"正在这时，对面"咚"的一声中断了连线，友庆吓了一跳，咽下一口口水。

"友庆太厉害了！想不到他有勇气跟小雪语音通话！"刘老师感慨万千。

"想当年友庆被上海中介扫地出门后直奔上海养老界制高点——申园！那又是何等的勇气？明早叶叔给你做好吃的！"

"好！"一旁友庆满脸信心，用大吼回应。

2019.06.12　20:11　辽滨

友庆和女生的聊天第一次超过3分钟。

晚上小雪主动发起微信语音聊天。

友庆："（友庆深吸一口气）小雪 刚刚没听~"

小雪："啊？"（背景音嘈杂，小雪正在等公交车）

友庆："~清！（友庆很意外，喉管里发出错愕的呃呃声）小雪，刚刚没听到！声如洪钟）"

小雪："哦，行，我记得~"

友庆：（漫长的沉默）

小雪："喂？~（小雪以为友庆已失联）~喂？"

友庆："你好（一个虚弱的男音），小雪，我想你了！（友庆重抖擞）"

小雪："诶！你总想我~~"（小雪幸福地回应）

友庆：（沉默）

小雪："你哪天不想我啊？（幸福感爆棚）"

友庆："总是想你！"（牛！闻听此言，我虎躯一震）

小雪：（换成小雪沉默了）"～正要去健身呢。"

友庆："明白。"

小雪："但是还没到呢。"

友庆："明白。"

小雪："你干啥呢在家？"

友庆："我在宿舍。"（友庆很严谨）

小雪："嗯？"

友庆："我在宿舍！"

小雪："你在宿舍呐？"

友庆："哦。"

小雪："……"

友庆："小雪，没听清楚。"

小雪："等一下哦，等一下。"

友庆："好。"

小雪："～喂？"

友庆："小雪，你好！"

小雪："啊？你好～～"（小雪在逗友庆）

友庆："我想你了！"（友庆语言之贫乏令我等惊叹）

小雪："我知道你想我啦！"（小雪俏皮地回应）

友庆在搜肠刮肚构思了好一阵后，抛出下面这么一句：

"你健身什么？"我在一旁保持悲观。

小雪："就是跑跑步。"（小雪一点没觉得奇怪，看来不是一家人，他真就不进一家门！）

友庆："你是在跑步机上跑吗？"（有生活！好样的友庆！）

小雪："啊，对啊～我现在没到呢，正在等公交～"

友庆："（沉默）～～明白。"

小雪："我都饿了，一提健身我就饿，哎呀我的天，哈哈！"

友庆："你累不累？（友庆再吸一口气）"

小雪："啊？"

友庆："你累不累？"

小雪："我累啥啊，我不累。"（小雪感觉枯燥，有点沮丧）

友庆："（沉默）明白～"

小雪："（沉默）你今天累不累？"

友庆："我也不累。"

小雪："（沉默）你也不累？"

友庆："哦～"

小雪："（沉默）你今天上班了吗？"

友庆："（沉默）我在工作呢。"

小雪："（沉默）现在还在工作呢？"

友庆："我正工作！"（重音在正字上）

小雪："（沉默）那你工作吧。"

友庆："是在工作。"

小雪："哦，那你工作吧，别打扰到你。"

友庆:"(沉默)明白!"

小雪:"好,然后等你下班了,你再给我发微信,可以吗?"

友庆:"可以。"

小雪:"嗯,好,byebye~~"

友庆:"小雪,再见!"

小雪:"再见~"

友庆:"您先挂断,我再挂。"

小雪:"嗯,好。"

刘老师指出:"如果友庆你在生活中没有积累,跟我和叶老师没什么话题,那你和小雪在一起的时候也必然无话可说。"

友庆回答:"明白!(晕)"

2019.06.19　清晨　辽滨

早起,刘老师教友庆下载和使用12306和滴滴打车APP,并用微信支付,从此友庆的人生进入了智能时代。

他一路小跑和大跳,哼着歌蹦跶到农业银行门口,司机早已等在此等候。

上车第一件事就是系好安全带。

"赶几点的车,哥们儿?"司机问。

"额……10点44分的车……(奶声奶气地)"

"啊,时间……"司机话还没说完。

"哦!"友庆抢答。

"……时间够用。"

"哥们儿你需要打空调就……"司机话又没说完。

"不需要打空调!"友庆抢答。

"……就吱声哈。"

25分钟后……

友庆:"你好……额……车……路上还……堵车吗?"

"就这一段。"

"哦!是这一段!"

"嗯,还有几公里,到前面那儿就不堵了。咱们是十点多的车,对吧,哥们儿?"

"哦!是十点多的车!(声大奶足,让人胃中返腻)"

"啊……"司机闻听此腔,有了新的领悟。

"我听你说话是北京人是吧?"

"不是北京的!"

"还有20分钟咱就能到。"

"就能到营口东站!"友庆说着话,还会心地点了下头。

友庆有点惬意,又开始哼曲,声音越来越大,曲调之轻薄颓废,不忍卒闻。

"哥们儿能给个好评吗?"司机停好车之后问。

"不用!不用给您钱,马上到了。"

"不是,能不能给个好评?"

"不给您好评价。"

"嗯?"司机不怒自威。

"评价是什么意思?"友庆一缩脖。

"就是软件里的好评。"

"好的评价。"

"慢走。"

"谢谢!"

在营口东高铁站,友庆手舞足蹈,嘴里念念有词,对中央电视台的各位主持人的名字如数家珍。

之后顺利刷票进站。

5个多小时过去了,列车进入哈尔滨西站。友庆止住歌声,下车直奔出租车落客区。

"快上车!有探头!上哪儿?"一辆出租车还没停稳,就被友庆拽开车门。

"如家……如家……(司机下车给后座的乘客拿行李箱去了,友庆坐在车里自说自话)如家……江北万达店~~"奶声奶气地。

"哦,明白了,万达茂!"司机上车,按自己的理解。

"如家江北万达店!"友庆斜眼瞪司机,给他纠错。

"挨着万达茂嘛!"

"是~挨着融创茂!"友庆声音有点虚,但仍坚持正义。

"融创茂?挨着万达那儿嘛!"

"……"友庆不语。

"是不是!"司机讨厌咬文嚼字。

"是挨着丽枫酒店那儿。"友庆换了个角度——刘老师的角度，继续启发司机。

"在什么路上你知道不？"

"世茂大街！"

"世茂大街？你说的是融创茂吧！"服了，司机原来知道融创茂！

"挨着丽枫酒店对面！"

司机意识到问题的严重性，靠边停车，高德导航开始干活了。

"是如家……江北万达店是吧？"

"是啊！"友庆长出了一口气。

"OKOKOK……"司机惭愧地用英语交流了。

"你刚才上车的地方是落客区，你不能在那儿上车。"得嘞，杀个回马枪，还是友庆的错。

"哦……"友庆失落得直叹气。

出租车停在了如家的门口。

"给你多钱～"友庆语法独特。

"给你多钱～"友庆声音细若幽泉。

"哦，你用现金啊？"

"花了多钱？"

"花了多钱？"友庆继续追问。

"40元，慢点下车哈！"

"慢点儿～好！"友庆如鸟儿般轻快，直奔前台。

"会员～额～我要一个便宜的房间～"友庆奶声奶气地。

"您要什么房间？"

"便宜的。"

"您一个人住吗?"

"额,晚上再说吧!"

"现在大床没有了,只有标间,可以吗?"

"可以。"

"请提供下您的手~"

"157×××××××。"服务员话没说完,友庆就抢答。

"您是我们的会员,标间房价185。"

"好。"

"402房间,先生身份证我用下。"

"一百八十几?"

"185元。"

"好。"

"房卡给您。"

"谢谢。"友庆颤抖了,居然入住成功了!他激动地进入电梯,在电梯门关上的那一刻,里面响起了嘹亮歌声。

进入房间后,友庆火急火燎地将门反锁,书包扔在床上,掏出手机,给小雪发微信。

友庆:"你几点到酒店?我想跟你见面!我到哈尔滨了,我在如家酒店!"

小雪:"我不去酒店。"

友庆:"咋不去?"

小雪:"你说你咋想的!"

缘分尽。

再无歌声。

友庆向自己的老师求助。

很快,刘老师出现在哈尔滨。

6月20日晚上8点半,友庆第一次单独和小雪在融创茂的星巴克咖啡店约会了半个小时。

据说男人改变世界,女人改变男人世界观,让我们看看爱情对友庆的帮助有多大。

友庆三天后回老家,友庆爸妈评价如下:

友庆爸:

> 叶老师,友庆这次回来总的印象很不错。比较沉稳,不乱说话,对于表达中的问题认真接受纠正。能坐下来看书,能看电视剧的内容了,积极、快,尤其是坐高铁、出租、手机订车票,独立生活能力不断提高。

友庆妈:

> 2019年8月2号友庆回家后的表现,较之3个月前5月1号回来时有很大的进步。友庆的自我意识开始觉醒了,有了主动的求知欲,说话做事也更加理性了。友庆喜欢上阅读图文并茂的自然科学方面的杂志——《万物》,每天在自己计划的时间里读。
>
> 有件事情看出友庆理性的觉醒,8月4号中午友庆提出一

点钟去看大妈，我说如果你在叶叔身边5年后还不能明白夏天中午需要午休这个简单的道理，说明你的学习是失败的；如果你明白这个道理，还要这样做，也说明你的学习是失败的。这些话友庆听进心里去了，后来再也没有就这个问题纠缠，而是很自觉地在自己的房间里待到一点半再出来做事。

另外，语言表达能力有进步。之前是很多事情心里明白，表达不清楚，或者问他的时候，随便一说，没有逻辑性。现在，简单的事情基本都能表达清楚了，复杂的表达尚需进一步训练。

友庆回归理性了，你问他问题，他能用理性的方式回答你，而不是凭直觉胡说一通。

爱读书，有求知欲了，遇到不会的不懂就问。

做事主动，不用吩咐，做家务特别积极，主动做饭。

遇到错误，友庆爸只要批评，友庆马上就改。

我看到在微信上小雪约友庆要一起过七夕情人节，友庆特别开心。

友庆人生中第一次赢得了他爸爸彻底的尊重和认可，早上6:15临走前他爸爸对儿子说：

"再见了！友庆。"

说完握了握友庆的手，爷儿俩就此别过。

他爸爸对我说：

"孩子大了，今后说话应该点到为止。"